幸福的权利

邓聿文 著

南方日报出版社
NANFANG DAILY PRESS

图书在版编目（CIP）数据

幸福的权利 / 邓聿文著. -- 广州 : 南方日报出版社，2011.10
ISBN 978-7-5491-0254-9

Ⅰ. ①幸… Ⅱ. ①邓… Ⅲ. ①发展战略－研究－中国Ⅳ. ①D61

中国版本图书馆 CIP 数据核字(2011)第 197889 号

幸福的权利 邓聿文 著

出版发行：南方日报出版社
地 址：广州市广州大道中 289 号
电 话：（020）83000502
经 销：全国新华书店
印 刷：广州市怡升印刷有限公司
开 本：787mm×1092mm 1/16
印 张：18.25
字 数：350 千字
版 次：2011 年 10 月第 1 版
印 次：2011 年 10 月第 1 次印刷
定 价：35.00 元

投稿热线：（020）83000503 读者热线：（020）83000502

网址：http://nf.nfdaily.cn/press/

发现印装质量问题，影响阅读，请与承印厂联系调换

目录

自序　张扬个体的权利 / 1

第一辑　改革与社会公正 / 1

中国未来十年的七大挑战 / 2

改革要以普罗大众的权益为旨归 / 18

需要第二次改革吗？ / 22

不能用政府改革代替政治改革 / 26

中国改革已陷入滞胀 / 29

改革须从考验公众承受力转向让人民受益 / 32

探索改革风险的分散问题 / 35

限制官员权力已成中国改革急务 / 37

初级阶段需要强调公平正义 / 40

中国的发展道路是在实践普世价值 / 43

居危思危看待中国的发展 / 48

第二辑　国家责任 / 51

如何才能让人民生活得幸福和有尊严 / 52

为什么要同特殊利益集团切割？ / 55

改变利益失衡的格局不能再拖 / 58

恢复宪法的迁徙自由已迫不及待 / 61

最好的国家形象宣传是善待自己的国民 / 64

中国需要健康的城市化 / 67

加速给农民还债 / 70

将公民参与权作为公共品向社会提供 / 73

权力“裸行”才能消除“裸官” / 75
民生需要民权来保障 / 78
避免公共决策按“需”索取 / 80
户籍制度改革要有一个相对明确的时间表 / 83
如何化解越来越严重的群体性事件？ / 86

第三辑　政府的品质 / 89
中共不应有自己的利益 / 90
政府就该天生被怀疑 / 93
从善如流是政府的基本品质 / 96
不能以追求GDP的方式去追求幸福指数 / 99
加快推进收入分配改革需要政治决断 / 102
管治危机与公共治理 / 104
反思政府主导的经济发展模式 / 108
政府应学会与民间组织“和平共处” / 111
部门利益是建立服务型政府的最大障碍 / 116
城管可不可以取消？ / 119
建立制度化回应群众诉求的机制 / 122
危机时期更要公开政务 / 126
用政治体制改革保障反腐成果 / 129
不能让政府失信一再挑战民众敏感神经 / 131
谨防国企高管变身为政治企业家 / 134
社会信任解体是地方政府公司化的结果 / 137
官员财产申报制度能否破茧而出？ / 140

第四辑　公民权利 / 145
如何对人民赋予的权力保持敬畏之心 / 146
公民社会的成长及NGO的作用 / 149

民间的生成及其力量 / 156
“网络问政”与政府善治 / 161
官民对立中的公民权利诉求 / 166
非正常上访与非正常权利 / 169
官员就应该习惯被“骂” / 171
少生4亿人的代价问题 / 174
“公民”不只意味着反对 / 177
“微博打拐”中的公民行动 / 180
多数人意见也不能否决少数人的基本权利 / 182
“人跪狗”与底线道德 / 184
对职业乞丐的宽容就是对自由的保障 / 186
警惕“伪民主”剥夺流动人口的自由 / 188

第五辑 世道与人心 / 191
“绿坝”与国家“父爱主义” / 192
公权力的私有化导致拆迁现代版“株连九族” / 195
今天你公款按摩了吗 / 198
谁吃了有毒的三鹿奶粉？ / 201
中国的官二代、身份继承与社会断裂 / 204
群体事件下的国企改制 / 207
我们这个时代为什么没有平民的感觉 / 210
从经济学家的“吐痰论”到县委书记的“烟灰缸论” / 213
经济学家为利益集团服务的前提 / 215
博士与博仕 / 218
利益集团挟持了中国的教育 / 220
“中国教育的成功”与乡村女教师的卖淫悲剧 / 222
“赢家通吃”的现象应该打破 / 224
当腐败政策化时 / 226

故宫丑闻是官办文化下的蛋 / 228

第六辑　法治的信仰 / 231

用民主克服政令不通 / 232

免于恐惧的自由才是最重要的 / 234

法律的权威为什么不足 / 236

如何建设法治政府 / 239

从党内反腐转向法治反腐 / 244

做实人大的决定权 / 250

赵作海案与国家赔偿制度 / 252

为什么反对“张茵们”只为本阶层代言 / 255

政协不应成为商人俱乐部 / 257

“钓鱼执法”与中国的分利集团 / 260

听证会的生命在于程序公正 / 263

以公共的政治参与化解群体事件 / 266

应立法确保流动人口国民待遇 / 269

人大质询政府应成为一种常态 / 272

后记 / 274

推介语 / 276

自序　张扬个体的权利

追求幸福或幸福地生活是人类的基本目标，也是每个人的基本权利。就世俗价值而言，社会的发展就是一部追求幸福的历史。

尽管每个人对幸福的理解和定义不同，但从社会学的角度看，满足一个社会多数人的幸福，是需要一些前置条件的，它包括经济的快速发展导致物质条件的改善、财富和资源的分配合乎正义法则、对异端思想的宽容，以及人的尊严得到国家权力和法律制度的尊重与保护等。可以说，这些前置条件对一个人获得幸福至关重要，而且它们互为因果。

一个人可以容忍贫困，甚至也可容忍某种程度的不公，然而，不可容忍自己的尊严受到各种外在力量的压迫与侵害。一个人不能有尊严地生活，纵然家财万贯，肯定也是生活得不幸福。就此而言，我们可以把有尊严地生活等同于幸福地生活。

要使人们有尊严地幸福地生活，涉及到如何处理国家权力与个体权利的关系问题。在中国近年的发展和转型中，政府公权力与公民个人权利形成了一对尖锐的矛盾，它们之间的内在紧张关系已经成了中国当下必须面对和亟待解决的问题。本书即着眼于这一问题，从我近年发表的大量文章中选取和政府权力以及公民个人权利有关的数十篇文章编辑而成。

和早先现代化国家更多主张和通过发扬市场力量以及公民个体的政治、经济自由来促进经济和社会发展不同，后发现代化国家特别是东亚国家更偏好政府作用，以政府一定程度的集权来保障和促进经济的增长和社会的发展。这有特定的时代因素以及东亚儒家文化的影响在内。时代因素主要表现在两个方面：一是后发现代化国家不可能像英、美等早先现代化国家那样，拥有广大的殖民地，以作为原材料产地和商品倾销市场，后发现代化国家绝对不可能有这样的历史机遇；除此外，早先现代化国家的数量也比较少，竞争相对不激烈，而后来进入现代化的国家的数量则多得多，这无疑也加剧了彼此之间的竞争。二是现代国家普遍承担的任务要重，责任要大。上述两方面也就决定了现代国家不可能再回到过去只起着守夜作用的小政府状态，必须更大限度地发挥政府的作用，方能应对各方面的挑战。儒家文化的影响则专指对东亚新兴国家而言，在儒家文化看来，国家应该在社会的发展中起着积极的作用，而不是消极的无为而治。

尽管如此，并不表明政府的作用就越大越好。政府作用的发挥应该是以促进市场力量的发育以及个体自由和福利的增进为前提和基础，如果政府的作用大到压制甚至替代市场，挤压个体的自由空间，或许短期内能够造成经济的快速增长和国力的增强，但长期而言，必定会走向自己的反面，是不可能使国家具有竞争力的。也就是说，政府只能在自己的边界里活动，不可逾越边界，因为权力天生具有自私性和扩张性，政府力量大，客观上说明政府受到的监督和制约就小。这样，经济增长的成果和国家强盛的结果就会被权力的这种自私和扩张性所吞噬，换言之，微观经济主体创造的社会财富最后会被掌握权力的集团及其亲信所瓜分，广大民众所得有限甚至一贫如洗，从而导致社会不可避免地出现贫富对立，分裂成两个对抗的集团，这对国家的发展和现代化绝对无益。无数历史事实一再证实了这点。

所以，为避免此种情形的出现，我们看到，后发现代化国家和地区中的日、韩等国和我国台湾地区，在经济起飞并发展到一定阶段后，都从一个大政府的威权体制适时向民主体制转化，收缩政府的边界，让市场和个体发挥更大作用。政府的作用只体现在提供市场和微观主体不能和不愿提供的公共产品和公共服务上，包括市场秩序、合约的遵守、对自由和权利的保障等，同时政府的权力也受到来自法律和社会的双重监督和约束，政府严格依法而行，严守法律的边界，相反，公民的行为只要是法律不禁止的，就都可以实施。这种政府和个体的关系，才是一个社会正常的发展状态。而那些没能及时转向的国家，在发展到一定阶段后，都出现了所谓“中等发展国家陷阱”问题而鲜有再进步。

可见，历史为我们提供了借鉴。目前，中国也已经走到“中等发展国家陷阱”的边缘。历史上的大政府主义，更兼之现实中的经济成就，助长了一部分掌握决策权的人对政府的盲目崇拜。至少到现在，还看不到政府权力收缩的迹象，有的只是政府职能的不断扩张，蚕食本已虚弱的市场自由和公民权利。中国当前发展中出现的一系列矛盾和问题，如贫富分化、腐败、消费的不足、环境被破坏以及不时发生的群体事件和民众抗争等，都是政府权力不断扩张和公民权利不断收缩的结果。鉴于中国人口之多、国土之大以及地区之复杂，比起其他陷入“中等发展国家陷阱”的国家来，中国一旦跌入该陷阱，可能就永无翻盘机会。

因此，如何在这个历史发展的关键时刻，摆脱“中等发展国家陷阱”的宿命，走向民富国强的可持续发展之路，让人民生活得更幸福更有尊严，成为一个受人尊敬的国家，就是我们必须面对和解决的时代课题，也是本书着力探讨的内容。历史其实早已为我们给出了答案，那就是自由、民主、法治。只有严格限制和约束政府权力，张扬市场自由和公民权利，中国才会有未来，人民才会真正享有幸福和尊严。假如本书在这方面对读者诸君有所启迪，也就表明它具有些许价值，我也就满足了。

第一辑　改革与社会公正

历史上不成功的改革，说到底，是因为没有处理好社会的公平和公正问题。一项改革若要顺利推进，必须得到多数人的拥护和支持。而要让人们拥护和支持，改革就不能损害他们的利益，至少是不能过度损害，使他们看不到未来的希望。中国这些年来的改革之所以停滞不前，动力渐失，根子在于改革者忽视了沉默的大多数对公平和正义的基本要求。

中国未来十年的七大挑战

一个民族、一个国家、一个社会，必须要有忧患意识。在亡国灭种的危机时代要有，在国力昌盛、民众富裕的承平时代更要有。忧患意识是民族、国家和社会最可宝贵的意识，是推动历史前进的动力。

中共十七届五中全会强调既要抓住后危机时期的发展机遇，又指出必须要有忧患意识。改革开放至今，已经30余年。在历史的长河中，30余年的光阴只是一个瞬间，但放在中国现代化的进程中，已经不短。这30余年的改革开放，从社会变革和转型的广度、深度而言，算得上是中国5000年来未有之变局，大体来说，这30余年基本风平浪静。当然这得益于执政党及其领导下的政府能够顺势而为，调整自己的治理方式，与世界主流文明接轨。而年均近10%的高速增长，也创造了转型国家时间最长的增长期，并为执政党处理各种棘手的社会问题积累了雄厚的财力。

2010年上半年，当其他国家还在为如何使经济走出危机绞尽脑汁时，中国经济又上了一个新的台阶：超越日本，成为全球第二大经济体。这可是一个了不起的经济成就。按照目前的增长速度，就是在若干年后赶超美国，也并不意外。可以说，这是中国自鸦片战争以来的现代化进程中从未有过的国力最为强盛的时候，堪与盛唐媲美。但愈是在这样的时候，愈要谦虚谨慎、战战兢兢，因为不仅国民在此种表面的强盛中不知不觉变得自大起来，而且，事实上，从内外环境来看，中国在后危机时期将面临着比以前更为复杂和严峻的挑战，30余年改革和发展积累起来的矛盾和问题到了一个总爆发的临界点上。就国内来说，如果未来10年，不妥善处理和解决好以下几大问题，后果堪忧。

挑战之一：实现经济再平衡

金融危机给世界经济提出了一个再平衡问题，中国同样也面临着严峻的再平衡任务。30余年的经济高速增长，其实是以经济和社会发展的一系列失衡为代价的，如：过度依赖出口与外部需求拉动制造业发展，内需与外需比例严重失衡；过度依赖政府投资拉动投资增长，私人投资相对疲软；过度依赖外商直接投资，国际资本收支结构失衡；过度依赖东部沿海地区，全国区域经济发展失衡；过度依赖城市经济发展，城乡发展失衡；等等。这一系列失衡造成的一个直接后果，就是经济发展虽然很快，但国民所得不多，致使对经济健康发展所必需的内需多年都启动不了。

世人都明了中国的发展方式是所谓粗放式发展，即靠牺牲资源和环境，以及低成本的人权优势，来谋取经济的高速增长，更具体地说，是GDP的高增长。如果说，在改革的初、中期，这是必要的，因为那时国家的主要任务，是做大蛋糕，而对一个资本高度稀缺和技术高度落后的国家来说，要吸引外资和技术，就必须用优惠的条件，包括压缩资源、能源、土地、劳动力等要素的价格，那么，在蛋糕做大之后，特别是，我们自身的资本也有剩余，在世界各地寻找投资机会时，还把追求GDP的高增长作为政府的主要任务，就成问题了。而现在之所以如此，原因在于以下几个方面：体制的惯性；政府掌控资源的能力非但没有减弱甚至还有加强；多年高速增长形成的既得利益群体的阻扰；经济结构的固化；工会力量的弱小；农民工的市民化进展缓慢；以及外部需求对中国过剩生产能力的消化等体制、结构条件依旧。

但金融危机的爆发把中国这种粗放式发展逼入了绝境，难以为继。金融危机首先打破了中国经济对外需的高度依赖。从过去的几年看，中国经济的高增长高度依赖于美国的消费。如果美国的过度消费能够维持，那么这种增长模式就能够维持，然而危机恰恰表明美国的过度消费难以为继。尽管2010年以来，随着各国尤其是发达国家逐渐走出危机，对中国商品的需求开始恢复，中国的出口同比又有大幅度增长，但有了危机的教训，表明这种外需是随时可中断的，因此，这也告诉我们，不能把中国经济增长的希望长期寄托在发达国家的需求上。因为我们看到，在后危机时期，各国为保护本国经济的发展，纷纷推行保护主义，美国2010年又通过了有关中国汇率的法案，人民币将面临着越来越大的升值压力，人民币一旦大幅升值，对依赖外需的中国出口企业的影响将是致命的。可以说，后危机时期“以邻为壑”的贸易保护主义逐渐主导各国政府的贸易政策，各种关税与非关税贸易限制措施纷纷出台，而它们大部分是冲着中国而来的，中国是这种贸易保护主义政策的最大受害者。它使得中国经济再平衡的外部环境趋于恶化。

在外在的压力下，中国经济不得不进行被动式平衡。

从中国政府4万亿元投资计划实施以来的情况看，这种被动式平衡主要体现在四个方面：一是以投资替代外需；二是以政府代替市场；三是加快银行放贷弥补市场流动性不足；四是延缓要素领域的改革，包括劳动力、资源、环境、公用事业、汇率等在内的要素价格改革，是推进经济增长方式转型的重要环节，但为了保增长，这些领域的改革或被推迟，或又反复。虽然这种被动式平衡保证了中国经济在严峻的外部环境下实现8%甚至更高的增长，但它也恶化了投资和消费的矛盾，加剧了产能过剩的压力，进一步挤压民企生存空间，导致房地产等资产价格出现泡沫，更危险的是，它使政府干预经济的能量更大。

发展方式的转变包括注重经济增长的平衡性，“权衡”好经济发展中当前矛盾和长期问题，保持经济高质量和持续增长，注重经济增长和社会发展，让社会个体公平分享经济增长带来的财富和成果，以及注重经济增长和资源环境友好等方面。实际上，从“九五”计划开始，中国就提出了转变经济增长方式的目标和任务，然而，如今“十一五”计划即将完成，发展方式依然如故。现在外部形势已经变化，假如在未来的10年内，中国在发展方式的转变上没有取得进展，或进展不大，那么，不排除或者注定会像此次金融危机，以一种破坏性的力量来再平衡世界经济一样，以同样的破坏力度甚至更大的破坏性来强制实现中国经济的再平衡。如此，无疑是中国经济的悲剧。

挑战之二：缩小贫富差距

贫富分化是经济再平衡的一个重要内容，但它又不仅仅是经济问题，更重要的是社会问题，是影响社会和谐稳定与阶层对抗的大问题。

贫富分化首先表现为收入问题，除此外，它还包括社会资源的分配、社会公共服务的分享以及机会的均等与否等所造成的贫富两极分化。由于收入分配在各种分配中占主导地位，我们可以把收入分配等同于资源分配。狭义的收入分配指的是工资性收入，广义的收入分配指的是一个人不论通过何种方式，可以取得的货币或非货币收入，包括灰色收入、腐败收入等。

收入差距的扩大是一个世界性难题。《全球通史》的作者、美国加州大学历史系教授、著名历史学家斯塔夫利阿诺斯在研究历史时发现，在过去50年中，世界收入增长了7倍，人均收入增长了3倍，但是，无论在各国国内还是在国际社会，这些收入的分配都极其不公平。他引用联合国的报告说：“在

1960年至1991年间，占世界人口20%最富有的人拥有财富的比例从70%增加到85%，而20%最穷的人拥有财富的比例则从2.3%下降到1.4%。”

相比而言，中国在收入分配的不公上只会有过之。无论各种统计均表明，在短短的十几年间，中国的收入或贫富差距正日益拉大，已从过去一个高度平均主义的社会变成一个贫富差距极其悬殊的社会。根据国民经济研究所副所长王小鲁的一个调查统计，目前全国最高收入的10%家庭与最低收入的10%家庭之间人均收入差距约55倍。清华大学教授、全国政协委员蔡继明在2009年6月召开的政协常委会上，也透露出了一个数据，他说：“中国权威部门的一份报告显示，0.4%的人掌握了70%的财富，财富集中度高于美国。”

中国的收入差距不仅仅体现在富有者和贫穷者之间的悬殊上，而是表现为全方位的，包括城乡收入差距、地区收入差距、行业收入差距等。世界银行在前些年出版的一部名为“推动公平的经济增长”的报告中警告，如果中国任由当前城乡差距和各省人均收入增长速度的差距继续不断扩大，到2020年基尼系数将会上升到0.474，比1999年的0.437高出近4个百分点。事实上，上述数据已远远落后于现实。国家发改委一个研究机构的调查研究表明，截止到2009年，中国的基尼系数已经达到0.48，如果算上隐性的各种补贴，基尼系数早已超过了0.5。这是衡量收入差距的极限。

那么，收入差距导致的贫富扩大这种马太效应，会对我们的社会产生什么样的严重后果？

对人均GDP 1000美元到3000美元的发展中国家来说，人们常用“黄金发展期”和“矛盾凸显期”来区分两种不同的发展前景。前者指的是因为顺利实现了经济社会结构的转型，为经济的持续发展提供了一个相对稳定的环境，可以实现工业化和现代化，成为一个现代国家；后者指的是因为经济社会发展不协调，各种矛盾大量产生并不断激化，经济发展停滞不前，甚至引发社会动荡和倒退。一个国家、一个社会是进入“黄金发展期”还是“矛盾凸显期”，其中一个重要方面，取决于对收入差距的处理。处理得好，收入差距得以缩小，进入“黄金发展期”；处理得不好，收入差距持续扩大，进入“矛盾凸显期”。

截至2010年，中国的人均GDP已经超过4000美元，正处于这一发展的“岔路口”，是上天堂还是入地狱，取决于我们对包括收入分配差距在内的一系列矛盾和问题的解决程度。首先应肯定，收入差距保持在一个合理的可控的范围，有助于整个社会的活力和生机，但假如差距过大，则不仅使得社会的一部分成员不能享受改革发展的成果，还会产生以下两个明显的后果：一是从经济层面看，由于富人过富和穷人太穷，会出现“富人有钱无处花（消费），穷人有钱不敢花”的情形，从而导致国内消费需求不足和长期经济增长乏力；二是从社会层面看，收入差距过大，尤其是机会不平等所造成的收入差距过大，会加大低收入群体的不满，加剧社会冲突，如游行、罢工，乃至社会动乱。近年来，中国群体性事件不断出现，不能不说与收入分配的持续扩大所导致的贫富高度不均有着很密切的关系。

早在1993年9月，邓小平就发出警告，“收入差距发展下去总有一天会出问题”。通过让一部分人先富起来，先富带后富，最后实现共同富裕，是邓小平当年的设想，并称这是改革的“两个大局”。我们现在“先富”有了，即第一个“大局”大体实现了，然而，“共富”即第二个“大局”的实现还显得遥遥无期。导致第二个“大局”实现不了的根本原因，是先富起来的阶层中有相当部分的人是靠不正当的方式和手段获取财富。这虽然有历史的具体的因素，可能具有历史的“合理性”，但正因如此，也就导致了财富分配的不合理和差距过大。另一方面，市场经济的实行如果不伴随对资本和权力的节制，将会放大市场经济本身的缺陷，即自动导致两极分化。这是中国收入差距悬殊的两个制度根源。

我们在钦佩邓小平具有远虑的同时，不能忘了他的警告。未来10年，必须把解决收入和贫富差距放在一个优先的位置，否则，对中国提出的构建和谐社会的目标会产生很大的负面影响。

挑战之三：反腐任重道远

腐败是一个老问题，但不能因为其“老”，我们就可以对它放松警惕。因为各种调查均表明，腐败是社会公众最关注且最不能容忍的问题之一。

黑格尔在分析西方中世纪教会的腐败原因时指出，这种腐败绝不是偶然的，如一些人所说是单纯滥用权力的结果，因此只要遏制了某些人的私欲即可将其消除；相反，这不仅是一种源于制度原因而必然的、根深蒂固的腐败，而且是一种不断地向一切空间弥漫的死症，它注定到处孳生出权力欲、放纵淫欲、种种野蛮和卑鄙的腐败情形、伪善和欺骗。

黑格尔在此实际指出了一种腐败的扩散效应。的确，当贪腐成为一种文化，一种社会普遍认同的心理时，它就会像癌症一样散发、蔓延，多数人对腐败的态度会由开始的“深恶痛绝”转变为“习以为常”，只要不触及个人利益就听之任之，甚至抱着“改变不了环境就适应环境的心理”。腐败在这种“文化”氛围中，被淡化、被认同、被怂恿、被放纵，成为行为准则和生活方式，甚至成为一种社会信仰，全面侵入社会的肌体。说得严重点，我们今天就是这种情况。

新中国成立初期被处决的原石家庄市委副书记刘青山、原天津地委书记张子善，可能是改革前因贪污被处死刑的最高级别官员了。然而，改革以来被查处的各级腐败官员，不下数百万，这其中，上至国家领导人层级的政治局委员、全国人大常委会副委员长，下至没有级别的村长。某地一个小小的基层科级干部，其贪污、挪用的赃款竟然高达3亿多元，创造了中国腐败金额之最。

中国历代王朝差不多都毁于腐败。其他发展中国家的经验表明，腐败的失控将破坏关键的治理制度，引起公众的不满，加剧社会经济的不平等，造成严重的经济扭曲，并加大爆发全面危机的风险。腐败在中国的危害是十分巨大的。据估算，每年因腐败而导致的直接经济损失至少占GDP的3%，这部分财富被转移到了一小部分精英手中，加剧了中国社会经济的不平等和两极分化。腐败的间接成本，如效率的损失、浪费，以及对环境、公共卫生、教育、关键性公共机构的信誉与文职机关士气的损害，更难以估量。此外，鉴于中国的一党执政体制以及存在民族分离的势力，腐败还会弱化执政党的合法性和执政基础，大幅降低执政党及其领导下的政府的治理能力，并为民族分离势力制造分裂提供了一个有蛊惑力的借口。

所以，腐败造成的物质耗损还不是最要命的，要命的是它会带来人心的丧失。从中国的情形看，腐败的严重泛滥已使社会转型面临两种威胁：一是转型的进程被腐败引发的剧烈社会冲突和社会动荡打断，造成转型的反复与倒退；二是转型的方向因腐败产生的路径依赖发生偏离，滑向权钱结合的恶势力主宰社会的方向。这两种可能性已越来越大。例如，地方一级的腐败每年都会引发数以千万计的骚乱与暴力集体抗议，这削弱了社会稳定，而且使内部治安方面的额外支出成为必要。

从腐败的通常逻辑来分析，追求收益最大化是产生腐败的动力来源，公共权力的存在则是产生腐败的客观基础，而制度缺失是腐败产生的根本原因，同时，信息不对称是产生腐败的必要条件。但是，当前腐败的蔓延，除了具有一般腐败发生的特点外，还与中国所处的特殊历史阶段有关。当下中国正处于现代化的转型进程中，社会转型的广度、深度和跨度都前所未有。在这个大转型、大变动的时期，思想的混乱、道德的沉沦、纪律的松弛、信仰的消失、制度的虚无使得人们一切向钱看，金钱是人们真实的拜物教。每个人都用自己手中拥有的各种资源，包括权力、知识、关系、美色等，来交换金钱。官员作为社会的管理者和实际主宰者，其拥有的各种资源比一般人要多得多，因此，在监督缺乏的情况下，也就非常容易把自己掌握的权力和资源变现为金钱。

对于腐败的危害，很多人，包括高层是非常清楚的。因此，改革以来，从国家层面来说，一刻也没放松对官员腐败的警惕，出台了很多反腐措施，而且越到后来，反腐措施越严厉。但让人尴尬的是，目前似乎走入了一个怪圈，腐败，反腐，再腐败，再反腐，以至无穷，每次反腐过后，腐败都以一种更猛烈的形式反弹。这说明，要么我们出台的各种反腐措施不对路，要么执行不严格。不管哪种原因，反腐久不见效，同样会失去人心，从而加速社会危机的到来。

每个社会都会有腐败现象，这并不可怕，可怕的是对愈来愈严峻的腐败无能为力，失去了反腐的信心。因此，未来10年，如果在反腐上成效不大，那么，各种社会矛盾和问题都有可能借着腐败的形式集中爆发出来，严重威胁中国社会的稳定。对此风险，不能掉以轻心。

挑战之四：重建社会价值观

与腐败相联系的一个问题是，社会道德的全面退化和社会价值观的全面紊乱。事实上，我们也可以把腐败理解为对制度、规则和社会普遍认可的道德、价值的不遵守与破坏，而不仅仅是滥用公权力，后者是狭义的腐败，前者是广义的腐败。它们两者的关系是：腐败会造成一个社会道德和价值的恶化与退化，反过来，道德和价值的恶化与退化又进一步加重社会的腐败。

但是，道德和价值的功能远不止于此。一个社会，固然需要制度来维系其正常运转，但决定人们日常行为和社会活动的最本质、最深层因素，还是社会的基本伦理、道德规范和文化价值。一个人若无羞耻之心，无所敬畏，有什么事做不出来？

可惜的是，中国当下正陷入这种道德溃败和价值紊乱的状态。此种道德溃败和价值紊乱不是一般的程度，而是深入社会的肌理，呈现出大面积、多层次、全方位的特征。这些年来，我们生产了多少假冒伪劣、有毒有害产品，发生了多少安全生产事故，又出现了多少产品质量问题？官场不像官场，学界不像学界，企业家没有企业家的品格，几乎每个行业、每个职业都腐败盛行，没有基本的道德操守和职业规范，乃至整个社会是非不分、信仰全无，以丑为美、以次充好，一切向钱看，总之，为了利润，敢于将一切社会道德和价值踩在脚下。

很多人把我们社会的道德退化和溃败归咎于市场经济的实行。其实，这大错特错。市场经济从其本义而言，不是无道德的经济。市场经济的第一要义是自由选择，公平竞争，它要求每一个进入市场的人员，都必须具有独立自由的人身资格，能够自由自主地进行选择。市场经济也排除等级、身份、特权等不平等因素，它要求机会均等，公平交易。有信用才能产生持续的交易活动。所以，市场经济的道德内涵就是自由、诚信、平等、公平、正义等这些美好的品质，它们也是市场经济根本的价值观。市场经济本来就要求人们在这些道德属性的约束下去进行物质财富的创造，在实现个人利益的同时促进社会的发展，进而促进人类经济社会这一大系统的长期有效演进。经济学鼻祖亚当·斯密之所以在强调理性经济人的同时还要强调市场经济的道德基础，原因就在于此。

但为什么市场经济被引入中国后产生了变异？这是需要我们反思的。这个世界当然没有教科书上的纯而又纯的市场经济，每个国家的市场经济都要和本国的国情相结合，带有本国的特色，而之所以说中国的市场经济被引入后产生变异，指的是它更多地与中国不好的传统和国情结合在了一块，从而使市场经济内在的元素发生了变化，导致中国社会的道德出现大幅度的退步。这里的原因就在于，尽管传统中国有着儒商的商业规范，然而，中国传统社会毕竟缺乏市场机制的因子，加之我们在引进和推行市场经济的时候，正赶上社会进行艰难的转型。中国的传统文化以及这一文化所内含的价值体系，包括儒商传统，在100多年前的救国图存中就被作为落后的东西而被先贤们全盘否定和摧毁。时至今日，这个转型并未终结，而且还有加速的趋势，一方面是旧的价值体系已经被打破，另一方面新的社会价值和社会共识还未形成，于是在这个转型空当中，社会产生了价值迷失，没有了道德和价值的约束，蛰伏于每个人内心的恶有机会被释放和暴露，而市场经济若没有基本的商业规范，在自由的交易中，个人的私欲和自利本性就会被无限放大，“自由地赚钱”就会成为社会实际奉行的价值共识。不是说中国目前没有价值，官方一直在倡导符合其要求的所谓主流价值观。然而，现实中这套价值体系实际上败于功利主义之手。功利之心原本人人都有，而功利上升为主义，如上所述，无疑与政府的行为有着直接的联系，在一个政府主导社会资源的社会里，如果社会对政府的约束不够，那么必然会导致政府短期行为的频繁发生，致使政府行为捉摸不透，不可预期，这反过来又直接造成社会信任的进一步下降。处于这个社会的人们，自然只问结果，不问手段，以结果来评价一个人、一项社会活动或事业的成败，这就是功利主义的最大特点。

此外，产权制度的缺失，社会分配的失误，也会导致社会价值的“错位”和道德水平的下降。产权是信任的载体，无恒产者，无恒心，自然就不会有诚信。社会分配出了问题，劳动者得不到与其劳动价值相对等的份额，这会刺激人的不劳而获思想。假如一些人连生存都无法解决，你要他去同一个富翁一样守着“道德”的牌坊，告慰所谓的“人穷不能志短”，那不过是浪漫主义的道德幻想。因此，当社会财富分化日趋严重时，带来的必然是道德底线的崩溃，社会价值观的坍塌。

作为一个社会时代精神的内核，社会价值观渗透到社会的各个方面，在全社会发挥着导向功能、凝聚功能和整合功能。一个民族、一个国家，只有一个健康的价值观，才能推动社会的进步，否则一切无从谈起。而健康的价值观，一般是由这个社会的主流价值充当的。倘若社会的主流价值观出了问题，不被这个社会的多数民众尊奉，道德出现溃败也就无须奇怪。道德一旦溃败，信用全面退化，不仅会导致不必要的过高的交易成本，阻扰市场体系的建立，而且时间一长，会毒化一个民族的心灵，使这个民族变成一个没有基本是非观念、唯利是图的民族，这是非常可怕的。当下为什么会出现各种泄愤行为？其深层根源即在于此。

现在的问题是，对于这种全面的道德和价值崩溃，尽管社会忧虑重重，但至今拿不出什么有效的办法来校正。未来10年内，此种状况若得不到有效改善，会构成中国社会发展的又一风险源。

挑战之五：遏止环境污染蔓延

如果说，改革开放以来30多年的经济发展称得上是“中国的奇迹”的话，那么，这30年来的环境污染和破坏速度，也称得上是另一个“奇迹”。各种统计都表明，中国的环境问题非常严峻。而照目前的污染情况走下去，随着我们的经济总量再翻两番，污染负荷还可能增加四至五倍。现在，要在中国找到一块未受污染的净土，相当难。因此，完全可以说，环境污染和破坏的严重程度，体现了中国发展模式的粗放性、浪费性。

中国在二三十年里环境急剧恶化的原因是多方面的，除了未充分考虑到快速工业化和城市化带来的问题外，主要是经济发展中的体制、政策和资源定价问题一直没有多大改变。从体制来看，环境系统的整体性与行政系统的分割性存在矛盾，而地区利益、部门利益之争，以及现行经济政绩的攀比机制，使这种矛盾加剧；从政策来看，在各项经济发展战略计划和经济政策之中，尚未考虑环境因素，体现环境成本，杜绝破坏性的开发建设，甚至将环境因素排斥在经济发展之外；从资源使用和定价来看，资源初级产品价格相对偏低，环境等社会公共产品可以免费索取。企业生产成本中的环境成本不完全，这种环境无价、资源廉价的局面不仅带来了浪费和效率的低下，还鼓励了粗放型的生产消费方式，环境破坏和补偿机制也就无从谈起。而所有这一切，从根源上来说，就是为了摘掉几千年来压在我们头上的贫穷帽子，自觉奉行后发国家普遍实行的发展主义的结果。又因为比起先发展的西方国家来，中国快速发展产生的环境问题，却不能通过将危机转嫁给别国的方式来解决，所以问题越积越严重。

所谓发展主义，是一种源起于西欧北美特定的制度环境，并在20世纪60年代之后逐步扩张成为一种为国际组织所鼓吹、为后发社会所尊奉的现代性话语和意识形态。它通过对工业化、城市化、现代化等的许诺，将“发展”简单地还原为经济增长，将经济增长又简单地等同于GDP或人均收入的提高。因此，增长至上和财富至上是发展主义的意识形态。在这一意识形态的话语下，环境—生态问题被忽视掉了，环境的代价、健康的代价等等被排除在企业内部的成本—效益分析之外。在发展主义的体制和话语下，某种自然物一旦具有了“资源”的价值，那么，它们就会被迅速商品化和市场化。

发展主义的思潮及其体制性开发对广大的发展中国家产生了极其深远的影响。它是后发国家的经济发展哲学，在许多后发国家，发展本身成为国家的最高目标，或者至少是一个阶段的最高目标，也是政府合法性所在。中国同样深受这种发展主义的影响，而且是它的典范。发展主义之所以能在改革开放后的中国盛行，原因在于它打着让人民快速致富和国家快速发展的旗号，再加上受历史条件、经济技术发展水平和经济体制等方面的限制。虽然我们一直在努力探索走符合中国国情的发展之路，但中国的经济增长至今未能跳出传统的“高资本投入、高资源消耗、高污染排放”的发展模式，即使发展主义在解决中国的贫困方面确实起到了一定作用。

对于中国的环境危机，虽然我们已经意识到了，而且政府也在有意识地采取措施纠偏，比如提出建立环境友好型社会，走绿色发展和低碳经济之路，但要彻底改变这种靠消耗资源和环境的发展方式，还很难，这不仅因为在一些环境脆弱的地区，还存在繁重的脱贫任务；更因为地方政府的头号目标还是实现社会稳定和经济增长，而环境因素的考虑往往要求降低增长速度，所以，我们虽然提出科学发展观有一段时间了，但在保证科学发展实施的国家战略、政策体系、考核评价、公众的环保参与等方面，一直未拿出切实可行的方案来。

未来10年，随着城市化的加速，以及中国进入重化工业的中期阶段，除非我们加大了环境治理的力度，出台强有力的政策和措施遏止环境污染的蔓延，否则，环境问题只会进一步加剧而不是减少。而环境一旦爆发危机，由于环境具有免费索取的性质，那么，它对社会经济和我们生存的家园造成的影响将是灾难性的。这种灾难几个世纪都难以修复。

挑战之六：布局人口再生产

相对于上述几方面，人口问题对中国社会经济发展的重要性常常被大众所忽略。其实，它在中国社会中的地位和作用一点也不亚于其他问题。

中国经济起飞的一个有利条件是劳动力的无限供给。整个前30年改革期间，劳动力的数量、质量和价格具有明显的优势，并形成和保持很高的储蓄水平和资本积累率，使得主要依靠投入的增长方式就支撑起了中国经济的高速增长。中国经济发展的这一特征被称为人口红利。根据一些专家的估算，改革以来人口红利对中国GDP增长的贡献率占到了26.8%。

但从2006年开始，在广东等沿海地区出现用工荒，这预示着过去近乎无限供给的劳动力，在总量和结构两方面都将趋紧。这其实就是人口红利逐渐消失的征兆。20世纪70年代，中国开始推行城市父母生育一个孩子的计划生育国策，迄今为止，共少生育4亿人，到20世纪90年代中期，中国就完成了向出生率和死亡率都较低的人口再生产类型的转变，总和生育率持续下降。1971年全国总和生育率为5.4，目前总和生育率为1.8左右，远远低于发展中国家的平均水平，也低于2.1的时代更替水平，相当于发达国家20世纪90年代中期的水平。

生育率的持续下降使得劳动年龄人口出现下降，社会总抚养比上升，经济发展的人口优势不再。依照计划生育前的人口数量优势，中国人口红利期到目前为止持续了40年左右，而如果中国不实行计划生育政策，让其自然发展，虽然多生育了4亿人口，但据估算，中国的人口红利期至少还可延续40年，也即至少还要到2055年才会结束。这也就是说，计划生育政策的实行，人为改变了人口红利的周期。那么，它会产生什么后果呢？迄今为止的中国经济发展模式，无论是政府的政策制定和制度安排，还是企业的产业组织选择和技术选择，或者整体经济的产业结构形成，都是建立在劳动力结构年轻化的基础上的。一旦劳动力无限供给特征逐渐消失，中国经济将进入一个人们以往并不熟悉的发展环境，现在依靠劳动力数量和价格优势的中国发展模式将会遇到极大挑战。而根据一些学者计算，最早在2015年前后，中国的人口红利将开始枯竭。

具体来说，计划生育政策的实行及其所带来的人口红利的消失，对中国的经济发展会造成以下几方面的严重后果：一是少儿人口的大量减少，减少了内需；二是造成劳动年龄人口没能充分就业，一部分人口红利被浪费掉；三是中国在未富先老的情况下过快进入老龄社会，从而为本不健全的社会保障带来巨大风险。

人口红利消失的危害并不仅仅体现在经济方面，更严重的还在于社会方面和人自身的再生产上，包括婴儿性别比严重失衡，独生子女在其成长过程中所遭遇的各种风险等。它们可能会给中国社会带来许多意想不到的后果。

计划生育所造成的性别比失衡，将在未来的几年使5000万进入适婚年龄的男子娶不到老婆，无法组建家庭，该问题对中国社会会产生何种不利影响，还有待观察，但绝对不是一个小问题。与此同时，独生子女在其成长过程中随时面临着夭折的风险。这不但是家庭问题，也是严重的社会问题。一些人口学家就认为，由独生子女家庭构成的社会，其风险大致涉及九个层面：对独生子女来说，包括成人风险、成才风险、婚姻风险和养老风险；对独生子女家庭来说，包括儿女养老风险、结构缺损风险；对独生子女社会来说，包括发展风险、国防风险和责任风险。家庭是社会的细胞，“细胞”的脆弱决定了一个社会内在的脆弱。

可见，人口再生产问题不可小视。尽管人口红利的消失会是一个缓慢的过程，也就是说，中国劳动年龄人口总量大和占比高的特点，还会在一段时期内继续保持下去，即人口红利还会是未来一段时期中国经济增长的重要因素，就此而言，在未来10年内，我们似乎不必过分担心人口红利消失对中国经济增长造成的不利影响，但应该看到，像人口这种影响长远的问题，不能等到问题已经爆发时再来匆忙解决，那时就晚了，因为人口的再生产有一个时间周期，必须提前规划布局。另外，从前述分析来看，综合起来考虑，改革以来的人口政策很难说功大于过，而且到现在，它在社会经济和人自身再生产方面的风险，已经越来越清楚地显示出来，并将在未来的几年里，可能集中爆发。对此，我们不得不防。

挑战之七：解决政府治理的危机

最后一个比较大的挑战是政府治理的危机。之所以把它放在最后来谈，是因为上述问题的妥善解决皆有赖于政府；同时，政府自身就是一大风险源，尤其对中国这样一个政府掌控大量资源的社会而言，政府在社会经济发展中的战略和策略失误，本身就会酝酿大的社会风险或危机。

改革30余年来，经济的高增长及其给民众带来的物质条件的改善（尽管改善的条件有限）、社会生活自由度的相对扩大、执政党及其政府坚持的“全心全意为人民服务”的宗旨和理念，迄今为止，在支撑着政府治理的合法性。但另一方面，正如美国著名的中国问题专家李侃如曾经在接受中国的报章采访时所说，中国的社会结构正在发生深层次的变化，其中四个方面的问题尤其对政府治理提出了挑战：一是中国实行的独生子女的政策，会带来什么样的社会影响现在还难以看清；二是中国的城市化程度大大提高；三是信息革命的发生，人们学习、相互沟通的方式发生了根本性的变化；四是中国的经济与全球经济其他部分的一体化程度已经很深，中国与国际体系之间的相互依赖性因此大大增加。这四个方面同时发生，历史上还没有任何一个国家同时经历这些变革，没有任何一个国家出现这些变革的速度像中国这么快，规模像中国这样大。在李侃如看来，中国能否成功应对这些变化和挑战，将决定中国是否能够进入现代社会，成为一个成功国家。

然而，不得不严肃指出的是，尽管中国政府面临这些挑战，但政府对GDP主义的过度追求却导致一系列问题的出现。如政治体制改革被悬置，市场化改革在产权、政府职能、要素价格方面裹足不前，社会分配上贫富分化悬殊，再加之贪污腐败、道德失范、信用缺失、环境破坏等诸多问题，从而使执政党和政府单一追求的政绩合法性越来越不能说服人们，支撑执政党和政府合法性的资源在不断流失。

合法性也称正当性，是民众对一个政权的统治权利的认可。这里的“法”是指在老百姓心中的不成文“法”，而非统治者制定的“法”。一般来说，一个合法性基础牢固的政权须具备三重合法性。一是意识形态的合法性，即政权所代表的价值主张必须被社会成员普遍自愿认同，强制的意识形态灌输不能维持这方面的合法性；二是程序的合法性，政权的产生、更迭和组成、运行方式，必须得到选民以投票的方式来进行检验，统治的权力是有限的，并受到宪法法律和政治程序的约束；三是政绩的合法性，一个得到民众支持的政权必须有良好的政绩。三者缺一不可。也就是说，对一个稳定的、可持续的政权而言，不仅要有政绩的合法性，还要有程序的合法性。否则，人民对政绩的任何不满，随时会转化为对政体的不满。这种不满的结果，不仅是要求改变领导人，而且是要求改变体制。因此，一个政党也好，一个政府也罢，单纯追求政绩的合法性是非常靠不住的。没有一个国家能够实现永续的经济高增长，能够回避一切经济危机。即使经济增长能够持续，也不能自动解决经济发展过程中的制度瓶颈与难题。如果单纯靠政绩来维系合法性，那么一旦经济陷入衰退，政府的合法性资源就会迅速地、彻底地流失。

对执政党和政府面临的合法性危机，应该说，现在人们包括执政党和政府自身，有着基本的共识。否则也不会提出科学发展观，并把解决民生问题提高到与经济增长并重的程度，问题是，受体制惯性和官僚群体中既得利益集团的阻挠，改革至今取得的成效不大，这种情况在未来几年内可能不会有本质的变化。对中国政府来说，这无疑是一大警讯。

化解危机唯有实行改革

中国的问题不只体现在上述七个方面，而是全方位的。但在我看来，未来10年，这七个问题对社会经济的影响更突出，更需要我们去关注并优先予以解决。

就每个具体问题而言，都有自己的解决办法，但整体来说，它们又有相通之处。事实上，把它们分成七个问题只是为了分析的便利，现实中很难把它们截然分开。一个问题的解决是另一个问题解决的前提，反之也一样，换言之，它们互为因果。这就需要我们从整体着眼，找出一个根本性的解决之道。这个根本性的解决办法现在看来只能依靠民主，这是中国全部问题的症结所在。无论是处理经济的再平衡，还是缩小收入和贫富差距，也无论是与腐败作斗争，还是重建中国的价值体系，即使像解决环境和人口再生产这样的具体问题，离开民主，不尊重民众的基本权利和意愿，没有民众的积极参与，都无法想象能够成功。更何况政府的合法性危机，首先表现为民主问题。

从中国改革的实际情形来看，改革开放主要是实行了包括思想解放、利益解放和权利解放三个层次在内的“人的解放”。这其实就是一个民主化过程，由此化解了改革初期的社会危机。进入新的世纪，中国已成为全球经济大国，但社会、经济、政治的不平衡并未减少。从社会结构来看，中国社会在以下四个方面发生了显著变化：一是逐步形成了一个包括中产阶层在内的社会有产阶层；二是不论贫富，几乎所有的人，其权利意识都比过去大大增强；三是社会日益多元化，形成了不同利益和不同主张的群体，但不同利益群体的交集和共识越来越少，社会的分化越来越严峻；四是社会进步严重受制于政治结构，两者的背离程度越来越大。尤其是，作为这一阶段重要改革的市场化改革，它不仅仅是资源配置的效率，也不仅仅是民族的振兴和民众福祉的改善，而是在更深的层面上反映出人的自由、理性和权利为代表的现代价值观得到了认同和尊重。但这种现代价值观由于政改的长期滞后和踯躅不前使得人们逐渐失去了国家变革的耐心，它不仅导致高层和学界一直强调的转变经济发展方式迟迟不能实现，腐败变得更加严重；而且，弱势群体因无望改变自己的命运极可能铤而走险，用激进手段进行利益分配，从而使社会出现失序化和暴力化，积累起越来越大的社会矛盾和风险，这是当前社会暴力和群体事件频繁发生的根源。最终这些矛盾和风险都会传递和反馈给执政党。

所以，中国的现代化进程又走到了一个关键的十字路口。化解社会危机尤其是合法性危机的方式依然是进一步推进改革开放。不过，与前一阶段的经济改革和开放不同的是，此阶段改革开放的主要内容是适时启动政治改革，厉行民主与法治，包括向社会和大众开放政治过程。

历史证明，当社会结构的变化特别是利益的分化和整合导致社会基础发生改变后，唯有民主才能保持社会的有序运转。市场经济的发展和社会转型形成了不同的经济利益、市场主体和组织结构，要保持社会和谐发展和运转，就必须对市场中的不同主体的产权和民主权利进行最大限度的尊重和保障，建立起配置合理的权力架构和治理结构。唯有民主才能做到这一点，并在公开参与的过程中形成能够指导人们集体行为的决议。换言之，民主为容纳和协调各种社会差异和以正义的方式调解价值冲突提供了基础和制度途径。

从马克思主义的经济基础决定上层建筑的观点来看，也是一样。马克思主义认为，当社会经济结构和利益关系发生剧烈变化和发展时，政治体制应该适时进行相应改革。否则，社会就可能陷入革命和暴力夺权，这无疑对执政党和整个社会都是不利的。因此，为了长期执政，执政党及其领导下的政府也必须当机立断、痛下决心，启动政治改革，将自己的合法性建立在人民授权的基础上。

民主从来是社会主义的应有之义。党的三代领导人对政治改革和民主化都有阐述，特别是胡锦涛和温家宝，在多个场合强调要推进政治体制改革，实行民主，并对政治体制改革的内容做了详细的论述。当然，政改是一个系统工程，涉及政治体系的各个方面和人们的切实利益，包含着相当广泛的内容，推行起来必须有一个行动路线图，要有轻重缓急。就中国当前的实际情况以及人们的期待而言，政改关键是依照现代民主和法治的要求，建立起配置合理的权力架构和治理结构，而目标则是保障人民当家作主的民主权利。

改革要以普罗大众的权益为旨归

2008年12月18日是中国改革开放30周年纪念日。30年来，中国的改革之路走得并不平坦。就思想理论而言，发生过三次比较大的争论。一是1981年到1984年围绕中共十二届三中全会关于经济体制改革的争论；二是1989年到1992年围绕中共十四大关于建立市场经济的争论；三是从2004年至今围绕国企改革、医疗和教育改革以及贫富分化等问题的争论。比起前两次争论只局限于决策层和经济理论思想界，后一次争论因为网络的普及和民意的觉醒，延伸到了普通大众，并且以民间的争论为主。这是好事，改革就应该允许讨论，允许各种不同的声音进行交锋，特别是允许普通大众对损害自己利益的改革提出质疑和反对意见。在这个带来中国几千年未有之变局的改革面前，没有人可以垄断真理。改革允许争论，它的意义在于，能够最大限度地消弭差距，凝聚共识，从而找到一条相对公正的改革路径。

经济学家吴敬琏认为，目前中国改革出现了四大问题，即一些关键领域的改革进展缓慢，现代市场经济正常运转所必需的法治环境迟迟未能建立，政府必须提供的教育、基本社会保障等公共服务有所削弱，以及粗放增长方式难以向集约增长方式转变。我认为，除了这四者外，还有一个问题应注意，这就是，长时间里，在改革的价值取向和指导思想上，占人口绝大部分的普罗大众并没有真正进入改革决策者的视野，从而致使他们中的相当一部分人在改革中陷入了相对贫困，而一个不能让社会多数民众受益的改革总是很危险的。

中国多个权威部门、研究机构以及学者们的有关调查显示，中国的贫富差距正在拉大，基尼系数已经突破了一个社会所能容忍的贫富差距上限，而且，生活在城市底层的无业失业人员、低收入者、进城农民工等弱势群体日趋形成，缺乏改变自己命运的渠道和机会，贫困者的代际继承效应明显增强。经济学有一个“帕累托改进定律”，意思是一部分人福利的增进不能以另一部分人福利的受损为代价，反映到改革上来，就是少部分人先富可以，但其他人不能更穷，这也是邓小平“一部分人先富起来”思想的真正含义。当初邓小平提出“让一部分人先富起来”时，绝对不是以其他人陷入相对贫困为代价的。现在，中国社会之所以没有出现如改革开放初期所预计的那样在少数人先富起来的鼓舞下达到全社会的共同富裕，换言之，达到“帕累托改进”效果，从经济角度来说，我认为有两个因素。

一是在市场领域，尽管我们建立起了初步的市场框架，大部分商品的价格都放开了，但核心的要素价格和市场并没有放开，再加上政府职能转变的滞后，权力之手时时插进市场，那些掌握要素资源的垄断企业、强势集团和政府部门，就能借助垄断高价掠夺大众以自肥，或者设置门槛将人们挡在门外以独享其利。政府官员则通过寻租以致富，而寻租的代价最终还是通过价格传导机制或直接通过垄断转嫁到普通百姓头上。

二是在再分配也即民众福利领域，正如一些学者所讲，中国的财政制度是一种让富人更富穷人更穷的制度，这种制度最严重的弊端，是政府的转移性支付按照身份分配，而不是按照真正的需要分配。相对富裕的城镇人口可以享受政府财政供应的福利，而收入本来就低的农民却需要自己承担医疗、教育、养老、住房等福利之成本；而在城镇内部，财政补贴也是按照地位和权力进行分配的，谁离权力中心的距离最近，谁能够享受到的财政补贴就越多。这种福利分配体制本来是计划经济的弊端，是改革的对象，但改革却没有矫正这种不公平，甚至在很多领域，还较大幅度地被放大了。比如，在国企改革或改制的过程中，几千万人失去工作或提前退休，可得到的补偿微乎其微；20世纪80年代以来的历次价格改革，政府也只补贴就职于国家机关和国有企业的中高收入人员，而收入最低、对价格承受力最差的城镇非公职人员和农民，却只能自己承受价格上涨的全部冲击。不仅如此，政府还一直试图减少对民众的福利责任，致使教育和医疗等现在成了很多民众致贫的首要因素。

而这一切，就是因为普通大众对关系自己切身和长远利益的改革没有发言权和话语权，只能被动地承受改革所加诸他们的后果。由此也说明，在改革者的价值天平上，为了尽快建立他们心目中的理想的纯粹的市场经济，是可以容许牺牲掉至少是暂时牺牲掉占社会人口主体部分的普通大众的利益的。

改革排除干扰是对的，但不能在“排除干扰”的名义下，把民众合理的诉求和福利一块革掉。以为牺牲掉一两代人的利益，就可以换来改革的成功和后代生活的幸福，其实是不切实际的幻想。相反，改革一旦陷入这样的路径依赖，后代通过努力和奋斗改变自己际遇的希望，不能说完全没有，但概率更少，因为起点就不公平。而在一个不公平的起点上竞争，除非你付出更大的努力，或者是天才，否则是很难成功的。

对于个人和家庭来说，贫困影响的是他们一生的幸福；对于国家和民族来说，贫困影响的是国家和民族的未来竞争力。特别当一个社会占主体部分的人口长期处于贫困时，尤为如此。由此可见，一个让社会主体人口福利受损、贫困加剧、就业无望、流动受阻的改革，即使谈不上失败，但也绝不是成功的。看看历史，我们知道，中国革命的胜利，是因为唤起了民众共同奋斗，而唤起民众的方法就是给了农民土地和自由。中国初期改革的成功，也是给了农民包产到户和企业承包的致富的权利和自由。所以，处于攻坚阶段的改革，若要顺利推进，也必须将普罗大众的自由、权利和福利作为改革的核心目标。

首先，要扩大工人、农民和一般民众对改革的参与，提高他们在政府决策中的话语权。缺少公众参与的改革，固然可以在短时间内降低改革的交易成本，但长远而言，会导致改革更多受既得利益集团的支配而偏离正确的方向，使改革因失去民众的支持丧失动力。扩大参与首在增加工人和农民在人大中的代表性，同时，政策和决策的制定与实施要广泛听取民意。

其次，为各利益群体的公正博弈制定有效的规则和程序。贫富差距的背后，实质上反映了不同群体表达和追求自己利益的能力是不同的。解决不同群体权利的失衡，需要制定一个有效的博弈规则，特别是要处理好劳资关系和稳定农民对土地的产权。劳资矛盾是当前影响社会和谐的一个主要矛盾。政府在加强产业引导和保障就业的同时，应更加关注劳资关系发展的新趋势，及时完善协调机制，化解矛盾；在城市化的过程中，保护农民对土地的产权，严格控制建设占地。

第三，实施就业优先的经济发展战略和加强就业服务体系建设。在目前经济增长下滑以及社会保障不完善的情况下，保障就业对解决贫富差距问题显得尤为关键。政府要消除就业上的各种制度歧视，在制定公共投资、财税金融等宏观政策以及社会再分配上，尽可能以解决就业为导向，扩大受惠范围。

中国的改革和发展正面临着一个崭新的阶段。在这样一个阶段，诚如吴敬琏所说，需要对过去进行认真的反思，对未来进行慎重细致的规划。改革以普罗大众的权益和利益为旨归，将能重新激活社会的活力。

需要第二次改革吗?

中改院院长迟福林教授的著作《第二次改革》探讨的是未来30年中国的可持续发展问题。新书发布那天，笔者也去了，聆听了迟教授关于第二次改革的看法。概言之，本书的基本观点是，第二次改革要解决的是发展方式的转型问题，目标是建立一个消费型大国，途径是推动包括经济体制、社会体制和行政体制等在内的结构性改革，实现社会发展方式由生产主导型向消费主导型转变。

在改革已遭民间妖魔化的当下，迟教授用了一个富有冲击力的名字作为自己新著的名字，表明他对改革矢志不渝的决心和信心。作为一个以研究和推动改革为己任的学者，这份决心和信心难能可贵。不过，在了解该书的观点和内容后，我却有些疑惑，迟教授的信心来自何处？因为他有意忽略了一个基本问题：政治改革和民主化。我能理解迟教授的一些顾虑，但在一本要为中国未来30年设计改革蓝图和路径的著作中，对此避而不谈，是有些不完整的，须知，现在连党的文件都在提党内民主和政治改革，回避它们，并不会使这些问题不存在，反而会影响研究的客观性，从而使事情更得不到解决。

姑且先将这个问题放在一边，来看第二次改革这一提法本身。一般来说，既然打出了二次改革的旗号，那就说明或者一次改革出了问题，需要重新再来，或者一次改革完成后，需要转入下一个新的改革，总之，两次改革的内容有很大差异，甚至有质的不同。否则，就不必这么郑重其事地提出新的命题。

迟福林的二次改革当然不是对一次改革，即前30年改革的否定，他是在第二个意义上谈二次改革的。因此，他从三个方面比较了一次改革和二次改革的差异：（1）一次改革，我国总体上还处于生存型阶段，解决温饱问题是改革面临的主要挑战，基本目标是建立社会主义市场经济体制；二次改革，我国开始进入到发展型的新阶段，促进人的自身发展成为改革的主要挑战，基本目标是建设可持续发展的体制基础。（2）一次改革，面临的主要矛盾是生产力落后的问题，是社会产品供给总量严重不足的问题；二次改革，生产力已经得到极大释放，面临的是内需严重不足的突出矛盾。（3）一次改革，主要是在经济领域中寻找解决问题的路径，在很长时期内把转变经济总量增长方式作为改革的主要任务；二次改革，实现发展方式转型目标，需要推进包括经济体制、社会体制和行政体制等在内的结构性改革。但从这个比较来看，我认为，与其把它看成两次内容不同的改革，不如把二次改革看成一次改革的深化更恰当，因为二次改革所要解决的发展方式的转型问题，不脱一次改革的底色。

需不需要二次改革，这涉及到如何去评价一次改革的问题。对于1978年以来的中国改革，不同的人有不同的评价。张维迎在一次演讲中，认为前30年改革在经济方面取得了以下几个成就：一是价格自由化，二是企业民营化，三是地方分权化，四是开放国际化。茅于轼则把财富的巨大增加、个人自由的扩展、对内对外开放看作是这一阶段改革的成就。但是他们都认为后30年改革的焦点或者主题在政治改革，即如何推进民主化上。我认为，不管如何评价前30年改革，它成功地解放了生产力，促进了中国经济的高速增长，并由此大大增强了国家的综合实力和物质财富，这点应该是不容否认的。但也必须承认，前30年改革出现了很多问题，有些问题还非常严重，不解决会激化社会矛盾。这些问题包括贫富差距的拉大、权力的高度腐败、环境的严重破坏、社会道德的溃败，等等。

对这些有目共睹的事实，要否定我想是比较难的。差异出在对这些问题的评价上，也即导致上述问题的原因是什么，是把它仅仅看成经济方面的问题，还是经济和政治兼有？对这些原因的不同解答，将决定采取什么方式去解决这些问题。以贫富差距的拉大来说，既有经济因素，也有政治因素，而且，越到后来，政治因素影响越大。经济因素主要体现为相对于资本的稀缺性，劳动力近乎无限供给，特别在改革早期是如此，这使得劳动在和资本的博弈中，价格必然便宜。政治因素则主要体现为劳动者的权利被压制和剥夺，例如，工人没有组织“工会”自由谈判工资的权利，农民没有组织“农会”自由谈判土地的权利。这使得他们在天生的经济弱势外，又加上政治的弱势，从而导致在劳动成果的分配上，资本得大头，而人数众多的劳动力得小头，这是中国的劳动力在长时间里价格非常便宜的根源。

但是，与政府相比，资本又是弱势。政府通过税费以及其他途径，将资本从劳动力那儿得来的收益的一部分或者大部分转移到“国库”，由政府统一支配使用。政府当然有征税（包括费）的权力，但问题在于，政府对税费的设置很多时候并没有经过法定的程序和方式，而是自行设置；特别是，政府对财税的支配没有得到有效的监督。可以说，政府对国民财富的分配和使用的情况反映了它很可能凭借所掌控的权力追逐经济利益。事实上，在政府主导改革的过程中，行政权力机关可以任意干预企业决策，妨碍民间主体的自由交易，任何与行政权利益不一致的民间权益都难以获得有效保障。各类行政机构经常会为了本位利益而陷入干扰经济秩序、削弱宏观稳定、侵犯公民产权、损害公众利益、阻碍公平竞争的泥淖。

所以，在我看来，民众权益的薄弱以及政府事实上的不受制约是前30年改革的一个最大问题。政府之所以要帮着资本压制甚至剥夺民众的权利，是因为政府认为，只有这样，才能减少经济发展中的交易成本，从而使得经济得到快速发展，人民普遍富裕起来。客观而言，在改革初期，这样做有其必要性，因为那时普遍贫困，大家目标一致：脱贫，而民主机制下的讨价还价会拖延发展的时机，影响发展速度。另外，这样做是假定政府大公无私，能够代表全民的利益。但现实中的政府并不是全民的代表，它有自己独特的利益。因此，随着改革的深化，当改革的“产出”越来越多，蛋糕越做越大，政府中的某些官员就可能与资本中的一些利益结合起来，形成人们常说的特殊利益集团，这个集团打着全民的旗号，将全民的利益置换成自己的利益。因而，我们看到，政府在改革初期所规划的，让一部分人先富起来，以先富带动后富，最后实现共同富裕的改革路线，至少到现在还未实现，尽管从绝对意义上来说，多数人的生活水平和物质条件比起改革前都有提高。

另一方面，民众之所以在改革初期愿意让渡罢工权等，是因为他们希望或者相信，通过经济发展，可促使包括社会公正、政治民主在内的多项目标实现。但是现在他们发现，交到政府手中的钱，其存在和使用似乎已与自己没有多少关系；政府主导的“发展”，在很大程度上成果也并不能为自己所分享。相反，他们中的许多人还得为高房价、高药费、高成本的生活发愁；尤其是，在中国已经成为全球第二大经济体的情况下，他们所期待的社会公正、政治民主等目标依然遥遥无期，这时，许多人就要求把属于自己的那一份拿回来，由自己掌管，这就是当前一些社会矛盾的根源。

所以，概括起来说，分配不公、贫富差距拉大等，只是表象，实质是权利的不平等。权利的不平等导致许多人在起点上就输了。而权利的不平等，不仅仅是个经济问题，更是个政治问题，它需要通过政治改革和民主化来实现。民众权利的萎缩与资本和政府权力的扩张是一个问题的两面。要赋权给民众，就必须对资本和政府进行限权；而要限权，就必须实行法治，建立起基本的法治构架，将行政权系统的运作纳入法律的控制内。这显然已经超越了经济改革和行政改革的范畴，也不单纯是转变政府职能能够做到的。因为政府不可能用法治来自我削权，必须有外在的压力。这个压力就是民主。换言之，用民主促进法治，用法治保障民主。这就需要有相应的政治改革。唯有如此，才能真正把民众的利益和需求放在首位，其民主权利和自由受到制度的尊重和保护，并实实在在分享到改革与发展的成果。就此而言，有必要进行第二次改革，二次改革的重点是民主、法治和政治改革，而不是发展方式的转型，因为那只是在这个大题目下的子课题。

不能用政府改革代替政治改革

十七届五中全会对“十二五”政治改革的表述是“积极稳妥推进”。从“十二五”规划来看，有关政治体制的改革集中体现为政府行政体制的改革，也就是说，“十二五”政改的主题并非如人们一般想的那样着力于推进政治的民主化，将主要是政府改革。所谓“积极稳妥推进”，其含义就在于此。

就政改的复杂性而言，小心拿捏、稳妥推进是对的，特别是对中国这样一个强政府的国家来说，政府改革某种程度上关系到中国改革的成败。但假如把“积极稳妥推进政改”等同于政府改革，以政府改革来置换政治改革，这样的安排有些不妥。

中国是一个大政府、小社会的国家。政府掌控着社会的大部分权力资源，主导着社会经济的运行。地方政府在发展经济上的竞争还被一些学者看作是中国改革成功的一个主要因素。就实际情形来看，中国政府特别是地方政府的一个主要职能是发展经济，地方各级领导和官员日常工作中的一项主要任务就是招商引资，政府的其他职能，如提供公共服务、进行社会管理、维护安全和稳定，则基本是陪衬，或名存实亡。在此意义上，地方政府实际上与市场中的一般企业的行事方式无异，也以追求利润最大化为目标，只不过政府的利润是政绩和财政收入以及租金收入（后者对官员个人而言），这也就是经济学所谓的“政府公司化”。

但另一方面，政府又是一个拥有国家暴力和制定、解释与执行法律特权的社会管理组织，这是市场一般企业所根本不具备的，因此，政府行为一旦公司化，必然产生与民争利，以及寻租和腐败情形，尤其对一个权力几乎不受监督的政府来说，其逐利化无疑会对社会和民间资本造成更大的危害。

中国各级政府是通过以下几种方式来干预企业、市场和个体的经济活动，从而实现自己的政策意图的：一是国有企业，尤其是中央企业；二是行政许可和管制；三是政府直接投资。所以，中国各级政府确实需要一个从经济活动中退出，还利于民，回归政府正常职能的改革过程。

以此而言，尽管改革以来中国一直没有停止对政府的职能转变要求，但迄今为止，取得的成效不大，而且一遇到经济形势不好的情况，政府反而强化其经济职能以及干预市场的力度，就像此次金融危机一样。另外，政府官员作为改革中获益最大的一个群体，逐渐形成了一个既得利益集团，其自身的改革动力正日趋衰减，这也是政府改革进展不大的一个原因。凡此种种，都将会使得"十二五"时期政府的改革倍加艰难。从这个角度说，"十二五"的政治改革着眼于政府改革，也未尝不可。

但是，必须避免这样一种情况的出现，即认为政府改革很难，就把"积极稳妥推进政改"简单理解成只停留在政府改革这个层面上，不敢放手推进更深层次的政治改革。一如前述，在政府自身丧失了改革动力的前提下，要推进政府改革，转变政府职能，就必须引进外部力量，依靠社会推动政府去改革。换言之，在社会的压力下，政府不得不改革，放弃一些自身利益，以换取民众对政府的认同。同时，引进外部力量就必须向社会开放权力空间，这需要一定的言论自由和结社自由，大力培植民间组织，从而，也就要求适时进行社会改革和政治改革。

再者，政府改革的重点虽然是转变职能，但实质却是限制政府权力，尤其是领导人的权力。邓小平当年把削减和限制一把手过大的权力作为改革党和政府领导体制的核心和关键，不能不说看到了问题的本质。要限制政府的权力，监督政府的活动，党和政府内部必须形成一个分权体制，甚至向社会让渡部分权力，政府的行为也要公开化，显然，不进行政治改革，推进党内的民主化是不行的。

另外，从市场经济的完善来看，市场化改革在更深的层面上反映出了人的自由、理性和权利为代表的现代价值观得到了认同和尊重，这种现代价值观需要制度来保障，否则，就会在政府的权力干预下丧失。而成熟的市场经济，其政治逻辑是宪政治国、有限政府，它要求对市场中的个体产权和民主权利进行最大限度的尊重和保障。因此，也需要依照现代民主和法治的要求，建立起配置合理的权力架构和治理结构，这些同样只有政治改革才能做到。

所以，尽管政府改革是政治改革的一个重要组成部分，但不能把"积极妥推进政改”局限于政府改革，更不能将之等同于政府改革。中国的政改有比政府改革更广泛和更丰富的内容。目前而言，可在政府改革的基础上，或者在推行政府改革的同时，着手进行下述政治改革：推进党内民主，改进党的执政方式；扩大代表的直选范围和层级，强化人大的作用；实行政务公开，建立预算民主；发展民间组织，扩大工会的独立性，推进公民社会的建设；建立真正的公职人员的财产申报制度，杜绝官员腐败；允许民众和舆论有自由批评政府的权利；司法相对独立。这些改革对一个正义的社会来说，是非常有必要的。

政治改革是一个系统工程，需要统筹规划、有序前进，但这不等于可以放慢政改的步伐。就中国的情形而言，可以把政府改革作为政改的切入点或突破口，但不能不启动其他方面的改革。实践早已证明，没有政改其他方面的推进和配合，政府改革自身也不可能取得实质进展。

中国改革已陷入滞胀

滞胀是经济学的一个名词，指的是物价普遍上涨，但同时，经济却停滞不前，失业高企，社会陷入不景气的一种状态。滞胀的出现，多半是货币发行过多却又没有进入实体经济，而是停留在流通环节和流通领域的结果。从根源上看，人们之所以不愿把货币引入实体经济，而是用来炒股、炒房、炒黄金和其他商品，是因为做实业辛苦、来钱慢，不如炒股等财富效应大。

借用经济学的滞胀概念，来描述中国当前的改革状态，我认为后者已陷入了滞胀。从客观需求来说，中国改革远未到结束的时候，有些领域的改革还刚刚开始甚至还未迈开步伐，社会对改革有着巨大的需求，就好比物价有上涨的趋势一样；然而，社会却失去了改革的动力，改革迟迟推行不下去，即使出台了一些改革措施，最后也是虎头蛇尾，不了了之，就好比经济停滞不前一样。我把这种状态称之为改革的滞胀。

公车改革和行政事业养老改革最好地体现了改革的这种滞胀性质。中国的公车改革从1994年开始，治理方案年年出新，效果却原地踏步。在这期间，虽然曾一度传出取消厅局级以下官员专车，改为公务车，以预算管理实现公车总量配置，将公车管理纳入公共财政体系的改革方案，但一直未获证实。2011年"两会"上，有关官员透露的新版本是，省部级官员配车的使用年限从5年一换变为8年一换，省部级官员提升职务后，要"车随人走"，不再更换新车。2011年4月召开的国务院第四次廉政工作会议总算对社会的改革呼声有所回应，表示2011年将开展公务用车专项治理，拿出改革方案，在一些部门试行。行政事业单位的养老改革也是如此。国务院虽在2008年初出台了一个事业单位养老改革方案，并选取山西、上海、浙江、广东、重庆五省市进行试点，但迄今5个试点省市没有一个真正实行，谁也不愿开这个头。

公车改革和行政事业单位养老改革的长时间停滞不前，不是社会没有改革的期望，最近几年，年年都有人大代表和政协委员把它们提出来，民间对它们的呼吁更不用讲，然而，车改和行政事业单位养老改革也就是“只闻楼梯响，不见人下来”，这无疑会挫伤人们的积极性和热情，民间这几年对车改的热情就比以前少多了，至于养老改革，不但遭到改革对象的反对，除公务员外的其他群体，赞成的也不多。

问题的症结就在于，中国所有的改革，都是由行政主导——确切地说，是“内部人主导”。行政主导的改革当然是尽量使改革有利于行政部门，而改起别人来，则毫不留情。这些年来，人们看到，各个部门都借口改革，纷纷“开发”适合于本部门情况的“以权谋私”方法，并通过立法将这些方法“制度化”，保护自己的权力。例如，在养老改革中，中国现在的制度是分割成四块，公务员、事业单位人员、企业职工和农民分别有不同的养老制度。企业缴纳的养老费比率在全世界差不多是最高的，达到企业职工基本工资的28%，但职工退休后拿到的养老金差不多又是全世界最低的；公务员的养老则有国家财政兜底，旱涝保收；事业单位职工养老现在参照公务员管理，但也开始逐渐向企业看齐；农民养老则聊胜于无。对这种不合理的、有悖社会正义的养老制度，社会一再要求改革，特别是对公务员的养老，意见很大，然而，养老改革在由行政操刀的情况下，刀锋指向的却是事业单位，对改革公务员养老的呼吁，则置若罔闻，如今干脆用法律将公务员的养老特权固定下来。2010年通过的《社会保险法》就对公务员的养老网开一面，由国务院另行规定。

可以说，这样的改革，得益最大的，自然是行政部门，还有被政府赋予垄断权力的部门等，他们利用自己的地位优势，把转型中的制度变成了永久性、排他性地施惠于自己这个群体的结构。即便迫于民意压力，不得不对自己“动刀子”，也是高高举起，轻轻放下。

在行政主导改革下，改革者最大化自己利益的手段，一般是用货币来赎买权力。这在一些地方推行的车改中得到了淋漓尽致的表现。概括地方的车改，大致分为三类：一为公车货币化，二为公车集中管理，三为两者模式的结合。但无论哪种模式，均不外乎是用货币去换得官员放弃行使特权，可谓不脱权力自肥的本质。当赎买以一种政府政策的方式公开推行，而且面向整个公务员阶层后，就等于以改革的名义确认公车私用以及贪污腐败为合法。这样的改革会产生严重后果。

首先，不断以赎买方式作为限制、取消公务员特权的手段，短期内或许很合算，但不断增加的赎买项目，最终会使整个财政不堪重负，甚至有被拖垮的可能。

其次，公务员群体既是这些改革的对象，同时又是其决策者和操作者，但作为利益团体，他们有着自己的利益偏好，为了满足其利益偏好而用赎买的方法，将会导致一个荒谬的结论，即腐败是应该的，不腐败反而不应该，从而客观上鼓励他们去腐败。

其三，公务员是公共服务、社会公正和社会秩序等公共品的生产者，事实上，可以把公务员看作是权力这种资源的垄断者，从而，他也就具有一切垄断者所具有的通病，即用质次价高的产品谋取垄断利润。既然官员们靠垄断权力卖高价钱是合法的，那么其他垄断者这样做也没有什么不可以。所以，根本就不应该反垄断。

最后，如果赎买策略使用过于频繁，会在权力体系内产生一种自我强化机制，有可能对部分官员产生负效应，使其更加缺乏对自身权力性质的正确认识。特别是，如果每一次改革都是以官为本，以权为本，那么，必然会强化官本位传统和特权体制，这样，纳税人为了得到本来属于自己的权利也就不得不付出更多的代价，从而使改革适得其反。

事实上，车改的赎买后果已经显现出来。某些地方发给官员的车补，竟然高过工资。但与此同时，公车私用的现象并未减少。

从近年的情况看，改革的行政主导，会造成民众心里形成一种严重的被剥夺感，导致贫富和官民的对立，使得改革丧失正当性，陷入一种滞胀状态。只是在早期，民众还未显示出力量，很多有损民众利益的改革举措得以强行通过，而现在，在民众权益和阶层意识提升的背景下，再要强推一些民众认为可能会损及他们利益的改革，就不那么容易了，必定会遭到他们的坚决反对。

因此，改革要走出滞胀局面，不能再继续目前的内部人主导的改革样式，必须转向有民众广泛参与的、有他们利益表达的改革，让民众能够在制度创新中扮演一个积极的角色，而不是被动等待改革加诸自己，只有这样，才能凝聚改革共识，开创出改革新局面。

改革须从考验公众承受力转向让人民受益

最近一两年，中国领导层在谈到推进改革时，喜欢强调改革要重视顶层设计和总体规划，这在2011年“两会”的政府工作报告中亦有表述。不过，在我看来，顶层设计和总体规划不应仅仅针对改革的大方向、大战略，一些具体的改革举措谋划特别是与民众利益切实相关的领域的改革也需要综合考虑、全盘规划。我之所以提出这一问题，是因为政府工作报告中有一句话触发了我的思考。报告在谈到中国2011年深入推进的重点领域改革时，指出价格改革要充分考虑人民群众特别是低收入群众的承受能力。而在现实中，恰恰是此类价格改革最容易破坏民众的幸福感，让人们对未来倍感担忧。

以报告中提到的成品油价格形成机制的改革为例，自2009年初废除养路费，改征燃油税后，国内的油价涨多跌少，以致现在实际油价不仅超过2008年国际原油价格达到147美元历史高点时的国内成品油价格，而且也超过美国的油价。但是，中国目前的人均GDP不到美国的1/10，即便考虑有车族基本属于国内的中上收入水平，这个价格也还是太贵。高油价的后果其实还不在于使得很多人买得起车养不起车，更严重的是会导致通胀，一旦物价因油而涨，深受其害的首推穷人。所以，价格主管部门以新的成品油定价机制为由频提油价是不能说服人的。人们很容易反驳，美国也是市场机制，为什么人家的油价比中国便宜?

这里除了成品油定价机制存在问题，需要进一步改革外，最主要的就是如何平衡石油公司与社会大众的利益关系。人们对高油价的抱怨，也主要指向石油公司，指责两大油企为一己私利，挟持政府。的确，两大油企不是私企，虽然也要讲究利润，但不能唯利润至上，因为国民需要国企，不是要它们为自己找麻烦，而是排忧解难的。也就是说，当国企经济效益与社会效益相冲突时，前者应该也必须让位于后者，否则，国家为什么要给予它们垄断地位？何况，这些年两大油企通过垄断攫取了巨额利润，少几次涨价根本无撼其发展。

油价问题只是个案。近年来，天然气、水、电等也在全国频频提价，以致在一些地方，有市民又开始使用已淘汰十几年的煤油灯。有的调价还假装走价格听证程序，有的干脆连这个程序也省略了，由有关部门发一纸公文就涨价。

客观地说，从中国的长远利益出发，资源和能源的价格需要在目前的基础上有一个较大提高。因为中国经济承受不了这种沿袭几十年的粗放的发展方式。中国的发展是建立在资源使用的软约束基础上的，人为管制资源价格已使中国形成了一个庞大的廉价资源依赖型经济体，如果不加快推进资源价改，经济发展就会被锁定在资源低价与能力劣势的路径依赖中。这也是“十二五”要把转变发展方式作为经济工作重心的原因所在。但是，这种涨价的必要性和必然性不等于说马上就要涨，它必须考虑到价改的后果，如是否会引发严重通胀？是否对弱势群体和微观经济主体会带来较大不利影响？还要考虑资源市场本身的竞争状况，否则，贸然进行价改将可能导致一系列严重的问题。

因为中国的资源能源行业国企居多，而且一些大型央企垄断了关键的资源和能源供应。作为一个事实上具有“企业”和“基础产品供应者”“双重人格”的资源垄断企业，如果政府监管不严，这些企业在改革过程中，可能会根据不同的市场形势频繁地切换角色，用“纯粹趋利的市场行为”为自己谋取利益。例如，当资源能源价格高涨时，利用“企业”身份鼓吹市场化；当资源能源价格下降或遇到竞争时，拿出“基础产品供应者”的身份不再追求市场化，双面通吃。而真实的市场价格是既要破除行政管制，又要有充分的市场竞争的。资源价改如果只放松前一面，对后一面未有触动，这些本身处于垄断地位的资源企业就很可能会倾向于强化其特殊利益，攫取大部分甚至全部资源价改的利益，导致民众不得不为其高价格埋单。所以，在进行资源价改前，一定要引入市场竞争机制，至少两者应同步进行。

天下没有免费的午餐，任何改革都要付出成本的。然而，改革成本由谁来承担，却反映了不同的改革思路或策略。强调公众要提高对改革的承受力，如果这话意在提醒公众注意改革风险，当然是对的；但如果是要考验社会成员的承受力，则必定要广大群众来“买单”，因为只有群众承担了改革的大部分成本，才谈得上心理的承受力问题。因此，这样的改革动机就有问题。不妨作个假设，如果改革主导者认为群众的心理承受力强，那么，改革的力度可能就大，措施的出台可能更猛烈。这些年来的改革，如国企砸三铁和下岗分流、教育和医疗高收费、一再高涨的房价、股市的扩容，等等，似乎都印证了这个判断，以致多数民众现在对改革的印象是，改革意味着失业下岗，意味着强势群体对公财和私财的瓜分与掠夺，意味着普通民众生活成本的增加和生活负担的加重。这就使得政府倡导的改革，并不是一件令人向往的事物，至少对普通民众而言是这样。一旦民众锁定了这种看法，对改革心存恐惧，他们肯定就会反对改革，哪怕改革真的对他们有利，从而，社会也就失去了进一步改革的动力。没有动力，也就谈不上对改革的共识。此时，要么停止改革，要么强行推进——无论哪种，结果都会很糟。

所以，包括价格改革在内的中国改革，要重新凝聚动力和共识，就必须消除民众对改革的恐惧，改变改革思路，使改革由现在的偏重考虑社会成员的承受力，转向考虑让社会成员得到些什么，在改善民生上下工夫。为此，一要打破少数利益集团对各种资源的垄断；二要政府不能甩包袱，该负的责任一定要负起来，包括通过建立社会保障制度，对在改革中利益受损较为严重的群体和个人进行必要的补偿；三要让公众积极参与改革政策的制定与选择，参与利益再分配决策。改革既然涉及到所有社会成员，是否进行改革、如何改革以及改革的方式、速度、优先领域等，就应当由最广大的社会公众参与讨论、作出选择。

从这个意义说，政府工作报告此番强调价格改革要充分考虑人民群众特别是低收入群众的承受能力，无疑有着现实的针对性，这个信号的发出，连同“十二五”规划对民生的强调，或许意味着一种改革思路的变化。

探索改革风险的分散问题

重庆市人大前两年制定了一部《重庆市促进开放条例》。该条例规定，开放工作效果不好，或者造成损失，只要程序符合规定，未谋私利，可以减轻或免除有关人员的责任。重庆立法设置这一容错机制的目的，用重庆市人大财经委主任委员王国富的话说，是为了免除创新者的后顾之忧，因为“大胆地吃螃蟹”就有可能犯错。

实际上，用地方立法的形式设置改革开放容错机制，重庆并非首创者，早在2007年，深圳出台的《深圳经济特区改革创新促进条例》中就有类似规定。这在当时引起社会很大的关注和争议。赞成者认为，为改革者提供护身符，同时规范改革行为，将使改革由过去的政策主导向法律主导转变，形成自下而上自发改革的良好氛围，从而有助于改革突破旧体制、旧习惯、旧利益格局的束缚，更好地激励改革者去进行制度创新，同时改革机制的法治化也保护了改革创新的成果。而反对者则认为，对改革者的免责有可能让一些打着改革创新之旗谋一己私利的人有机可乘，改革也不是任何决策人的试验田，可以容许无限试错下去。重庆市的做法也引起了争议。

从条例本身来看，无论是赞成还是反对都有道理。改革是一种对体制的变革过程，牵涉到复杂的利益关系调整，囿于改革者知识和信息的限制，出错是难免的，故应允许改革出错。但与一般的科学探索不同，科学探索出错或许也会造成重大损失，改革因为是对人们利益关系的调整，它的出错后果更加严重。就此而言，改革的确应该尽量避免出错。

但既然地方的立法提出了这一问题，我认为，就不能简单地做一个是和非的价值判断，这实际上是一个改革的风险如何分散的问题。如同做任何事一样，改革不但有收益，也蕴藏着巨大的风险。特别是在利益矛盾比较尖锐，并且容易拿意识形态说事的今天，一个成熟的改革者，必须要把风险因素考虑进去。从这一点来看，中国改革成功与否取决于政策制定者是否可以选择一条分散改革风险、分散政治压力的途径。

改革的风险主要来自两个方面，一个是市场风险，一个是道德风险。前者包括来自外界、舆论、上级对改革的评价，与既有政策和法律的冲突，改革的手段和方式，改革者处理复杂事物的能力，改革对象的反制与博弈等。这些风险改革者有些能够控制，有些控制不了，控制不了也就意味着改革容易出问题。后者则是由改革者本人道德引起的风险，如腐败、内部人控制等。

关于改革的市场风险，一个最好的例子是重庆市城口县坪坝镇原党委书记魏胜多的改革遭遇。魏因在2003年“自作主张”尝试直选镇党委书记和镇长而被免职并“双规”。当时魏被上级列出的罪名包括：对于进行选举的事实，对上级隐瞒不报；在2004年末换届到期前，违反《选举法》提前进行选举；违反“党管干部”的原则。但凡改革，特别是像乡镇直选这样的政府体制改革，难免有对既有政策和规定的突破，在改革本身进入法制化轨道之前，改革的成败及改革者的命运，更多取决于政策和掌握政策的上级领导。特别是随着改革的深入，越来越多的法律空白被填补。这使得改革者的创新空间越来越小，因而，改革者也要冒着越来越大的违法和违纪风险。

就此而言，为改革者提供一个容错机制的护身符是必要的。目前的改革能改、能开放的差不多都已经改革和开放了，剩下的都是一些难啃的硬骨头。像政府改革、社会制度改革、人大制度改革、司法改革、金融开放等，是最容易遭受政策、法律和意识形态风险的，稍有不慎，极可能像魏胜多一样闯入雷区。

另一方面，从中国既往的改革来看，之所以出现很多问题，与改革者的道德也是有很大关系的。比如国企改革、银行改革等出现的国资流失和呆坏账，很大程度上就是由国企领导人和银行行长们的腐败造成的。反对者的担心其实也包括改革的道德风险问题。因为改革者也是人，也有七情六欲，当改革者权力过大而又没有有效约束时，最容易出现道德风险。事实上也有必要强调和防范改革的道德风险。否则，人们就有理由追问，“有错不究”会否因对责任的豁免而使一些官员更加胆大妄为、无所顾忌、独断专行?

改革风险的分散是一个大问题，这个问题还没有引起人们足够的重视。重庆和深圳为改革开放立法，如果能由此开启一个分散改革风险的机制，我认为比单纯给改革者穿上一层保护衣更有意义。

限制官员权力已成中国改革急务

从“没有强拆就没有新中国”到“没有拆迁知识分子吃什么”，2010年出自江西某些官员的这些“雷人之语”引起了中国社会对强制拆迁的强烈关注。前者出自宜黄事件后当地一名官员的博客文章，该事件导致一死两伤的后果，也使得当地两名最高领导因而去职；后者语出万载县委书记之口，该县委书记对知名学者于建嵘在当地讲学期间鼓动干部反对拆迁表示不满，两人在宴席上发生争议，导致于罢席而去。

尽管一个是公开的发言，一个是私下的争议，一个是无特定的对象，一个是有特定的指称——知识分子，但它们的本质是一样的，即都反映出权力拥有者的那份傲慢和霸道。相对而言，万载县委书记的话更显恶劣，在他看来，知识分子是被权力施舍的人，难怪于建嵘会拂袖而去。

笔者也是江西人，深为家乡有这样的父母官而羞愧。但并不仅仅江西官员才有这样的想法。在目下的中国，真把自己当成百姓的救世主，以为治下的子民都得依赖他们，靠他们“赏赐”一口饭吃，这样的官员，不说绝大多数，至少也有相当部分。

中国官员的这种膨胀心态，当然源于他们掌握的权力。权力具有内在的腐蚀人的“魔力”，当一个官员权力过大而又没有受到社会实质的制约时，一个谦虚的人可能也会变得傲慢，心中毫无敬畏。这在中国的拆迁中被表现得淋漓尽致。地方势力之强大，超出一般人的想象。连官方的新华社都公开说，最近一段时间，在一些地方，频繁发生暴力拆迁事件，甚至出现流血事件。

为什么暴力拆迁事件现在愈演愈烈？从政府角度看，有两个因素，一是政府主要是地方领导的政绩需要，二是房地产业作为支柱产业成为政府的主要财源。中国社科院发布的“2010国家竞争力报告”蓝皮书有这样一段话：中国近20年的经济增长并非靠产业结构升级换代来获得，而是靠消耗资源和扩大投资，尤其是房地产业膨胀发展。房地产业支撑了中国近20年的经济增长——再贴切不过地为那名宜黄官员的“拆迁拆出个新中国”作了诠释。只要把高经济增长视为“新中国”的一种象征，房地产业的膨胀发展就功不可没。在这样一种形势下，一个地方官员的最大政绩，就是保持地方经济的快速增长。什么最能保持地方经济的增长？当然是造城运动，于是拆迁就成了取得政绩的唯一至少是不可少的途径。万载县委书记可谓深得其中“三昧”，他的另一“名言”是，要发展，就得拆。

自从四川唐福珍自焚事件发生后，社会特别是知识界就一直在讨论如何制止暴力拆迁，呼吁废除现有的拆迁管理条例。现在看来，多数人把希望寄托在新的拆迁条例的出台上。旧的拆迁条例已被证明对维护民众的利益毫无帮助。不过，除非新拆迁条例有一个脱胎换骨的变化，否则，对此不要寄予过大期望。原因很简单，条例如不能有效约束权力，那么，就不应指望它能保护民众权益。虽然新的拆迁条例几经周折，到现在还未见其端倪，但对一部法律阶位不高的规范征地拆迁行为的法规在约束权力方面的作用，实在不应抱过大期望。因为，即使条例如此前讨论的那样对公共利益作了严格界定，政府也可通过解释权变相否定，甚至根本用不着解释，就像现在这般直接拆迁，民众徒唤奈何？

这里的关键，还是那个老问题——政府尤其是领导人的权力过大。邓小平当年在设想改革党和国家的领导制度时，曾把领导人尤其是一把手的权力过大，看作是党和国家领导制度的“总病根”，把解决一把手过大的权力，作为党和国家领导制度改革的中心任务来抓。尽管此后中共在权力监督方面启动了一些改革，如建立集体领导制度和退休制度，实行公务员体制，加强了人大对政府的监督，完善了多党合作制度，加强了基层民主建设，等等，但对这个“总病根”并未有多少触动，甚至在一定程度上还有强化。尤其是随着经济的发展，社会可交换的资源和利益越来越多，官员特别是领导人手中的权力也就越来越重要。

领导人的权力过大，必然使得完善的民主监督制度难以形成。因为民主监督是以权力的合理划分为前提，以不同权力的互相制约为基础，而领导人的个人集权，会使得监督失去分权制衡的基础，造成权力的授受关系不顺、模糊甚至颠倒。从这一角度看，政府的政绩需要不过是表，领导人的不受约束的权力才是里；或者说，党对领导人的政绩要求会加重领导人的集权欲望。因此，要解决暴力拆迁之类的问题，必须要解决政府权力过大特别是党政领导人的权力过大问题。在这方面，正反经验和教训已证明，对政府体制的小修小补无法真正约束官员，唯有改革现行政治体制特别是党政领导体制，才能建立起对权力的有效约束。

民众对政府权力的制约，既直接表现在对政策的制定、执行等政府行为方面，也间接表现在政府由哪些人构成，通过选举来决定谁为社会的管理者方面。后者又进一步体现为主要政治权力结构的制衡问题、党政关系问题等。从中国目前的政治体制、政治结构和社会的要求与期待来看，核心问题是改革选举制，建立竞争性选举机制。目前的选举多是长官意志为主导的形式性选举，而不是充分体现选民意志的实质性选举。应首先从党内高层做起，同时不断推进基层民主，抓两头，带中间，自上而下与自下而上结合。同时建立和完善与之配套的弹劾罢免制度，以及明确的任期制和严格的离退休制度。如此，方能从制度上消除家长制、变相家长制作风的影响，以及以变相的委任制代替选举制的现象。

总之，限制官员过大的权力已成中国改革的当务之急，必须建立起人民群众对政府权力特别是领导人过大权力的民主制约机制，在这方面需要抓住时机，迈出实质性步伐，而不能搞形式主义、走过场。否则，包括强制拆迁在内的目前影响中国社会的一系列突出问题，将无法得到有效解决。

初级阶段需要强调公平正义

2007年2月，温家宝总理发表了《关于社会主义初级阶段的历史任务和我国对外政策的几个问题》的重要署名文章，文章指出，中国正处在并将长期处在社会主义初级阶段。为什么在中国改革开放深化的关键时期，总理要重新强调这个问题呢？

中国处于社会主义初级阶段的判断，是1987年党的十三大正式提出来的，它包含两层含义：第一，我国社会已经是社会主义社会。我们必须坚持而不能离开社会主义；第二，我国的社会主义社会还处在初级阶段，我们必须从这个实际出发，而不能超越这个阶段。初级阶段论为实行改革开放、建设有中国特色的社会主义提供了理论武器。但是在改革开放后的很长一段时间里，随着中国经济规模的扩大、人们收入的增长以及国际地位的提高，很多人尤其是领导干部忘记了我们处于初级阶段的现实，似乎认为我们已经是发达国家了，再不需要通过改革开放来解决经济和社会发展中面临的诸多问题和矛盾，甚至在经济建设中铺张浪费，不惜挥霍人民辛苦创造的财富。

我们应看到，虽然自改革开放以来，我国社会生产力有了巨大发展，综合国力大幅增强，人民生活得到显著改善，实现了由解决温饱到总体上达到小康的历史性跨越。但毕竟我们的人均国内生产总值才刚到2000美元，还有2600万贫困人口没有解决温饱问题，城乡发展和地区发展也很不平衡，生产力不发达的状况并没有根本改变。

另一方面，强调以经济建设为中心，大力发展生产力，并不表示我们就可以忽视民主法制的建设以及对公平正义等普世价值的追求。公平正义是人类文明进步的显著标志，它反映的是人们从道义上、愿望上追求利益关系特别是分配关系合理性的价值理念和价值标准。社会主义初级阶段的公平正义，指的是社会各方面的利益关系得到妥善协调，人民内部矛盾和其他社会矛盾得到正确处理，困难群体得到有效救助，全体人民在各尽所能、创造社会财富的基础上能够共享改革发展成果，逐步走向共同富裕。在此意义上，公平正义是社会主义的内在属性。

所以，总理才会在文章中再度强调，社会主义初级阶段的历史任务就是发展生产力和实现社会公平与正义，两者“相互联系、相互促进，是统一的整体”。因为没有生产力的持久大发展，就不可能最终实现社会主义本质所要求的社会公平与正义；不随着生产力的发展而相应地逐步推进社会公平与正义，就不可能愈益充分地调动全社会的积极性和创造活力，因而也就不可能持久地实现生产力的大发展。

现在的问题是，社会主义初级阶段，强调要坚持以经济建设为中心，大力发展生产力，增加全社会的物质财富，这好理解，关键在于如何看待公平与正义，如何实现人们所需求的公平与正义。所谓公平与正义，首先表现为公民个人法律地位的平等，表现为每一位公民都平等地享有宪法规定的权利和义务。如果缺乏上述平等，就没有起点意义上的公平，也谈不上正义。但在经济生活中，一些官员和垄断集团把公共权力变成为个人或小集团谋取私利的工具，获得法律规定之外的种种特权，大大破坏了公民权利的平等；或者滥用公共权力侵害公民个人依法享有的权利，造成权力和权利之间法律地位的不平等。这些腐败行为污染了社会环境，严重破坏了社会公平正义的实现，成为引发社会矛盾和冲突的根源。

另外，改革开放以来，虽然人民生活水平普遍有所提升，但贫富差距却日益扩大，教育、医疗、社保等公共产品供求失衡等问题也越来越严重。以当前人们关心的收入分配为例，无论从城乡、地区还是阶层和行业来说，差距正越拉越大，贫富两极分化的趋势日趋明显。世界银行的统计表明，中国的基尼系数在过去20多年间扩大了40%，2006年高达4.5，已经达到了警戒线的上限。与财富差距相连的是人们的发展起点、发展机会、表达意愿及政治权益与享受社会公共资源和服务的不平等，经济发展和改革开放的成果不能惠及全体人民，部分贫困人群甚至被社会排斥而日益边缘化。所有这些，都严重影响着社会的和谐稳定，也影响着社会生产力的发展，与社会主义的本质背道而驰。

所以，在社会主义初级阶段，如果我们不能妥善处理因公平正义问题产生的种种社会矛盾，不能解决人民群众关心的民生问题，不能保证人民群众当家作主的民主权利的有效实现，那么，以经济建设为中心，大力发展生产力的社会主义初级阶段的目标和任务，就不可能实现。

当前，强调公平正义，就是要坚持改革方向不动摇，以科学发展观为指导解决改革进程中出现的社会不公平问题。为此，政府需要实施一系列公共政策，包括：从各个层次扩大公民有序的政治参与，保障公民的民主权利；改革政府体制，加强对权力运行的制约和监督；改革收入分配，调整财政收支结构，把更多财政资金投向公共服务领域；不断增强政府公共产品和公共服务供给能力，建立覆盖全社会的保障网；等等。尤其是像总理指出的那样，通过政治体制的改革，特别是民主法制，解决经济畸形发展、分配不公、腐败的蔓延、政府的信用度和执行力下降等问题。

总之，在整个社会主义初级阶段，公平正义和发展生产力犹如鸟之两翼、车之两轮，缺一不可。

中国的发展道路是在实践普世价值

最近几年，围绕世上存不存在普世价值的问题，产生了一些不同的看法，引起了一场争论，这很好。真理是愈辩愈明。对于普世价值，我想谈三点。

我要说的第一点是，普世价值是存在的，它的基本内涵就是尊重生命、尊重人权、尊重自由。

为什么说普世价值是存在的呢？最基本的还是因为人本身具有共通性。全世界不同国家、不同民族的国民，之所以有一个共同的称呼——“人”，那就说明在一些最基本的价值上，大家是认同的。否则，这个世界就没法交流。我们也不可能坐在一块来讨论。这些大家都认同的基本价值，就是普世价值。

换言之，人作为类的存在，尽管各自所处的社会、自然环境以及发展阶段不同，形成了多样性文化，但由于人具有生物学上的同一性，具有一些作为类所共通的基本特点和感情，比如爱、悲悯等，所以，人类也就有超越民族、阶级、文化和时代的共同点，这是人类能够形成一些基本的价值和伦理的原因，也是能够形成统一的民族和国家的因素。在不同民族和文化的发展中，都有一些被其他民族和文化承认的东西。比如，儒家文化的“己所不欲，勿施于人”、“推己及人”、“君轻民贵”的思想等，西方文化的自由、民主的概念等，都是被人类历史证明为普世价值的。在这些普世价值的基础上，人类再建立公认的规则，并通过这些规则调适不同种族、民族和国家之间的关系。这是显而易见的一个道理。

从学理上来说，一种价值是否有普适意义，主要看它是否为全人类所需求，并且正当合理及必要。符合这几个条件的价值就是普世价值。当然，这样的价值应该不会很多，所以，普世价值也不会很多。因此，不同种族、民族和文化的国家的人民，才需要彼此交流和沟通，互相尊重各自的文化和信仰。

有人以美国为例，说明普世价值是不存在的。这样的例子没有说服力。

的确，美国经常用战争或暗杀的手段来推行所谓的自由民主体制，或者打着自由民主的旗号实为捞取国家的利益。但这从未妨碍过美国媒体作为普世价值的维护者对其政府大加挞伐。2008年6月我曾去美国的一些新闻机构访问，不管是已经功成名就的大牌记者，还是未出茅庐的新闻系学生，无不对布什政府在“9·11”后限制新闻自由的做法进行了批评和抨击，他们对宪法关于新闻自由报道权的维护和坚守，以及对新闻就是要给读者一个事实真相的强调，给我留下了深刻的印象。从整体上说，美国人是只相信宪法而不相信政府的，因为宪法才体现了普世价值。即使美国政府为国家利益的时候更多，但有时也的确是为了某种理念，这点我们也应该承认。

既然普世价值存在，那么，什么样的价值能够超越国家的藩篱、民族的界限、文化的隔阂而获得全人类的认同呢？我认为是人权，也就是英国思想家洛克所提出的人所拥有的“自然权利”。洛克的“自然权利”包括了生存的权利、享有自由的权利以及财产权。生存的权利是从生物学的意义来说的，自由和财产权是从文化意义上来说的，它们都是人类的基本权利。这种权利不因种族、文化、阶层、信仰、性别的差异而有所不同，它是个人从社会获得尊严与幸福的前提条件。

要保障生命实现人权，从人类已有的实践来看，最好的办法就是建立自由民主制度。那些说“民主自由是西方的”的人其实在他们的观念上，有一个等级存在。好像民主自由专属于西方，只有西方人才配享有，非西方人不配享有，这跟鼓吹西方文化优越论的人是同一种思维。民主自由的概念是从西方来的，但并不表明我们就不能实行自由民主的制度。事实上，自由民主无论是作为一种价值观念还是实体权利，其本身不具有国别区分，“民主自由是西方的”，这是个假命题。除非某人是受虐狂，否则我想没有人愿意生活在专制制度下，包括那些反对民主制度的人。

我要说的第二点是，中国的改革开放是一个回归普世价值的过程。

那些否认普世价值存在的人，常常以中国的国情不同为借口，认为中国不能实行建立在普世价值基础上的一些制度。这也是对中国国情的一种错误解读。严格说来，这个世界没有哪两个国家的具体国情是完全相同的，因此，每个国家都有自己的特色，有美国特色、英国特色、日本特色、俄罗斯特色，等等，以国情和特色为借口，拒绝实行被人类实践证明为行之有效的一些普世价值，是站不住脚的。

事实上，恰恰相反，中国的实践，具体来说，就是我们实行的改革开放，充分证明了普世价值的存在。改革开放实际上让我们回归了常识，回归了人性，回归了现代文明的主流，一句话，回归了普世价值。中国国情和中国特色，非但没有阻碍这一回归，反而为这一回归提供了丰富的素材。也就是说，我们所强调和在意的“中国特色”，充其量只能说明我们实现普世价值的方式带有中国自己的特点，体现了中国的具体国情，而非能说明我们所要实现的价值本身为中国独有的。

回顾改革开放的过程，改革最先是从解决人们的温饱开始的，这实际上就等于承认和尊重了人们的私欲和生存权。从精神生活和思想观念来说，30年改革开放的一个最大变化，就是打破了过去那种单调、统一的带有个人崇拜和违背人性的生活方式和思维模式，精神和文化生活日趋多样化，思想观念日益多元化。竞争、效率、民主、法治等意识是30年前所不可想象的，特别是人们可以自由地思想，自由地选择，自主地决定自己的命运。自由、自主、独立，这是改革开放所带给人们的精神领域的一个最大变化。国民的公民权利也比30年前大为增加。今天，至少我们还可以在这儿讨论普世价值，30年前可以吗？精神生活和思想观念的变革调动了亿万群众的积极性和创造性，创造了前所未有的物质成就。

当然，也不否认30年改革开放存在很大的问题，有些问题甚至是致命的，处理不好可能会葬送改革开放成果。比如，环境遭到巨大破坏，资源被过度消耗，经济增长的代价过大；贫富差距进一步拉大，劳工权益被严重剥夺；以及出现了普遍的道德溃败和信任危机等。这些问题是客观存在的，但并不能由此说明我们所追求的人权、法治、公平、正义、自由、平等、博爱等这些普世价值本身是错误的，而只能说明我们还做得不够好，我们的制度建设还不是真正按照这些价值观来设计的，或者虽然是按照它们来设计的，可我们并未真正履行和遵守。要解决这些问题，不是偏离或抛弃这些价值观，恰恰是要进一步在这些价值观的指导下去完善制度设计，并忠实地执行制度。

市场经济最根本的价值观是自由、竞争、公平与民主。因为没有民主就不可能保障机会公平。没有机会公平和起点公平就不可能有真正的竞争公平。同样，没有自由就根本谈不上竞争、公平与民主。而没有上述四者，我们所实行的市场经济就徒有其形，是伪市场经济。改革开放是一个逐渐接近这一目标的过程。要扭转目前强资方弱劳方的局面，改变劳动者权利薄弱的状况，打破既得利益集团对中国社会经济的垄断，建立一个比较成熟的现代市场经济体制和分配正义的社会，就需要我们从制度上保证民众对改革的参与，赋予劳工自由组织工会和农民自由组织农会以及集体谈判的权利。这一步正是对普世价值的进一步确认与回归。

我要说的第三点是，不能把西方的价值观及其制度等同于普世价值，不能把普世价值标签化和意识形态化。

我赞同普世价值，赞同自由民主，并不表明我就赞同西方所有的价值观念，尤其不表明我赞同建立在这些价值观念之上的整个西式制度体系。说得更直白点，民主是普世价值，但西式民主不一定是普世价值。

为什么这么说？撇开背后的国家利益不谈，无论是亨廷顿所讲的“普世文明的概念是西方文明的独特产物”，还是福山所宣扬的西式议会民主政治制度是“历史的终结”，如果西方的价值观和西式民主就是普世价值的话，那么，会出现一个什么样的结果呢？只有西方的发展道路才是人类唯一正确的发展之路。这既不符合逻辑也不符合历史和现实。人类的文明不过几千年的事，西方的领先也不过数百年的事，即使西方将来在发展道路上继续领先，也不表明人类就没有其他可行之路，更不表明西式文明就天然具有学理和道德上的正当性。持这种认识实际上是历史线行论的翻版，是一种文化上的专制主义，它的要害是把西方看成是自由、民主、博爱等普世价值的垄断者和解释者。这本身就是违背普世价值的，因为普世价值尊重价值观念的相对性和多样化。而且，这种认识一旦落实到现实层面，很容易标签化和泛意识形态化，凡是不符合西方的发展道路都是“非我族类”的，因而是必须要改造和打倒的。我们在国际关系中就经常看到，西方国家为了输出所谓的民主，不惜动用武力去推翻一个主权国家，甚至是民选政府。原因就在于，他们并不认为，他们采取的手段不具有道德上的正当性。

中国特色的发展道路说明，在实现普世价值的过程中，并非只有西方一条道路。那种只承认“自古华山一条道”，而不承认“条条大路通罗马”，不尊重多样性的做法，是不符合普世价值的精神的。每个国家都有自己独特的文化传统、地理条件、人口和民族等具体国情。人民对自己国情的认知，对民主本身的理解，对民主形式的设计与操作，都会直接关乎民主政治的成败。如果不分青红皂白，不问主客观条件，把所有的国家都放在一个套子里，结果极可能适得其反。就中国来说，5000年的文化传统，世界最多的人口，56个民族，不发达的生产力，近代以来屈辱磨难的历史，都决定了中国不可能照搬西方的发展道路。

总之，我认为，无论从理论还是现实来看，世界都不应只有西方一条发展道路。也因此，每个国家都有权独立地探索符合本国国情的发展道路。这并不违反普世价值的原则，恰恰相反，它是实现普世价值的最好方式。

居危思危看待中国的发展

中国的改革发展已经进行了30余年，对此，不同的人或者同一人站在不同的角度，会有不同的看法和评价。乐观者认为，这30余年是中国历史上最好的时期之一，即使盛唐再世，也不过如此。所以一些学者力主输出中国模式，用中国经验造福世界。悲观者则恰好相反，认为这个时代处处充满陷阱，社会处于大动荡的临界点上，也因此，这些年中国崩溃论一直没消停。我的看法是，今天的中国既不是天使也不是魔鬼，或者借用英国作家狄更斯形容他所处时代的一句经典名言："这是一个最好的时代，也是一个最坏的时代。"

我这么说并不是想和稀泥，事实上对一个国家的评价，不是三言两语可以说清的，何况是中国这样一个大国、古国、发展中国家、新兴经济体，它本身就是一个矛盾集合体，有着多种面目和身份。

不过，如果一定要在"最好"、"最坏"之间作一选择，我宁愿选择"最坏"。选择"最坏"并不表示目前就是真的最坏，而只是要提醒，凡事多从"坏"的一面想想。中国哲学主张性善论，认为人的本质是善良的，因此希望明君、善臣、良将来统治这个社会，这些人都是道德高尚之士，"先天下之忧而忧，后天下之乐而乐"，他们当政，社会一片和睦安详。西哲则主张性恶论，认为人的本性是恶的，掌权者首先考虑的是自己，所以为了使他们不作恶，须要监督他们，限制其权力。这是东西方文化的差别。结果当然很清楚："好人"当政的中国，几无官员不贪，几乎每个朝代，最后都断送于腐败；"坏人"当政的西方，虽然也免不了有贪腐存在，但无论规模和程度，都远不及中国。何故？他们基于人性恶，发展出了一套完善的民主体制，使官员不敢贪、不能贪。

中国当前的情形怎样呢？虽从经济角度说，中国创造了人类历史上少有的高增长，但付出的成本和代价同样也是历史上少有的。收入分配的两极化、腐败的蔓延、道德的溃败、环境污染、人口危机等等，哪个事情都够我们折腾一阵子。

问题是，不发生危机则已，一发生危机是一环扣一环，环环相扣。这也就是医学上常说的“并发症”。它源于我们正处于转型发展阶段。这个世界，转型国家很多，但经历着双重转型，即从传统社会走向现代社会，从计划体制走向市场体制的国家则少之又少，而背负着如此庞大的人口和历史债务的转型国家，可说是绝无仅有。

转型带给中国的是非常艰难和严峻的挑战。因为转型是一个复杂的历史变化过程，它不是简单的某一社会现象的变化，而是包含着政治、经济、文化、思想、社会结构等在内，是这样一个整体、全面的发展与变迁。历史表明，这种具有全局性的社会变动，并不都一帆风顺，而是充满着复杂的社会矛盾、冲突与曲折。

如果从1840年算起，中国经历了两次社会转型。一次是1911年的辛亥革命及相继成立的中华民国。它标志着中国由一个有两千多年帝制历史的传统社会向现代社会转变，但这次转型应该说失败了。从1978年改革开始，正在进行第二次社会转型。在这次转型前，中国是一个政治、经济、文化高度同质化的社会，或者说总体性社会，国家对社会、经济活动和精神文化具有很强的政治整合力，个人的独立意识和能力都较弱，甚至阙如。在高速转型期，经济领域、文化领域、社会领域逐步从政治领域中分化出来并具有了相对的独立性。与此同时，政治领域本身也不再以全社会代表的身份，而是以履行维护社会稳定和社会公平的职责，获得了自身的独立性。这样，经济、政治、文化、社会四大领域由“大一统”向各自独立承担的功能分化。国家逐渐从许多领域退出，社会的自治化程度和组织化在提高。转型还使中国社会出现前所未有的分化，在政策机制和市场机制作用下，社会成员由原先的两个阶级和一个阶层迅速分化成若干阶层，利益群体大量涌现，社会成员之间的关系错综复杂。这一切，导致生产生活方式、管理理念、社会结构与道德价值系统等都受到严重冲击，给社会带来全方位的挑战。

例如，从政治层面看，转型带来了公共参与的压力增加、公共政策的效能不高、行政性政府的权力优势过于明显，以及政治公正与政治效率的拉锯急剧扩大的挑战；从经济层面看，转型使得小农经济向现代商品经济的转变压力增大，市场体系的建设任务艰巨，市场化、全球化条件下的国际竞争日益激烈等挑战；从文化层面看，转型带来了文化整合力渐弱，文化冲突加剧的现象；从社会层面看，转型带来的挑战更多，它打破了旧有的权益格局和发展模式，会造成局部甚至全局的失衡乃至混乱。尤其在中国的法治水平较低，制度化程度不高，政府与公民、国家与社会的关系面临再调整，公共生活的理性化程度普遍不高的状况下，“破”与“立”之间的冲突会持续相当长的时间，影响社会稳定。这其中，哪个环节应对失误，都会出现致命的后果。

所以，我们必须居危思危。对中国来说，下一个五年面临的内外发展环境，都将更加恶化，这逼得我们时刻都要怀有危机意识，每前行一步都要战战兢兢。

第二辑　国家责任

从老百姓的角度看，国家的基本责任就是让他们生活得幸福和有尊严。一个不能保障人们的幸福和尊严的国家肯定是一个不合格的国家。对于当下的中国来说，要想人们生活得幸福和有尊严，国家要承担包括秩序和安全在内的基础公共产品和服务的提供责任，保护产权和合约，限制公权力，废除和清理不合时宜的法令和制度，一句话，善待自己的国民。

如何才能让人民生活得幸福和有尊严

国务院总理温家宝在2010年春节团拜会上的讲话提出要“让人民生活得更加幸福、更有尊严”，引起了一些政治敏感人士的关注，并有不同的解读。总的来说，在中国领导人的讲话中，出现“幸福”特别是“尊严”这样的字眼是比较少见的。此次温家宝把民生问题提高到幸福与尊严的层次，确实显示了执政者执政理念的进步。但如果我们不孤立地关注此一讲话，而是把它放在近期中共一系列的表现和活动中，尤其是与春节前夕举行的省部级主要领导干部专题研讨班上的“四讲话”透露的信息来看，或许预示着中共政经主题将有所转变，在2010年的“两会”上，可能会在“让人民生活得更加幸福和更有尊严”方面，作出具体的安排和部署。

幸福是一种很主观的个人化感受，就此而言，不好用一个具体的标准去衡量人们的幸福感。最近几年，中国一些地方开始用幸福指标体系去衡量和反映该地民众的生活质量和幸福程度，作为一种探索，当然也无不可，但从暴露出的情况来看——比如，基本上幸福指标得分都很高——如果不是地方官员有意作秀，显示政绩，说明幸福确实不像经济增长一样，有一个相对客观的衡量标准。尽管如此，有一点可以肯定，没有尊严便没有幸福可言。从这个角度看，我们大体可以把两者等同起来，用尊严来代替幸福。

所谓尊严，虽然也是一种主观的感觉，但是，在要求他人对自己尊重这点上，是一样的。一个人，不管他是贫贱者，还是十足的坏蛋，内心都希望能得到他人，包括家庭、朋友和组织的尊重和认同，人之为人，就在于有被尊重和自尊的需求。这也就要求，一个国家应该对它的公民有基本的尊重。尊重什么？梁启超早在100年前就指出：凡人所以为人者，有两大要件，一曰生命，二曰权利。二者缺一，实乃非人。所以，有尊严地活着，是人作为个体的最基本价值。而在现代国家，个体尊严的实现，底线的标准就是要享受到作为公民的权利。也就是说，无论他出生在哪里、出身如何、是否受过教育、信仰什么主义，国家给予任何一个公民的公共服务，他也能够均等地享受到，不会因此成为“二等公民”。

以此衡量，会发现，改革以来，虽然多数人的物质享受比过去大为改善，从事经济、社会活动的自由以及言论和表达的自由，甚至参与政治的自由都有一定程度的提高和改善，但是，也要看到，一方面，这种自由是低层次的，不能受到国家法律的充分保障；另一方面，更大量存在着由于制度而导致的不自由的空间。例如，收入和资源分配的不公导致贫富两极化的趋势越来越明显，无所不在的腐败和特权侵害个人的福利，不断扩大的国家垄断和管制收缩个体的经济自由，公民组织化地参与社会的公共事务和政治活动的空间十分有限，等等。所有这些致使个体的权利和利益被资本、强势利益集团甚至国家本身不断蚕食和剥夺，弱势群体日益边缘化。比如，在城市拆迁、农村征地、国有企业改革等方面，经常发生当事人权益被上述几种力量严重侵犯的事情，甚至在一些具体的办事程序中，人们都能感受到自身权利不被尊重的情况。

人类社会的发展历史表明，自由、民主、法治、平等、人权，是保障一个社会所有人幸福和尊严的必要条件。所以，要想让多数人生活得幸福和有尊严，我认为，目前并在不太久的将来，中国政府应该重点做好以下几方面的事情：

首先，缩小分配差距，让所有公民都能享受到国家提供的均等的基本公共服务。包括收入和资源在内的分配不公是近年来民众最为关注和不满的问题之一，它不单纯是市场经济自然产生的结果，也是政府政策支持的结果。因此，解决分配不公需要政府提高公共服务的水平，让基本公共服务惠及到每个公民。温家宝总理也是在这个意义上谈论幸福和尊严的。他说要千方百计创造更多就业机会，提高城乡居民的收入水平，加快完善社会保障体系，大力发展教育，促进教育公平。做好了这些民生工作，至少不会让民众因贫困而丧失尊严，从而丧失幸福。

其次，打破垄断，扩大个体经济自由的权利。中国改革成功的经验之一，是“放权让利”，这个“权”就是人们有从事经济活动的自由权利，由此激发人们致富和创业的积极性，从而带来了经济的高速增长，走出了过去的贫困。但近年来，随着国有企业的发展壮大，特别是金融危机发生后，中国经济的再国有化有所抬头，经济自由度被削弱。再国有化既表现在国有企业向非主业的扩张和对相关民营企业的兼并上，也表现在政府对经济的干预和管制有加强的趋势上。经济自由是人们的基本自由之一，经济自由权利的被收缩，无论对整个社会的财富创造，还是对个体通过经济活动改变自身的贫困，都是不利的。所以，应尽量减少经济生活中的垄断现象，给予人们更多从事经济活动的自由。

第三，必须有一定程度的政治自由和政治民主。政治是经济的保障。个体的经济自由和其他权益，最后都需要落实和体现在政治上，即通过政治来确认。从这个角度说，经济自由度的扩大，要求有相应的政治自由。否则，一条腿长一条腿短，最终经济自由也会丧失。事实上，我们今日的许多问题，都是由政治自由不够造成的。必须给予公民参与国家事务的管理权利，让人民自主地符合自己意愿地选举政府官员；相对开放言论、表达和信息获取的空间；赋予公民一定的结社和谈判权。在政治自由的基础上，实行政治民主，用民主来实现人民群众当家作主的权利。

第四，建立起基本的法治构架。司法是公民权利的最后救济，也是对政府和社会各种特权和腐败的最后监督。所以，一个社会如果司法不公，将会毁灭各种经济和政治自由，人的尊严也不可能得到有效保障。要司法公正就必须实行法治，以法治国。其实，民主和法治是一体两翼，没有法治的民主必然会沦为多数人的暴政，使得社会没有基本的秩序；没有民主的法治会变身为专政的工具。以法治国首先要尊重宪法的权威，其次，司法应独立。当前而言，还必须提高立法的质量，在此基础上，严格遵守法律，依法行事。总之，必须保证政府的权力运行在法律的轨道内。

网络时代，民众已不满足于仅仅从温饱走向小康的物质享受，以及仅仅“被代表”，他们需要有对个体权利的充分尊重和满足，对涉及公民自身利益和社会公共事务的充分参与。适应这种要求和权利的生长，中国今天要做的就是建立起基础性制度，包括自由的政治制度和经济制度、平等的法律制度和社会价值观，以尊重和保障每个个体的权利和尊严。舍此，人民是不可能生活得幸福和有尊严的。

为什么要同特殊利益集团切割？

60年已经过去，现在需要思考的是未来之路如何走的问题。最近，茅于轼先生在谈到以后30年或者更长时间中国的经济和政治环境状态时，提出了一个有争议的观点，国家需由精英而不是大众治理，党要控制住利益集团。他没有解释为什么是精英而不是大众治国，但对党为什么要控制住利益集团做了说明。他认为，精英可以治国，但精英优先考虑的必须是底层群众的利益，如果精英考虑的都是自己的利益，会形成利益集团，这个国家和社会就会有危险，所以，需要党来控制住这些既得利益集团，不让他们将自己的利益凌驾于群众利益之上。

茅于轼所担心的精英成为利益集团的问题在周瑞金的笔下变成了现实。这位人民日报前副总编辑在选举和治理网上撰长文，痛陈以公权力为背景的“特殊利益集团”不断坐大对中国社会的伤害，呼吁高层拿出老一辈革命家在改革开放初期的勇气，与政商勾结的“特殊利益集团”切割。周瑞金认为，“特殊利益集团”对上打着保卫“国家经济安全”、“产业安全”等冠冕堂皇的口号索取政策保护，对下玩弄“国际惯例”和“中国特色”这两手盘剥消费者，上下要挟，左右逢源。他们对社会公平和普通民众的伤害，对中共执政宗旨的践踏，对政府公信力的玷污，正在造成严重后果。

两位老先生都是经历风雨，有识见、敢担当的人，他们用自己的思考得出的结论正是这几年社会高度关注的问题。特殊利益集团正成为社会越来越尾大不掉的一股破坏性极强的力量，这已是社会的共识，解决的办法也提出了很多，但问题就是，党能不能控制住他们，愿不愿意与他们进行切割，这是根本。

在我看来，20世纪90年代中期后，特别是近几年来，随着社会财富的倍增，中国日益形成两个分利集团，即垄断企业集团和各级地方政府。前者以垄断国企尤其是垄断央企为主，还包括地方的垄断国企以及有着政府背景的打着民营旗号实则是某些掌握实权的政府官僚的企业。由于垄断企业集团是国家税源所在，这种利益相关性使得企业和政府部门特别是中央部门的相互依赖和合谋成为可能。这类似于周瑞金所说的“特殊利益集团”。后者以各地方官僚为主，他们以地方为单元，形成了一个个小的利益集团。这类似于茅于轼所说的既得利益集团。

无论是哪种类型的利益集团，都是社会的强势群体。这些年来，国家的政策和资源不断地配置给了垄断国企尤其是央企，但这些垄断集团凭着国家赋予的垄断地位和定价权从全民手中攫取的财富并没有回馈民众，而是以种种冠冕堂皇的借口和理由留在企业内部进行私分，并用于对相关政府部门及官员进行行贿和赎买。另一方面，地方政府为了地方官员的利益，也百般曲解和变通执行国家的政策，对自己有利的就执行，对自己不利的就阳奉阴违，或者出台细则代替国家的政策；此外，他们不仅通过出售政策向特定企业索取回报，有时还公然直接将社会的公共资源据为己有。

对这两股分利集团造成的危害，党或高层并非不清楚，现在的情况是，由于一直以来没有采取得力的措施治理，甚至还要利用和依赖他们达到某些目标——例如，对垄断企业集团，需要利用他们来实现国有经济对国家经济的控制；对地方政府，更需要他们来实现对地方和基层的有效控制——从而导致他们的势力越来越大，盘根错节，你中有我，我中有你，很难做到清晰的切割。我担心的是，放任的结果，很可能最终会使得我们的社会结构走向日韩的“财阀政治”。

财阀政治指的是垄断资本独占性地控制国家政权和政府决策的政治经济形态。在财阀政治中，财阀主导政府决策，争取各种特惠政策；官员出售行政特许权和财政、金融资源，向财阀索取回报。各种层次的朋党和密友结成了覆盖社会的网络，精英人物大面积腐败，全社会的道德水平下降，市场关系极度混乱，经济发展跌入停滞的泥潭。日韩是财阀政治的典型。日本最大的经济团体——经团联长期以来是自民党的政治献金的主要来源，韩国的大企业也与政府有着非同一般的关系，在韩国警方前些年对几大企业的清查中，仅现代的郑梦宪，向韩国高官行贿的金额累计就高达约150亿韩元。

中国的两大分利集团与日韩的财阀政治虽然表现形式不同，但性质是一样的。尽管中国的垄断国企不属于私人家族，然而，无论谁主政国企，都是从企业利益而不是从国家和社会公众的利益出发，另外，在中国的一些行业，也开始出现日韩企业财团的苗头。

打破垄断国企和政府之间的政经勾结，现在看来，必须有对国家治理结构的比较彻底的变革，特别是在宪政层面上，有对个体民主权利的有效保障，否则，很难抑制政商结盟。这就需要我们再次进行人的解放。第一次人的解放是以释放人的利益、赋予人的经济自由权利为主，它形成了社会改革的基本力量，使中国得以走出“文革”的“折腾”，开创改革开放的新局面。第二次人的解放，侧重点是消灭国家不必要的管制，赋予和保障人的民主权利。唯有如此，才能建立起更加自由、公平的市场和社会环境。

改变利益失衡的格局不能再拖

2009年“两会”已经结束。观察2009年的“两会”，一个鲜明的特点便是利益集团开始在“两会”这一中国独有的政治舞台崭露头角，代表不同利益群体的代表委员进行了初步交锋。这特别表现在代表委员所提议案和提案上。很多来自不同阶层、群体和地方、行业的代表委员，其所提议案和提案，为本阶层群体和地方行业代言和谋利的色彩十分浓厚。比如，作为“两会”极具象征意义的一个事情，引起舆论巨大争议的中国首富张茵的三个提案，就被认为只代表了新富阶层的利益。

首先应该肯定，比起假借公共利益之名，实则行私人或小团体利益的一些政策建言，公开地或者真诚地为本阶层群体的利益代言，是一种进步，它表明了代表委员角色意识的觉醒。从民主的本义来说，民主本就是各个阶层和集团，就其所提出的意见、建议和政策讨价还价，并相互妥协的过程，从而在这一博弈中让民众知道哪个集团的建议更接近社会的整体利益。由此形成的结果也许不是对社会最有利的，但却是社会各方面都能接受的。因而，一些代表委员在今次的“两会”上能够站出来为本阶层群体说话，是值得钦佩的。

但是，要达到这样一个效果，前提必须是：代表委员是经由选民自由选举产生的，各利益群体的力量也要大致均衡。否则，结果就必然有利于社会的强势集团。而现在的问题是，目前我们恰恰缺少这些前置条件。这样，就势必会出现哪个群体的资源多、声望高，离权力最近，该群体就有更多人当选代表委员的情况。这也很明显地体现在2009年的“两会”上。比如，来自私营企业界也即新富阶层的代表委员多达二百余人，而来自工人和农民的代表委员则少得可怜，尤其全国一亿多农民工，只有区区三个代表，而且他们还缺乏必要的民主技术的训练，这如何让他们去为背后那个庞大而沉默的群体有效地表达利益诉求？可以想见，作为现实中利益不同的两个群体，劳资双方在国家政治生活的博弈中必然处于一种不平衡状态，弱势阶层的劳方，虽然人数众多，但往往被排斥在政策制定的视线之外。

中国改革事实上就走过了这么一个过程。比较一下中国改革跟日、韩经济起飞时的情况，会发现，后者只用了20多年的时间，就使本国国民的收入进入到了发达国家行列。而中国的改革开放从时间上算也已超过30年，但从国民收入来说，虽有较大提高，可仍处于比较落后的行列。出现此种情况，原因虽然很多，比如，中国人口比他们多，儒家思想遭到破坏等，但主要在于国民收入的分配上，没有向劳动者倾斜。在国民收入分配中，国民创造的财富通过利润和税收的形式转移到了资本和国家手中，包括通过出口补贴给了西方发达国家。这种分配格局长期未能得到根本扭转，由此造成的后果是，社会两极分化现象日趋严重，劳动者分享不到经济发展成果。

要使国民收入分配向资本和政府倾斜，就需要在经济和政治上，作出一系列的制度安排。于是，我们看到，在全民致富的政策和舆论导向下，特别是在以GDP作为官员政绩考核标准的情况下，招商引资成了各级政府日常工作的主要内容，为资本家服务也就变成了政府的优先选择。作为讨好资本家的代价，劳工的权益就在政治上被严重有意忽视，他们既没有集体谈判工资的权利，也谈不上在发达国家已经成为常规的各种社会权利，如福利、保障等，更不可能在国家的政治生活中被赋予重要的地位。

这种制度安排，虽然使我们在30年的时间里创造了经济的高速增长，贫困人口也大大减少，但是，正如联合国开发计划署在总结人类发展经验时所曾归纳的五种“不带来好运”的经济增长——jobless（没有创造就业机会的经济增长）、ruthless（成果不能为社会共同分享的经济增长）、voiceless（没有发言权、没有推进民主政治发展的经济增长）、rootless（没有文化根基的经济增长，本民族的文化和传统逐渐消失）以及futureless（以资源浪费、环境破坏为代价的没有前途的经济增长）——一样，我们在资源、环境和劳动群众的民主权利与福利方面，索取的过多，给予的太少。

随着普罗大众权益意识的觉醒，此种利益失衡的现象不可再无限期延续下去。否则，劳资矛盾以及由此衍生积累的一系列社会矛盾会以一种剧烈的方式爆发出来，因此，下一步的改革，必然要求我们扭转利益失衡现象，改善劳工的权利和福利，重视发展成果的共享，走一种利益分享式的改革。为此，必须扭转目前强资方弱劳方的局面，打破既得利益集团对中国社会经济的垄断，特别是对其主导公共政策的情况进行必要限制，给社会各阶层尤其是劳工阶层一个表达和维护自己正当权益的渠道，改变劳动者权利薄弱的状况，并重建与市场经济相适应的社会价值体系。社会的多元化固然需要利益的多元化和独立化，但在利益群体发育不均衡的情况下，一些利益群体过分独大，特别是依靠对经济资源和权力的垄断以及其他非正常手段获取本阶层的利益，只会导致社会更严重的腐败和社会福利的净损失。

70多年前，美国总统罗斯福曾说："在我国，唯一真正值得宝贵的，是自然资源和人民大众。"今天，我们也有必要重申这一信仰。不解决既得利益集团问题，不打破权力和资本的结盟现象，人民大众的利益和宝贵价值就无从体现。而从2009年的"两会"来看，要实现各利益群体的均衡结构，道路还很漫长。

恢复宪法的迁徙自由已迫不及待

成都市2010年11月16日发布了《关于全域成都城乡统一户籍实现居民自由迁徙的意见》，试图突破长期以来束缚城乡居民自由迁徙的一些制度障碍，全面建立户籍、居住一元化管理的体制机制，彻底破除附着在户籍上的城乡不平等权利，还公民以迁徙自由。如果《意见》的规定得以落实而不仅仅停留在文本上，那么，这将是迄今为止，中国单一地方政府所实行的最彻底、最干净的城乡户籍改革，将开启中国户籍改革的新局面，而此前，包括成都在内，无论是借统筹城乡发展名义推行的系列农村改革，还是单纯的户籍制度改革，都留有一些尾巴，基本是为了取得农民的土地。

自由地在自己的国家流动、迁徙、居住和发展，是每个公民应该享有的、与生俱来的基本人权，这种权利不应也不能被身份、财产、法律、国家等任何外在的东西予以剥夺，除非人们自己放弃或者犯罪。这已成为人类文明发展的一种普识，并在世界上绝大多数国家得到体现。中国1954年的《宪法》也规定了“中华人民共和国公民有居住和迁徙自由”。可惜的是，在20世纪50年代末实行城乡两种户籍制度后，迁徙自由就被《宪法》所取消，此后即使进入改革开放，虽然《宪法》多次修改，但迁徙自由还是未恢复。

今天看来，中国在50年代末取消迁徙自由或许有其不得已的理由，那时国家为保障重工业优先发展的赶超型工业化战略的实现，不得不把农民固定在土地上，唯有如此，才能抽取农业剩余，为工业化积累所需的资本，因此，伴随城乡户籍的，还有统购统销制度和人民公社制度的实施。然而，这样一来，也就人为地在城市和乡村之间掘出一条“鸿沟”，将城乡居民分割成两个发展机会和社会地位严重不平等的社会集团，堵死了农村人口向城市自由迁徙之路。

如果说，对于历史形成的户籍制度，基于当时历史条件的局限性而表示某种程度的理解的话，时至文明昌盛的今日，中国改革都已走过30个年头，还保留着半个世纪前的极不合理的制度，就显得毫无道理。尽管在这之中，为适应市场经济的发展、城市化的推进以及社会开放的需要，很多地方对现行户籍制度作了或大或小的改革与调整，一些中小城市还鼓励农民去落户，但是，所有这些改革，都或多或少设置了某些限定条件：要不有一定的资产；要不在一个城市居住了几年，有正当的工作；要不拿土地换户口；等等。之所以有此限制，根本原因在于，法律对这种社会流动的趋势和人们彻底要求放开户籍、迁徙自由的呼声，“岿然不动”。

自由迁徙权的缺席，给社会、给人们的心灵造成的后果与伤害早已显露无遗，看看改革早期所谓的“盲流”以及随后衍生的至今还在中国社会通行的暂住证就清楚。自由流动与居住的受限的一个直接后果，表现在现实中，就是直接加剧和恶化了农村和农民的整体贫困。现代化本是一个乡村逐渐衰败、农民被剥夺的过程，如果农民没有流动自由，特别是迁徙和居住自由，他也就不能享受政府提供给城市居民的各种福利，不能捕获各种发展机会，因而在和城市居民的生存竞争中，天生就处于弱势地位，这是中国城乡差距不断扩大的根源。若这种权利贫困被长期延续，还会使得城乡二元结构的社会形态被固化，阻碍城市化进程。近年来，中国的城市化推进速度虽然很快，但由于城市需要的是农村的劳动力，而不是农民家庭，这不但引起了农民对歧视的反抗，也使得很多农民现在干脆拒绝成为城市市民。假如把一亿多没有城市户口的农民工刨去的话，中国现有的城市人口大大低于目前的统计数字，城市化率至少要在现有的基础上下降十个点，远远落后于世界多数国家的水平。

改革以来，对公民自由迁徙权的缺席及其危害，不断有人呼吁。全国人大代表周洪宇就曾建议，参照1954年《宪法》，对现行《宪法》进行修改，增加关于公民享有迁徙自由权的内容；同时，制定如《公民迁徙法》或《户口管理法》等单行法规，明确公民迁徙的性质、地位、法定条件、权利义务和法律责任等。但这些建议和呼吁，多半如泥牛入海，不见回音。之所以如此，既有观念和认识上的因素，更主要的还是利益的阻隔，维系现行户籍制度的最大受益者是谁？城市原有的居民及其管理者。他们对附着于户口本的种种优惠政策的自觉或不自觉的维护以及对外来者的本能排斥，使户籍制度改革难以深入；另外，鉴于户籍制度载体上附加的各种利益关系非常复杂，改革有很大的成本代价，多数城市主政者从方便管理的角度出发，也不希望户籍制度一下子放开。

他们担心放开城市户口限制，允许农民自由落户，随着人口的大量涌进，很可能会出现贫民窟、犯罪增多、城市环境脏乱差等所谓的“城市病”，从而有可能损及自己的政绩。这两股力量相互作用，前者为后者管制城市户籍提供了所谓民意的压力，后者出台的一些限制措施也往往得到前者的支持。农民工群体就是这种改革不彻底的产物，它是城市既得利益者只想享受或者剥削农民的剩余却又不想给予他们平等待遇和地位的结果。

在中国百年现代化中，农民对中国社会及其现代化作出了巨大贡献和牺牲，革命和新中国成立后的前30年不说，改革后，正是数以亿计的农民工，抛家舍业，用最低廉的劳动力价格，支撑了中国产品的竞争力，成就了中国的“世界工厂”地位。目前，中国有流动人口近2亿，其中主体为农民，他们已从城市体系中占较少比例的群体成为具有举足轻重意义的重要组成部分，与城市的经济联系、社会联系日益密切。可以说，宪法中没有规定公民迁徙自由的理论基础和历史条件都已不复存在。也因此，无论从哪个角度看，都必须打破目前严重失衡的城乡关系，结束过时的城乡二元户籍制度，建立城乡平等的经济和社会制度，还农民以迁徙自由，不能让这种附着于户口本超过半个世纪的利益格局再继续存活半个世纪乃至更长时间，使我们的子孙把它当作天经地义的“大理”继承下去。

从成都此番的改革来看，一项制度实施日久，固然会形成强大的既得利益，但并非坚不可摧，只要主政者真正从这个社会大多数人的利益出发，从国家的长远和根本利益出发，就没有破除不了的不合理体制。事实上，同为保障赶超工业化战略的统购统销制度和人民公社体制不是在改革初期就被彻底打破了？关键是要有勇气和决心。现在成都打开了一条门缝，为后来者树立了标杆。当然，要在全国破除城乡二元社会结构，废除目前的户籍管理体制，保障全体国民拥有平等的基本权利，则必须尽快在宪法中规定公民有自由迁徙的权利。因为宪法是国家的根本大法，在一个以法治为目标的社会，涉及到公民基本人权一类的事情，最好还是有法可行。

最好的国家形象宣传是善待自己的国民

据悉2010年国庆节前，中国国务院新闻办公室通过国际主流媒体，面向世界观众，播放中国的国家形象宣传片，片长30秒，将由50多位中国各界名人来诠释中国形象。

在笔者的记忆中，这么大张旗鼓地在西方主流媒体投放广告，宣传中国的国家形象，2009年也搞过一次。那次带有为“中国制造”正名的形象广告在CNN亚洲频道滚动播出，时长30秒，不过是否取得预期效果则没看到相关的调查。

随着综合实力的日益增强，以及融入全球化的程度越来越深，中国对全球政治、外交、金融等方面的影响越来越大，的确到了需要有意识地对外树立和推广国家形象的阶段。毕竟在目前的世界，掌控舆论和话语权的，是西方的传媒，在西方的话语视角下，坦率地说，中国的形象有些负面。对此笔者感受很深。笔者2008年去美国访问时，在和美国各界人士的接触中，留给我的印象是，一般美国人对中国的了解有限，也就停留在中国的国家很大，人口很多，以及经济发展快这个层次，而且对中国的形象认知负面居多，这种认知多半是从报纸、电视和网络等大众媒体得来的。

有鉴于此，由来自中国科技界、体育界、金融界、思想界、企业界等各领域的名人来诠释祖国形象，是一个不错的创意，毕竟时间只有30秒，在这么短暂的时间里，要让很多怀有偏见的外国人认识中国，展示、诠释和改善中国的形象，名人的面孔或许是个不错的选择。因为名人之为名人，本就具有广告效应。一个能培养众所景仰的名人的国家，肯定是一个了不起的国家，就此而言，名人自身就是对国家形象的一个最好说明。像姚明，在西方世界广为人知，他能够成为现代中国的一个积极符号，不仅因为他的高超篮球技艺，也与他在慈善和公益事业中扮演的良好角色分不开。这些都是中国国民性格的正面反映。

但是，不论名人也好，还是其他宣传方式也罢，要想在一次国家形象的广告展示中改变他国人民在西方媒体多年的宣传下所形成的近乎刻板的中国印象，是不现实的。就本质而言，国家形象的广告宣传只是一种技术手段，它对改善国家形象有一定作用，但若把它夸大到不恰当的地步，也不对。要改善国家的形象和世人对中国的负面认知，自然根本有赖于国力的提高，国力提高后才有实力去争夺乃至掌控国际话语权和对国际议程的设计，形成对中国有利的国际规则。然而，即便具有这样的实力，在具体的话语和国家形象的塑造中，也有"霸道"和"王道"之分，即是靠拳头来使人臣服，还是靠正义来使人心服。在这一点上，我们看到，即使强大和霸道如美国，在祭出霸权的同时，也要对外打出民主和人权的旗号，推行所谓"巧实力"外交。这就说明，一个国家必须有基本的正义。此种正义不是靠宣传出来的，而必须落实到国家的政策和行为中来，为全体国民都能真切地感知和享受到。

所以，笔者认为，对国家形象最好的宣传，莫过于善待自己的国民。如果一个最卑微的人，都能切实感受到其尊严受到政府的尊重，其利益受到政府的保护，那世人还有什么理由不尊重这个国家、这个政府呢？真到了这个时候，国家的"软实力"和形象无须刻意去宣传和公关，即可得到世人的认可。相反，若这个国家的国民时刻都要提防来自公权力的侵害，在国家的权力以及权力的人格化身政府官员面前战战兢兢，那再多的对外宣传、再好的对外宣传也无济于事，世人还是会认为这个国家是一个不正义的国家。

一般来说，政府的"善意"，是通过平时的施政行为，以及每个公职人员的具体表现体现出来的。这方面的一个例子，是在2008年的四川地震和北京奥运会期间，因为不放弃每一个受伤的生命，以及放宽外国记者在境内采访的限制，西方媒体对中国的报道，一扫以前在西藏事件中的一味责难，从而对改善中国在西方民众的形象，起了很好的作用。

梁启超早在100年前就指出：凡人所以为人者，有两大要件，一曰生命，二曰权利。二者缺一，实乃非人。现代国家，一个底线的标准，就是要保护和尊重民众的这两个要件。做到了这点，国家的形象定会大为改观。以此对照，目前中国各级政府虽然比过去更加注重民生，努力回应民众的诉求，这是有所进步的一面，但总体而言，在保护和尊重民众的权益上，做得还是不够的。

最后笔者要强调的一点是，善待国民并不是说现实中绝对不会发生民众权益受到公权力侵害的事情，这在哪个国家都不敢打保票，但一个国家奉行的价值及其政策取向，必须以此为基本准绳。

中国需要健康的城市化

2010年的中央经济工作会议提出，积极稳妥推进城镇化，提升城镇发展品质和水准，把解决符合条件的农业转移人口逐步在城镇就业和落户作为推进城镇化的重要任务，放宽中小城市和城镇户籍限制，加强中小城市和小城镇发展。可以说，这一最新的城市化（城镇化）发展思路，是基于城乡二元分割条件下推进城市化的现实选择，因此，也可认为是带有中国特色的城市化（城镇化）道路。

城市化是现代化的应有之义。对中国来说，推进城市化具有多方面的重要意义。它不仅能够缓解长期以来制约中国发展的城乡居民的收入差距，拉动内需，为中国未来的经济增长提供长久动力，而且对发展民主政治、形成公民社会、分享现代文明作用巨大。因此，我们应该努力推进中国的城市化。

改革以来，中国的城市化水平总体有一个较大提高，2008年，城市化率达45%，年均递增接近1%。尽管如此，城市化率还是少于世界平均水平5个百分点，更是大大低于发达国家70%以上的水平。中国要到2050年达到中等发达国家水平，初步实现现代化的目标，城市化率就要达到70%—80%。这意味着，从2010年到2050年的40年时间内，中国的城市化增长率要以每年0.6%—0.9%的速度增长；也意味着，今后40年，有共约8亿左右人口要从农村转移到城市，以年计，每年达2000万人。

从过去30年的情况看，要实现这一人口转移目标，难度颇大。因为虽然每年的城市率接近1%，但30年通过各种途径从农村转移出去的人口，满打满算不会超过4亿。原因就在于，过去30年的城市化，实际上是一种病态的城市化。

病态之一，是城市化与工业化“分道而行”，城市化一直落后于工业化。根据经济学家钱纳里对1950—1970年世界近100个发展中国家发展过程的分析，城市化一般超前于工业化。但中国的城市化发展没有遵循这一规律，不仅没有超前于工业化，而且大大滞后于工业化，同时也大大落后于同等经济发展水平的国家。中国的城市化至少落后于工业化10个百分点。

造成此种状况的原因，是我们实施的城乡分割体制和赶超型工业化战略，二者使得工业化变成了城市的工业化，与农村无关，它从以下几个方面阻碍了城市化进程：一是通过户籍制度限制农民进城，直接阻碍城市化进程；二是通过资金等生产要素从农村向城市的过度输出，破坏了农村自身正常的积累机制，削弱了农村进一步发展的基础，阻碍了农村小城镇的发展或农村城镇化进程；三是使农村富余劳动力大量滞留在越来越少的耕地上，造成人地关系高度紧张，抑制了农业的现代化，导致粮食等农产品在相当长时期的供给不足以支撑人口的城市化；四是城市工业、农村农业的产业分布格局，严重抑制了第三产业的发展和就业水平的提高，就业结构的变迁严重滞后于产业结构。尤其是工业化过程中服务业发展滞后，影响了非农产业就业的增长，从而导致工业化不能有效带动就业结构与消费结构的转变，带动城市化的进程。

病态之二，是城市化见物不见人，只是一种空间距离的扩张，而忽略了人的因素和人的重要性。中国的城市化虽然也是市场经济自然发展的需要，但在表现形式上，更多掺杂了政府的意志，是一种政府有意识推动的过程。

每年，中国的各级政府都定有城市化率的指标，并将之纳入到干部考核体系中。这虽然在客观上提升了政府对城市化水平重要性的认识，然而，也使得许多地方仅仅把城市化作为一项不得不完成的任务去推进，从而，为满足追求城市化水平这个数字的提高，大铺摊子、不重内涵、盲目无序扩大用地规模，使城市建设中出现很多政绩工程，并造成一些地方“有城无市，有场无市”的“空壳城镇”现象。表现在城市的规模和形式上，就是城市摊大饼似的不断向外扩张，城市化存在蔓延式发展和空间失控的问题。据统计，过去10年，中国各类建设用地在高峰期每年几百万亩，占用的都是优质耕地，导致中国的耕地资源十分紧张。

另一方面，由于城市化进程中过多考虑的是城市的空间扩张问题，而不是从市场和人的需求出发，因此，也就忽略了人的因素。真正的城市化应该是人的城市化，也就是说，人不仅仅是作为单个劳动力进入城市，而是在城市建立家庭，和现有城市居民享有平等的公共服务和社会保障。但过去30年，中国并没有从家庭、社会的角度考虑推进城市化，而仅仅是从城市发展需要劳动力的角度推进城市化，因此，形成现在的城市二元结构，农民工在住房、医疗保障、子女入学等诸多方面还无法享受市民待遇，他们只是为城市发展提供了廉价劳动力，而没有实现真正的城市化。

阻碍农民进城的一个重要因素是高房价。中国现在的城市房价早就脱离了经济基本面，并远超出一般民众的收入水平，更别说农民和农民工了。中国社科院2010年发布的经济蓝皮书指出，85%的家庭没有购买住宅的能力，对农民和农民工来说，2009年房价收入比分别为29.44倍和22.08倍，如此高的房价收入比已成为比户籍制度还要难的阻碍农民进入城镇的高门槛，使他们永远也进不了城市，成不了新市民。

概言之，中国目前所实行的城市化，可称之为只允许农民进城就业，不允许农民进城定居的城市化模式，这种城市化的本质，还是把城市化当作城市榨取农村剩余价值的工具。它造成的一个政治后果是，城乡二元分割的社会结构被永久固化，农民只能在自己的祖国永久暂住。显然，这不符合现代文明的基本理念，也对中国的发展无益。因此，此种城市化模式不能再继续下去。

城市化的深刻内涵在于，它不是简单的城乡人口结构的转化，而是一种产业结构及其空间分布结构的转化，是传统劳动方式、生活方式向现代化劳动与生活方式转化，所以，人的发展始终是城市化最重要的目标。在新的城市化（城镇化）发展思路中，我们应该反思现有城市化模式的缺陷，回到城市化原初的出发点，把人作为城市化的主要内容，走出一条健康的城市化之路来。

加速给农民还债

全国人大常委会第十一次会议审议的两部法律——《选举法修正案草案》和《侵权责任法草案》——引起了人们的关注和讨论。这源于两部法律提出了拟在城乡之间实行“同票同权”、“同命同价”、“同工同酬”的命题。从人权的角度看，“三同”是在还权于农民，多数评论正是这么认为的。不过，我宁愿从还债的角度来看待此问题，把它看成是国家开始在制度和政治层面向农民还债。

从还债的角度来理解“三同”，将会有一种纵深的历史感，更能使人明白为什么平权问题对农民乃至当下的中国来说特别重要。众所周知，城乡的不平等是横亘于中国社会的一道鸿沟，它的一个具体表征就是城乡选举权、生命价值和劳动价值的不平等。因此，曾几何时，农民的最大理想就是做一个城里人。

那么，城乡的不平等是如何形成的？以“穷人经济学家”著称的美国经济学家舒尔茨曾说，发展中国家普遍存在对农业部门的歧视，为迅速实现工业化，农业部门被强制要求为工业部门提供资本积累、原料来源以及廉价劳动力，农村发展与城市发展存在严重的不平衡，这是农业落后与农民贫困的主要原因。中国作为一个发展中国家，在实现工业化的过程中也是靠榨取农业剩余价值完成工业化所需要的资本积累的。但中国的严重性或者说特殊性在于，在当时两个阵营的对抗下，加之与苏联交恶，中国几乎处于与世隔绝的状态，好比当今的朝鲜，根本没有来自外部的资本支撑，完全靠国内的自力更生，因此，我们对农业和农民的榨取与剥削比其他发展中国家要厉害得多。又因为中国的人口增长过快，工业没有办法吸纳过多的劳动力，所以，必须通过城乡二元户籍的办法将农民锁定在土地上不能流动。

因而，在这一过程中，存在对农民的巨大亏欠就是必然的。这个亏欠表现在，作为中国人口最多的一个群体，农民为中国现代化作出的贡献最大，而享受的收益却最少，以致在今天，“三农”问题成为中国社会进一步发展的一个死结。农民的贡献主要体现在三个方面：一是在革命时代，农民作为革命的主力军，为新中国的建立作出了巨大牺牲；二是在新中国成立后的工业化过程中，是农民提供了中国工业化所需要的原始资本积累；三是改革开放后，又是数以亿计的农民工，抛家舍业，用最低廉的劳动力价格，支撑了中国产品的竞争力，成就了中国的“世界工厂”地位。

这么讲可能有些抽象，还是用两个数字来说明。据统计，从1950年至1996年，通过工农业产品的价格“剪刀差”，中国农民为国家工业化、城市化发展提供的资本积累，总额多达2万亿元，约占全社会资本存量的2/3。中国社科院人口所的研究也表明，改革开放30年，流动劳动力对GDP贡献率达21%。事实上，多数经济学家认为，中国经济在30年中之所以有高速增长，与中国所享受到的人口红利有莫大关系，而人口红利的主要贡献者，就是农民。

如上所述，农民成为中国的“二等公民”，不能享受与市民平等的国民待遇，某种程度上是一种迫不得已的制度选择。从这一角度而言，在评价这一问题时，需要我们从历史的具体情景出发，而不能仅仅停留在道德层面苛责历史。但现在的问题在于，当我们有条件改善农民的待遇和处境时，还基本维持过去那一套不人道的制度和体制，就非常不应该了。这些年随着国家经济实力的壮大，我们在减少城乡二元差距、构建农村基本公共服务体系方面也做了一些工作，主要是从经济方面补偿过去亏欠农民的，如全面取消农业税，实行新的农村合作医疗制度、两免一补，普及农村九年制义务教育，以及前不久推出的普惠制新型农村养老保险试点；然而，在政治和社会方面，我们向农民还的债很少，或者说还未开始，特别是农民所迫切希望的城乡同权至今进展不大，二元户籍制度依然像座高山一样阻在亿万农民面前。改革后，原先铁板一块的户籍制度虽有所松动，但农民依然只能在城市暂住。此外，在最能体现权力平等的选举上，每四个农民才相当于一个城里人。至于“同命同价”、“同工同酬”，现阶段对农民而言还只是奢望。另一方面，在社会转型过程中衍生出的一些新的不公平制度，又在为农民制造新的不平等和新的亏欠，例如，产权制度和土地制度就在将农民创造的价值大量转移到工业与城市，这些年来，单政府的圈地和拆迁对农民造成的损害就是一个天文数字。

所以，必须要对我们的各级官员强调给农民还债的意识。还债首先是要为农民打破城乡二元体制结构这个国家欠农民的最大制度债。要消除城乡二元结构，就须从政治平权开始，逐步过渡到社会平等。现阶段而言，政治平权最重要的当然是选举权的平等。因为，选举在现代社会被认为是民主的基石，平等的选举权不只是一种政治权利，它还是其他各种权利的保障。事实上，我们常说城乡二元结构造成了农民的贫困，但其实，农民的贫困首先不是经济贫困，而是权利贫困，尤其是政治权利的贫困。例如，在国家的议事大堂里，农民没有真正的代言人，各级人大和政府机构中的“农民代表”通常都不是真正的农民，这使得他们的诉求无法在利益的分配和博弈中得到重视和体现。因此，有了平等的选举权后，农民的其他诉求就有可能在政治空间中更好地提出，从而不断被解决。这也正是“同票同权”的意义所在。

三代以前我们都是农民。所以，不要让他们为盼一个平等的身份等得太久了。而现在，正是到了加速给农民还债的时候。

将公民参与权作为公共品向社会提供

国务院新闻办公室2009年4月13日发表了《国家人权行动计划（2009—2010年）》，这是中国第一次制定的以人权为主题的国家规划。行动计划开宗明义地提出，实现充分的人权是人类长期追求的理想，也是中国人民和中国政府长期为之奋斗的目标。

改革开放以来，中国的人权状况有了质的飞跃。贫困人口的大幅减少和物质生活水平的普遍提高，社会流动的加快和经济自由的发展，对私有财产的保护和公共事务的参与，基层民主的建设与完善，等等，都是中国人权状况得到切实改进的最好体现。

中国人权发展之所以在改革后能取得很大成就，原因如行动计划所说，中国政府坚持以人为本，既尊重人权普遍性原则，又从基本国情出发，切实把保障人民的生存权、发展权放在保障人权的首要位置，在推动经济社会又好又快发展的基础上，依法保证全体社会成员平等参与、平等发展的权利。

这是中国人权发展的一个根本特点。因为中国还是一个人均收入水平不高的发展中国家，发展是中国的第一要务。但是，要使人民平等地、公平地享受改革和发展的成果，就中国目前的具体国情和社会基本矛盾来说，必须要畅通人民对社会经济事务的参与渠道，保障公民的参与权尤其是政治参与权。

公民的参与权是公民的一项基本权利，被认为是与自由权、平等权、社会权一样的人权的基本组成部分。当前，我国改革发展已进入关键时期，经济体制、社会结构、思想观念深刻变化，利益关系和分配方式日益多样化，不同利益倾向和需求的主体、群体、组织等逐渐形成，不可避免地出现了一些新问题、新矛盾。因此，如何畅通多元利益诉求渠道，化解各种社会矛盾，维护社会公平正义，公民的有序政治参与就是其中的关键一环。

因为，无论改革还是发展，如果缺少公众参与，固然可以在短时间内降低其交易成本，但长远而言，会导致改革和发展更多受既得利益集团的支配而偏离正确的方向，使改革和发展因失去民众的支持丧失动力。只有建立起公众民主参与的机制，保障公民的政治参与，才能使政府和立法机构了解各种不同的利益诉求，从而使政府的决策和公共政策以及立法等正确反映人民的意志，而不仅仅反映政府或者利益集团的意志，并增加政府的透明度，使政府的政策和措施得到人民的理解认同和支持。

对于公民的政治参与，行动计划作了详细的阐述，并指出，应从各个层次、各个领域扩大公民有序政治参与，保障公民的参与权。我们认为，要切实保障公民的政治参与权利，必须做到以下几点，而事实上，它们与公众的政治参与是相互联系的，是广义的公民参与的重要组成部分。

其一，必须保障公民的知情权。知情权是公民政治参与的前提。公民只有了解相关信息，才能维护自身利益。如果人们对政府的政务或者公共事务一无所知或知之不多，就谈不上有效参与的问题。须以《政府信息公开条例》的实施为契机，凡是要让社会公众广泛知晓或参与的事项，以及与公民的利益有切实关联的事情，都应及时主动向社会公开。政府的决策和政策等，在出台前，也要让公众知晓相关信息。

其二，必须保障公民的表达权。表达权是公民陈述意见、发表看法、维护权益的重要手段，也是公民言论自由的具体表现。以往政府出台的一些政策和措施，之所以遭到公众的诟病，一个重要原因是公众缺少话语权和表达权。随着互联网的发展，民众的表达权和话语权借助网络有了一定的改善，但还远远不够，应如行动计划所说，要采取有力措施，发展新闻、出版事业，畅通各种渠道，保障公民的表达权利。

其三，对违反公民政治参与的情况，还应建立相关责任追究机制。例如，对应听证而不听证，或按照规定应公开、公告的程序、内容而未公开、公告的，要追究相关机构和人员的责任。同时也应规定，没按程序制定的行政法律、政策等无效。唯有如此，政府才不敢借口保密的需要而阻塞公民的参与。

上述三点其实在我国的《宪法》和党的十七大文件中都有明确规定和要求，我们现在要做的就是认真执行和落实《宪法》和法律的已有规定。

公民参与不是摆设，而是一项重要的制度建设，是国家尊重和维护人权的重要方面。要想让公民的政治参与真正深入人心、落到实处，必须从观念上、制度上、物质上予以支持和保障，将公民参与权作为一项公共品向社会提供。

权力“裸行”才能消除“裸官”

中办和国办2010年7月印发了《关于对配偶子女均已移居国（境）外的国家工作人员加强管理的暂行规定》，这是继两办在印发《关于领导干部报告个人有关事项的规定》后，一个专门针对配偶子女在国外的官员的特别规定。

所谓配偶子女在国外的官员，舆论对此有一个精到的称呼：“裸官”。我不知道这是否是中国官场特有的现象，但此现象应该不是近年才兴起的；另外，对中国官场隐藏着多少“裸官”，虽没有确切统计，但想来应该不会如官方所说的“极少数”，这从外逃贪官中的那一长长“裸官”名单可见一斑。这份名单中的最新一个是四川移动数据部原总经理、中国无线音乐运营中心总经理李向东，李在2010年3月出境，据悉携有4亿—6亿元人民币。而其妻早在2004年就辞官不做，移民国外。

当然这不是说，“裸官”都是贪官。不过，也不应否认，至少有相当比例的“裸官”是怀有贪腐之心的。这些“裸官”“聪明”得很，在其大权在握时，想办法将妻儿全部移民海外，为的是便于将腐败所得转移出境，又为将来“东窗事发”预留后路。有关部门在解读上述《暂行规定》时，也承认，有的人“身在国内心在外”，通过为配偶子女移居的国家谋取利益而获得私利；有的人由于配偶子女均已移居国（境）外，非法敛财时更加肆无忌惮；有的人将大量非法财产逐步转移出境，一遇合适机会便抽身外逃。

再退一步而言，即便不是贪官，把配偶子女送去国外，自己“裸身”在国内为官，也有违官员的职业道德和对祖国的忠诚。尽管没有规定说官员尤其是高官的子女和配偶不能移民国外，但对官员的道德要求应该比一般人要高。因为在目前不完善的制度环境下，官员比普通百姓有更多的条件将自己的子女和配偶送往国外，如果一个两个乃至十个二十个“裸官”也就罢了，可以把他们当作个案来看待，但当“裸官”在官场中成为一种“时尚”，官员以“裸身”

为荣，这说明什么？可否说明他们对中国的前景不看好，对自己的祖国不忠诚？面对这种现象，又如何来教育自己的国民要爱国，对自己的国家有信心？所以，当官员们脚踏两条船，身穿救生衣，随时准备弃船而逃时，不仅会严重打击国民士气，也有损国家形象。

因此，对上述两规定，我们不能仅仅从遏制“裸官”腐败和外逃的角度去体味，从反腐而言，这两项规定将关口前移，强化了权力监督，对“裸官”和潜在“裸官”者相信会起到一个大的震慑和警示作用；此外，它们对培养官员的忠诚意识和道德感，从而减少国民对官员群体的负面认知，也会有一个正面的作用。

不过，对我们来说，现在还不到讨论和称赞它们的时候。我们其实更应该反思，为什么“裸官”现象会越来越多，贪官为什么能在敛财后成功卷款外逃？一个官员要成为“裸官”，并决心出逃，是需要时间辗转腾挪的，不会悄无声息。显然，原因出在监管部门未能掌握他们的家庭财产及家庭成员情况。监管部门之所以嗅不出其中异味，不单单是能力和态度问题，更可能是制度本身的问题，也就是说，我们过去并未建立领导干部配偶和子女移居海外的报告和备案制度，或者虽然建立了，但非常粗陋，漏洞太多。

由此看来，要刹住官员腐败之风，减少贪官外逃的可能，两方面都要加强，尤其要强化制度建设。而制度建设之关键，在于构建阳光行政，让权力在法律和制度的约束下“裸行”。就中国当前的反腐情况来看，权力“裸行”的最有效办法，就是尽快推行官员财产申报制度，完善和健全贪官外逃预警机制，这是根本。否则，是没办法控制“裸官”的。

真正的官员财产申报，其申报内容必须向社会公开，接受公众监督；另外，还要有配套制度，有相应的核查机制跟进，对虚假报告、瞒报者，要有相应的惩处办法。只有这些特征和条件都具备，财产申报才会起到遏制腐败的作用。以此观之，上述两个规定，特别是领导干部报告个人事项的制度设计，还存在很大缺陷。虽然它也要求县处级副职以上官员报告个人财产、婚姻变化、子女移居国（境）外等事项，但是，该规定只有受理申报的机构，并没有明确监督机构该如何去审查所有官员的财产申报，并监督整个申报过程；此外，官员的财产申报也不向社会公开，更遑论接受社会大众的监督了。因此，这两项规定，还不能视为官员财产申报制度，充其量，只能说它们向建立财产申报制度迈出了实质的一步而已。

鉴于目前大面积推行财产申报会遇到很大阻力，我以为，不妨从“裸官”开始推进官员财产公开，原因在于，“裸官”最有公开财产、让公众监督之必要；另外，“裸官”既把配偶子女送往国外，也就要付出相应代价，否则，对那些不是“裸身”的官员不公平，而且会起到一种坏的激励作用。此外，还由于这部分官员数量相对较少，在推行财产公开上遇到的阻力也会小些。

就完善和健全贪官外逃预警机制而言，可以在以下几方面发力：一是建立和完善严格的领导干部配偶和子女移居海外的报告和备案制度，严控官员及其配偶子女出国（境）审批，要求官员说明配偶子女出国费用的数额、来源、用途，并与其一年一度的收入申报情况联系起来考察，此过程全程公开；二是人大要公开质询“裸官”；三是对于“裸官”的资产必须给予比一般官员更多的关注和监控；四是像深圳一样，规定“裸官”不能担任重要职务，尤其是一把手，如果官员要担任重要职务，就应严格禁止家属移居国外。

奥地利经济学家哈耶克说，制度设计关键在于假定，从“好人”假定出发，必定设计出坏制度，导出坏结果；从“坏人”假定出发，则能设计出好制度，得到好结果。要遏止官员腐败和“裸官”现象，在设计有关的制度时，必须假定所有的“裸官”都有贪腐之心。

民生需要民权来保障

民生问题是近年来社会各界关注的重要问题。对此，十七大报告也有鲜明的体现。报告用整整一节的篇幅，论述了改善民生和加强社会建设的意义与途径，提出要建设一个人民学有所教、劳有所得、病有所医、老有所养、住有所居的和谐社会。

在过去的5年里，随着经济的快速发展，在解决民生问题上，执政党拥有更多的资源和手段，也确实在这方面取得了不错的成就。以收入而论，2002—2006年，人均年收入从1100美元增加到2000多美元，翻了一番。而在公共服务领域，九年义务教育的全面实施、农业税的取消和扩大基础设施建设等，都是值得称道的。此外，修改《宪法》保护私人财产，以及完成《物权法》的立法和实施，也与民生问题息息相关。

民生问题事关亿万民众的切身利益，马虎不得，我们有一个庞大的低收入阶层，以及过去在民生问题上欠账过多，这决定了解决这一问题的复杂性和艰巨性，而且在某种情况下，民众所面临的一些问题还有可能被激发。比如，目前飞涨的房价就压得大部分工薪阶层和低收入人群喘不过气来。所以，在解决民生问题上，政府需要制定一套长远的社会政策去制度化地改善民众尤其是困难群体的生活，加大力度去干预那些不公正的、在较大范围内存在的、严重损害民众利益的不利于社会和谐与社会进步的现象。

我们看到，十七大报告在这方面提出了六大任务，即优先发展教育、实施扩大就业的发展战略、深化收入分配制度改革、加快建立覆盖城乡居民的社会保障体系、建立基本医疗卫生制度、完善社会管理。这六大任务要顺利完成，首先有赖于强大的国力，也就是发展经济，做大蛋糕，但仅有此是不够的，如果蛋糕分配不公，民生问题也无以化解，所以需要在分配机制上建立公共财政，从制度上保障国家的财力用于社会建设和改善民生。而公共财政就内在地包含民众参与和监督财政使用的权力。否则，公共财政只有形而没有神。而这就涉及到民权问题。换言之，建立公共财政，须赋权于民。

简单从理论上分析这一问题，既然人民将自己的权力委托给国家，由国家代理人民行使公权力来保障人民权利，国家对人民就负有当然的保障义务。比如：公民享有财产权，国家就须保护公民的合法财产所有权；公民享有劳动就业权，国家就须保证每一个具有劳动能力和就业愿望的公民的就业需求；等等。就此而论，公共品的供给问题，其实是民众的公共权利的实现和保障的问题。然而，从现实情况来看，民权的保障则不太乐观。像在企业改制、城市拆迁改造、农村征地中经常发生的工人失业、农民失地、居民房屋被强制拆迁、农民工的工资被拖欠等问题，表面上看起来是民生问题，实质和要害则是民众的财产权利受到公权力或私权力的侵害，是民权问题。

民权的缺席既有传统文化的因素，也有现实条件的限制。古人虽有“民权兴则国权立，民权灭则国权亡”的观念，但在“普天之下，莫非王土。率土之滨，莫非王臣”的专制政体下，“民”对任何东西，包括自己的生命都没有所有权，老百姓心中的理想社会就是碰上“明君”、“贤臣”和“清官”，一旦遇上“明君”、“贤臣”和“清官”，民生问题就有可能得到保障。他们从来不会想到“民生”根本用不着依靠“救世主”式的英雄的恩赐，而是作为一个真正的“人”的最基本的权利。这种情况虽经社会发展与时代更迭，在很多人的身上依然存有，从而也导致没有良好的法律和制度来充分保障民众的权利尤其是财产权利。

民权不是抽象的，而是实实在在的生活中的各项权利。要实现公民的劳动权、财产权、自由表达权、自由迁徙权等民权，民众首先必须完成自身的角色转变，由传统的“王”或“臣”转变为具有民主意识的现代公民，这样才能促进政府的角色与行为模式的转型。其次，必须进行政治体制改革，建立民主政治。公共财政本质上是民主财政。在建立社会主义民主政治方面，十七大报告也有专节论述，强调人民民主是社会主义的生命，要健全民主制度，丰富民主形式，拓宽民主渠道，保障人民的知情权、参与权、表达权、监督权，从各个层次、各个领域扩大公民有序的政治参与。

民权是民生的根本保障，没有民权的民生是不确定、不真实，随时都有可能被剥夺的。民众要谋求高质量的民生，首先要争取到人人平等的民权，尤其要充分地尊重个人的财产权利。这不仅是社会主义市场经济体制的要求，也是经济体制改革与社会体制改革共同的基础。

避免公共决策按“需”索取

2011年1月，北京的治堵新政出台，提出了“建、管、限”一套综合治理措施。与征求意见稿相比，方案有了些微的改动，但显然，新政还是把重点放在限购、限行、拥堵费等方面。由此可见，新政意图在治堵上达到立竿见影的效果。

之所以出现现在这种急功近利的充满部门利益的结果，与政府在公共决策中没有真正实行以人为本、遵循决策的民主化和程序正义有关。近年来，无论是人大的立法还是政府的行政决策，都注意听取民意。这本是好事，比起过去的关门立法和决策只体现少数人的意志和利益来，民意参与到立法和决策中去更能保证其公平和公正性，体现社会的公共利益，因而是一种进步。但是，如果像现在表现出的一样，民意参与只是浅层次的，缺乏程序民主化的保障，那么，立法和决策的民意征集就极易变成政府单方面的“仪式化表演”，成为一个按政府之“需”而索取的公共决策过程。

人们看到，除极少数的例外，现在的公共立法和决策征求意见，都是在有关部门制定完成草案后，再向社会征求看法和建议，基本不将公开征求民意的方式用在草案制定之前。另外，有的民意征集活动将最易表达民意的网络排除在正规渠道之外，征集结果也未得到确切反馈，透明度非常低。这在各类调价听证会上都有鲜明体现，从而使得中国的听证会基本都成了“逢听必涨”的游戏，有违听证会的本意。

此种民意参与决策的弊端同样出现在这次北京的治堵新政上。交管部门虽然将治堵方案公开向社会征求意见，但实际时间只有短短一周，公众提交意见的方式也只限于邮寄信函和发送传真两种。从反馈结果看，组织者只收到了2929件意见建议。北京常住人口和流动人口加起来总数已超2000万，治堵涉及到他们中的多数人利益，不到3000件的意见建议显见样本量太少，无法代表真实的民意，而根据这样的“民意”提出的治堵措施，亦无法体现社会的公平和公正。事实上，在交管部门公布的5.8%的反对意见中，就基本集中在抑制机动车快速增长、单双号限行、征收拥堵费等方面，亦即政府着意采取的治堵措施，几乎全是反对者反对的。而其他媒体的调查也显示，对于官方公布的统计数据，多数网民指“太笼统”，政策不明确，更有55%的网民对征收拥堵费持反对意见，赞同的为39%，与交管部门的征集结果正好相反。

之所以出现这种民调不一致的情况，原因在于，面对着已经制定好的治堵方案，深受拥堵困扰的北京市民，基本都会支持政府的治堵立场，因此，与其说这是一种理智的选择，不如说体现了市民的一种情绪更为恰当。但即使如此，当某个单项措施牵涉到自身利益时，差异化就会凸显出来。而在民间的民调中，由于没有政府预设的前提，样本也足够大，所以它更能真实反映民意。这说明在征求民意中，预设前提与否，对民众的参与会形成不同的价值导向和反馈结果。一个确定的方案已经包含着某种明确的官方意图和利益取向，公众只能在官方预设的前提内讨论，超出官方意图的意见不能得到很好的反馈，会使民众误以为，“我”的意见对政府的最终决策无足轻重，原来是怎么样还是怎么样，充其量有个微调，从而导致民众放弃选择，不提反对或建设性意见。显然，这样的征求意见里民意的含量就不会高，所出台的公共政策可能就会偏离社会的公共利益。

作为对社会利益的权威性分配，公共政策的制定要彰显公共利益取向，必须反映、综合、表达绝大多数人的利益，满足绝大多数人的利益需要，才能使其具有合法性。这就要求决策程序须民主化，保障程序的公开和公正，杜绝由少数人操纵整个政策制定过程。为此，要探索公民参与公共政策制定的方法和渠道，如在政府组织中加入公民代表、公民训练、基层意见搜集法、听证制度和网上公开征求民意等，利用网络、个别接触、舆论扩散、集体推动、游说工作等政策参与渠道，在民主基础上通过充分讨论来完成政策制定过程。

就民意的征求而言，应贯穿政策制定的前、中、后三个阶段。事前公开听取建议，事中征求意见，事后做好反馈。一定要把结果向公众公布，让公众知道，哪些意见和建议被政府部门吸收，哪些没有被吸收，原则和理由是什么，以充分尊重每个人的知情权、表达权、参与权和监督权。如果公共政策征求意见不能公开透明，就会丧失公共决策的立场。像北京的这次治堵，在征求意见结束后没几天，方案就正式出台，人们不知道交管方面到底吸收和否决了哪些意见、原因是什么，这使得北京治堵新政中的一些措施损害到一部分人的利益。例如，对外地人购车加强管理，以及拥堵时段非京籍车辆路权受限等，有违越来越开放、包容、平等的户籍管理趋势。另外，摇号决定车牌的发放，虽然是无偿的，但多了一种管制途径，实际上会衍生更多腐败。诸如此类治堵措施，从短期来看，或许会缓解部分拥堵；但从政策的立足点和公平性来说，弊大于利。

随着社会的发展，公民的独立自主意识、政治参与意识以及政治民主化的要求不断增强。公开征求民意，作为政府信息公开的深度发展形式，有利于满足公众对公共政策和公共事务的参与需求。现在的问题是，必须避免民意征集走过场，成为公权者手中的一件道具和玩偶。要使民意不被公权按“需”索取，有必要对征求意见的程序制定一个专门规定，强化程序正义。

户籍制度改革要有一个相对明确的时间表

目前一些地方在进行统筹城乡的探索。中国建设和谐社会的一大障碍是城乡权益的分割，而统筹城乡的关键又在于现行户籍制度的改革。但正是在这一问题上，改革30年来我们一直进展不大。

据统计，我国已有河北、辽宁等12省区市统一了城乡户口登记制度，取消了农业与非农业户口划分，统称为居民户口，但这并不是严格意义上的户籍改革，因为附着于户口上的实质的差别待遇并没有改变。

户籍改革之所以多年来没有实质性进展，说白了，是主政者为了城市集团和自身利益而采取的鸵鸟态度，企图把问题和矛盾往后推，留给后人解决。

任何一种制度时间长了都会产生"路径依赖"，并形成受惠于该制度的既得利益群体。现行户籍制度已经实行半个世纪之久了，虽然小有调整，但核心的东西没变，那就是把公民分成城镇居民和农村居民两个群体，在国民财富和社会福利的分享方面，比如在政府的转移性支付中，按照身份分配，而不是按照真正的需要分配。因此，相对富裕的城镇人口可以享受政府财政供应的福利，而收入本来就低的农民却需要自己承担医疗、教育、养老、住房等福利之成本。前者成为户籍制度的既得利益者，后者则成为利益受损者。

福利一般都是刚性的，上调容易下调难。尽管目前社会财富的总量比改革前急剧增大，但相对于人口规模来说，人均占有量还是处于一个较低水平。假如放开户籍，农民可以在城市自由入户，并在社会福利、医疗保险、基础教育等方面和城市市民一样享受同等待遇，除非国家的公共服务投入比现在有一个显著的提升，否则，现有市民的福利水平会有较大程度的下降。但显而易见，虽然政府的公共服务水平和公共品投入比过去有所提高，可提高的程度远没有达到足够容纳大批农民进入城市成为市民的地步。原因并不在于我们缺钱，而在于我们的财政制度还不是一个真正意义上的公共财政制度，政府的收入大部分投入到生产建设和用于政府自身的消费，只有少部分用在公共品上。

所以，在这种情况下，城市市民的福利若因户籍改革而受损，鉴于城市在主政者的函数中重要性远高于农村，肯定首先维持城市的稳定。另一方面，现有的各种对地方主政者的评价机制，都是以城乡分割的户籍制度为前提的。比如，各城市在计算人均GDP的时候，虽然农民工为此作出了很大贡献，但由于是以常住人口为单位，农民工不计算在内。如果改革了户籍制度，一些农民工多的城市，其人均GDP也会有较大幅度的下降。这无疑会影响到他们的政绩和仕途。

因此，在户籍改革问题上，主政者大都采取一种实用主义的态度，只停留在技术操作层面，进行局部的改进，而没有从深层意义上提出解决思路。他们只知道城市需要建设，因而也需要有足够多的廉价劳动力为城市服务，而从不去想或很少去想应该为这些廉价劳动力提供起码的福利待遇。他们为此提出了一种说法，叫做“顺其自然”，认为户籍改革应靠城市本身的经济活力，自然“吸引”人们来到城市，而不是政府人为“堆积”的“外生化过程”。

这种“顺其自然”论貌似有理，实则大谬不然。不错，在城市资源有限的情况下，户籍制度改革尤其是大城市户籍改革会遇到很多难处，比如：城市户口的全面放开面临人口超限度涌入的危险；福利的剥离必将遇到从决策到实施的重重障碍；现有的社会保障体制会给户籍改革带来很多问题；新旧体制衔接问题很多，有各种操作上的难题；城市复杂的历史背景和人员构成还会产生其他一些特殊的问题；等等。但是，做任何事总是有困难的，如果因为有困难就不去改革，社会也就永远不会进步了。比起农民为中国革命和建设所付出的巨大代价来，城市放开户籍所经受的负痛要小得多。

重庆社科院2007年完成的一份针对782名农民工的调查显示，有54%的农民表示愿意成为城市居民，其中，“新生代”农民尤其渴望城市生活。他们在知识水平、劳动技能等方面有所提高，对工种、待遇的要求比父辈高，不愿意从事单纯的体力劳动，更愿意到公司当办事员或技能型工人。上述调查反映出，农民市民化是社会发展不可逆的趋势。目前，中国的城市化水平已经达到45%，照这一速度，预计到2020年将达到60%。在未来10多年里，中国还将有2亿—3亿农民迁入城镇居住。可见，人口的快速流动要求户籍制度改革不能再拖，城市必须对农民敞开户籍大门。

公民的迁徙自由和居住自由最能体现宪法的人人平等原则。对户籍改革，不在于单纯建立一个城乡统一的户口登记制度，也不能像中央政策研究室社会局某负责人最近表示的，按居住地进行户籍登记，尽管这些都很必要，但关键是要抹去横在农民和市民之间的分配和福利差距。这才是我所说的真正意义上的户籍改革。在我看来，无论从观念还是从时机来说，目前条件都已初步具备。对现行户籍制度的损害，社会基本没有异议，改革的共识已逐步形成；而随着农民工的跨省市流动，一个全国统一的劳动力市场的雏形也隐含其中。特别是在扩大内需的背景下，如果将政府4万亿元投资中的大部分，用于推进城市化和补偿先前对农民的历史欠账，改善农民工及其家庭的福利条件，将能有效缩小市民和农民之间的收入和福利差距。

所以，我认为目前正是大力推进户籍改革的好时机。错过了这个时机，改革的社会成本会越来越大。在这一方面，中央应勇于承担，制订一个相对明确的户籍改革时间表，而不是老让地方自行探索。

如何化解越来越严重的群体性事件？

近年来群体性事件的发生已经成为影响中国社会稳定最为突出的问题，特别是随着改革的深化、利益关系的调整以及民众权益意识的觉醒和提高，重大群体性事件越来越多，涉及面越来越广，处理起来越来越难。这在2008年也有鲜明体现。像贵州瓮安、云南孟连以及甘肃陇南等地相继爆发了规模较大的冲突，除此外，2008年更值得一提的是由重庆发轫的、随后在中国多个城市陆续出现的出租车全行业罢运，这可称之为中国式的罢工。

总结中国近10年来的群体性事件的特点，有两点不能不提。一是经济问题政治化；二是暴力对抗程度明显增强。后者在2008年的上述三起群体性事件中都有体现，尤其是甘肃陇南，市委机关被冲击。地级政府被治下的民众冲击，这在新中国成立后的60年里还是第一次。这些特点增加了中国政府处置群体性事件的难度，稍有不慎，就可能会激化矛盾，扩大事态。

分析中国群体性事件兴起的原因，不外乎是由劳资关系、农村征地、城市拆迁、企业改制重组、移民安置补偿等问题所导致的。但是，这些问题的背后，又无不反映处于转型期的中国利益分配不均、收入差距扩大、民众的经济利益和民主权利受损的现实，它们使得社会的矛盾冲突日益加剧，这是中国群体性事件频发的深层因素。

在引致中国群体性事件的诸要素中，有两个方面要特别注意。一是中国民众的权利生长方式发生了变化。如果说，在改革前以及改革后的相当时期里，民众的权利是由执政者从外部赋予给他们的话，那么，现在民众对权利的需求就完全来自自身。导致这一变化的原因是财产的生成。过去民众没有财产或财产很少，他们对自身权利的需求也就不强烈。但改革后随着经济的发展，多数民众都或多或少拥有自己的财产。有了财产就有了对财产的保护，并进而发展成对民主和社会公共事务的参与需求，因为没有对后者的参与也就不可能真正实现对财产的有效保护。互联网的兴起则为这种参与提供了技术支持手段，并进一步催生了民众权益意识和民主意识的发展。现在很多群体性事件都带有互联网的影子或影响。

简言之，在中国公民社会的雏形初步形成以及公民意识初步觉醒后，民众不再被动等待执政者赋予自己权利，而是主动去争取本属于自身的权利。这是2008年群体性事件体现出鲜明权利意识的根本原因。

然而，对民众这种权利生长方式的变化，中国的执政者尤其是基层执政者却未能清醒地预见到。他们的意识还处在“为民作主”或“替民作主”的阶段。少数执政者虽然意识到了，但也未做好相应准备。整个社会的管理方式因此总体呈现出与市场经济和民众日益增长的民主意识不适应的一面。

考察中国近年发生的群体性事件，会发现，虽然直接原因各异，但无不是由群众的利益诉求长期得不到有效解决、一些领导干部对群众的感情冷淡麻木、滥用警力激化矛盾等造成的。例如，在瓮安事件中，正如《瞭望》周刊所剖析的，它集中暴露出当前一些地方经济发展方式、社会发展方式对群众利益的忽视与损害，暴露出尤其是一些基层执政者在执政理念、素质、手段上的错位与脱节，暴露出一些地方干部已经脱离了与人民的联系，成为“只对自己负责”的特殊利益群体。重庆出租车罢运目标虽然不是指向政府，但出租车市场的利益冲突，司机与出租车公司的矛盾，则是由这个市场的体制“设定”的，而这个体制又是由政府“设定”的。这是我要说的第二个方面。

由此，中国社会群体性事件的集中爆发也反映了中国政府的公共治理跟不上社会发展的要求。因而，要想有效消化各种群体性事件，政府就必须痛下决心，改革治理方式，以化解执政者在处理群体性事件上所表现出来的“体制性迟钝”。可以像重庆市委书记薄熙来那样，主动邀请出租车司机和市民代表进行交流、座谈，听取出租车行业的诉求和市民代表的意见。但这充其量只是一种处理技巧和方式方法的改正，不能从根本上解决问题。

政府的治理方式背后涉及到政府的职能和观念转变问题，还必须树立主权在民的理念，限制和规范政府的权力，实现政府的权力与责任的对应，同时强化对官员的问责。

另外，我也赞同一些学者所提出的如下看法：中国应该进行社会政治改革，通过新制度的建设来容纳和消化群体性事件。这方面我认为首先要调整国家与市场、公民社会的关系，使它们形成一种合作互补的建设性关系，而不是对抗关系。这就需要政府积极去培育、完善和壮大市场与公民社会，特别是要发育各种利益组织，提高它们的自组织能力和自我规范能力，使它们真正能够代表公民的利益，维护公民的权益。

现代社会，公民不但需要有组织来代表自己，更需要自己直接去争取各种权益，因此，社会建立起一种正常、规范的利益表达机制，形成协商对话制度就非常必要。只有扩充民众的利益表达渠道，通过平等的协商、对话和谈判来化解矛盾，社会才有可能和谐，并使公民的民主精神和民主意识得到培育。

在中国这样一个强政府、弱社会以及利益发育不均衡的体制里，媒体和舆论对政府及强势利益集团的监督也显得非常重要。中国现在很多群体性事件就是最先通过媒体特别是网络披露或报道出来的，也是在舆论的压力下才得到妥善处理。但比起民众的需求来，当前舆论的监督力量还比较薄弱，应该放开政府对媒体和舆论的过度管制。

最后，加强司法的独立性。司法是社会正义的最后庇护所，它保障民众不受政府权力以及其他利益集团的侵害，而且司法是以个案处理的方式来解决权力与民众之间的纠纷，一般不会酿成某个群体与政府之间的政治性对抗。因此，当公民的上述各种形式的权利主张失败时，可寻求司法途径解决。当然，这就要求司法必须形成某种程度的独立，因为只有司法相对独立，司法的正义性才能得到保障。

第三辑　政府的品质

人们往往将国家与政府混同，其实，政府不等同于国家，尽管现实中国家的权力由政府来行使。因此，如果说，国家是“大公无私”的话，那么，政府则有自己的“私利”，因为组成政府的人是有私利的。这就告诉我们，必须限制政府的权力，对政府出台的每项政策和措施，都不惮以最坏的恶意去揣测。只有这样，政府才能真正成为人民的“公仆”，而非人民的“主子”。

中共不应有自己的利益

中共中央党校党建教研部主任王长江教授2010年在中央党校举办的《学习时报》上发表了题为《党有自身利益是一种客观存在》的文章，因话题的敏感、王本人的身份及《学习时报》在中国党报中的特殊性，引起了外界极大的争议和猜测。

迄今为止，对中共是否应该有自己的利益，公开的讨论很少。这大概有两方面的因素，一是这一话题具有一定程度的敏感度，学者们不愿谈；二是觉得这是个伪问题，不好谈。因此，王以中共党建研究权威专家的身份公开谈论这一问题，并且主张党有自身利益，打破了对这一话题的禁忌，引发人们去思考和争论，这是一个好的现象。

在目前不多的对这一问题的讨论中，有两种相反的观点，一是如王所言，党有自身利益，二是认为党除了人民的利益外，自身没有特殊利益。后一种因为中共长期的意识形态宣传，而被民众作为一种理所当然的常识而接受，这也是王提出党有自身利益后，引起争议和猜测的根本原因。

党应不应该有自身利益，似乎是一个伪问题。因为抽象地说，任何一个政党作为政治集团，都有自身的政党利益。另外，从现实来看，中共作为一个执政党，也存在自身利益，正如王所言，回避这一点是在采取虚无主义态度。但如果仅从王的论证来看，他的结论很难让人心服。王的主要论据有两条：一是党没有自身利益的说法，在公众感受上难以得到认可；二是从革命领袖的论述看，他们从来没有说过党没有自身利益。应该说，这两条作为论据的力量相当牵强，所以王若要人们信服党有自身利益，就必须重新进行强有力的论证。

我的看法与王相反。可以对党有没有自身利益的命题进行理论探讨，但考虑到中国当下的现实，中共不宜主张党有自身的利益，更不能把这种主张变成事实。

的确，客观而言，党存在自身利益。但这并不表明这种利益就是合理合法的。可以举个简单的例子，卖淫和吸毒在很多国家都客观存在，但为什么这些国家都要大力打击呢？

一般来说，利益有正当利益与非正当利益之分。且不讲中共的许多党员和党组织打着党的旗号谋取一己之私这种情况相当普遍，就算是谋取党的正当利益，也不能鼓吹。对此，可以从两方面来看。

中国人写文章喜欢从老祖宗那儿找根据。共产党的“老祖宗”当然是马恩了。既然王讲，革命领袖从来没说过党没有自身利益，那么也可作相反的理解，他们也从来没说过党有自身利益。事实上，从马恩的著作中确实找不到党有自身利益的相关表述。如果说他们太遥远了，从邓、江、胡三代领导核心的论述来看，也没有。邓说的是中共不能把人民群众当作自己的工具，而是要自觉地认定自己是人民群众完成特定历史任务的一种工具。

再从中共的党章和党的历代文件以及宣传来看，也找不出党有自身利益的论述，有的只是中共的立党之本是全心全意为人民服务，执政为民是党一以贯之的根本宗旨，除了提高和满足人民的最高福祉愿望之外，党本身没有任何可追求的利益这样的表述。如果党有自身利益，那显然违背了中共的宗旨，这是其不合法之处。

不合理在于，假如党有自身利益，那如何防止党员追求自己的利益（事实上是特殊利益）？总不能一边承认党员有自己的利益，一边又不允许他追求自己的利益，这在逻辑上说不过去。因而，王所讲的承认党有利益，不等于承认党要维护自己的特殊利益，不过是自欺欺人。除此外，它还存在一个难题，即如何来界定党的自身利益。有人（也包括王在内）说，党的利益就是永续执政，这当然算党的正当利益，政党存在的理由或者目的，就是为了执政，不为执政，还要政党干什么？但这种大而化之的说法，也等于没说。另一方面，如果过分强调永续执政是党的利益，那么，是不是为了保持执政地位，党就可以使用任何不人道的手段？所以，假如不能严格界定党的利益的话，那么，像前段时期出现的所谓“为党说话还是为老百姓说话”就根本没有错误。这势必会使得很多党员干部心安理得地假公济私，贪污腐化，追求自己的私利。党还怎么管党？公众又如何认可一个“为党的利益说话的”政党？而在我看来，党的自身利益注定是界定不清的。最后的结果，必然使中共在民众中丧失合法性。

合法性问题是中共当前面临的首要问题。我所指的合法不是合党的自身之法，而是得不到大多数民众的认同。改革以来，支撑中共合法性的，一是30年的经济高增长及其给民众带来的物质条件的改善（尽管改善的条件有限）；二是社会生活的自由度的相对扩大；三就是中共的“全心全意为人民服务”的宗旨，以人民的利益为自己的利益。虽然在这一点上现实和宣传是脱节的，但这个“名”必须保住，这是中共取得人民认同从而也是保持其合法性的根基。有了这个“名”，即使“实”不相符也可说只是暂时的缺陷，通过努力会得到改正和提高，何况，现实中确有一部分民众相信中共尤其是中央是真心地为民服务的，但如果去掉这个“名”，情形就大不一样，等于中共公然抛弃了和人民的契约，人民也就可以不承认它了。

事实上，即使在西方的那些竞选国家，现在也没有哪个党敢公开宣称自己只代表某个阶级和集团的利益——尽管它实际上可能只代表该阶级和群体的利益——而尽可能把自己打扮成全民利益的代表，以容易为多数民众认同的“民族利益”、“国家利益”、“公共利益”作为自己的旗帜，刻意把自己塑造成一个“人民的党”，寻求一种跨阶级的广泛的社会支持。这方面的一个例子是英国前首相布莱尔提出的“第三条道路”。所以，假如中共采取王的主张，宣称有自己的利益的话，那么，不是“将大大增强”而是将大大削弱中共执政的合法性基础。

当然，主张党没有自身利益并不是要否定党员的个人利益，但这种利益只能是和其他非党员一样作为社会群体中的一员通过社会来取得。至于现实中的领导干部的特殊待遇，可以把它们理解为作为社会管理者的一种职务待遇，而不是他们身为党员的特殊利益（如果他们没有超出履职要求的话）。

总之，不管从哪个角度而言，中共都不应、不能公开宣扬和主张党有自身利益，并更要采取措施限制一些领导干部借口党的利益而谋取自身的特殊利益。

政府就该天生被怀疑

新华社下属的一家报纸做了一组有关社会信任的报道，网络关注度颇高。该报道用了近几年发生的大量事例，包括2010年的钱云会案，直指怀疑和警惕已经成为中国人的生活方式。那么，中国社会的不信任到了什么程度呢？用该报道中的一句话说，就是"假的我们不信，真的我们也不信"。

社会信任是一个社会维持正常运转的最基本的前提条件，普遍的信任不复存在，后果的确非常可怕。因此，我们需要关注信任问题，不让信任像癌变一样到处扩散。但由此是否就可得出结论，所有的不信任都不好？不是的。在我看来，对政府的怀疑和不信任就是好的，应该成为我们的生活和生存方式。

道理很简单，因为现实中的政府一般都处于强势，而政府又是由一个个具体的人所组成的。既然是人，官员也就具有人的优点和弱点，其道德不会比普通人高尚，因而，在巨大的权力诱惑面前，难保他们不会利用行使公权力的机会，以权谋私，出台损害社会公益的政策和措施，尤其当这种权力缺乏有效监督时，更是如此。退一步说，即使政府的施政动机出于善的考虑，由于人的理性的局限性，也难保结果对行政相对人不会造成不应有的损害。现实中很多政府行为都是打着"公共利益"的旗号，或以国家的名义实施，致使民众难以拒绝，最后都出了问题。

手头正好有这样一起事例。2010年1月，媒体大量报道了河南省林州市大面积停暖之事，林州市政府的回应是，停暖是为了完成节能减排的目标。节能减排，多么正当的理由！此前，一些城市也是打着这个旗号而停电的。然而，新近的调查让人大跌眼镜，林州市停止集中供暖不是因为什么节能减排，而是为了套取国家2300万元的"上大压小"补贴款。如果没有因舆论对林州市节能减排说法的怀疑进而调查，怎么会挖出真实的原因？这也就告诉我们，民众就应该天生怀疑政府，在政府任何一个举措出台时，不惮以最大的"恶意"揣测政府的行为，怀疑其动机，竭力找出它的害处来。

民众之所以要这么做，是因为政府存在政治学所说的“必要之恶”，也即政府天生带有权力之“恶”，对此，经济人假设已作了很好的说明。正因如此，需要设计一套制度和体制，对它加以限制，使之不超出一定的范围。只有这样，才能迫使政府随时处于民众的监督下，最大限度地减少政府打民众“坏”主意的机会，从而去施良政，达善治。

在这方面，美国人给全世界树立了榜样。在西方，美国人恐怕是最不信任政府的，美国政府出台的政策，少有得到民众喝彩的，他们天生用一种怀疑的眼光，审视政府的政策和行为：政策是不是会给“我”带来不利？这种对政府的不信任态度，甚至在西方人看来，也有些过头。但正因如此，美国才发展出西方最成熟的市场经济和自由民主。别看美国政府在世界上横冲直撞，横行霸道，可在美国人眼里，它其实算不上强大，即使这样，美国人还想方设法防止政府的强大。因此，美国的强大，与美国人民不相信政府，对政府满怀戒心有着直接的关系，它是人民的强大，而不是政府的强大。

某种程度上，我们却恰恰相反。我们是在“人性善”的基础上建立政府的，儒家的“人性善”认为统治者具有比普通百姓更高的道德，会从社会的公益来管理社会，治理子民，所谓“爱民如子”，因而在政治架构的设计中，也就缺少实质性的权力制约和制衡，内部无从监督。老百姓也一样，基于“人性善”来看待官员和政府，“父母官”和“清官情结”就是最好的说明，从而，也不可能从外部发展出一套监督体系来监督政府，有的只是对官员和政府的道德要求。传统政治的这个特点被延续下来，体现在如今的政府体制和运作中。

问题是，这套东西即使在儒家文化占主导的古代，也未能真正实行，充斥政府的真实运作规则，是法家的严刑峻法。如今又处于“三千年未有之变局”的大转折大变化时期，尽管执政党在加强执政能力建设，颁布了很多法律和制度强化对官员和政府施政行为的约束与监督，但民众对政府及其官员尤其是基层政府及其官员的不信任有增无减。有关调查显示，中央政府的公信力最高，省级次之，地级再次，县级最差。越到基层，政府的话越不被相信，越被觉得是在编造。某个事件发生后，不仅对当地公检法机关是否能把问题查清楚，民众表示怀疑，不相信官方的结论，而且，越是被官方或专家澄清或证实的事件，越会遭遇网民的质疑。钱云会案就是一例，那些被普遍誉为有公信力的专家或维权人士，其独立调查出来的结论也受到很多网民的怀疑。

严重的还在于，不仅民不信官，而且官也不信民，官是贪官，民是“刁民”，在很多基层官员看来，民众好像都不怀好意，都巴不得政府出丑，官员被抓起来。这种心理无疑会影响到政府的行为和政策取向，从而造成民众更加痛恨官员和政府。可以说，此种官民之间的互相欺骗，互不信任，彼此猜忌，致使社会的裂痕越拉越大，最后的结果，就是官民之间的对立和对抗。

这种趋势现在很明显，之所以如此，根源在于市场经济的实行改变了政府治理的社会基础，而社会转型的复杂性和转变速度也超出了国家系统的能力范围，但政府的体制、权力运作机制以及管治手段实质上还处在传统阶段，从而造成管治真空和管治困难，表现在滥用权力、效率低下、代价沉重，以及缺少科学、民主的现代管理方法等方面。尤其是基层政府，直接与老百姓打交道，其一言一行都被百姓看在眼里，记在心上，如果政府像一种“不可抗的超自然力”，想做什么就做什么，要怎么做就怎么做，既无须向百姓解说，也不用征求他们的同意或意见，而百姓除了被动接受，别无选择，那么，政府纵然是出于好心办好事，也难以得到他们的理解与认同。

所以，要避免类似钱云会案的事件再次出现，改善政府公共治理，重建官民互信，须在以下几个方面着力：一是政府应当在行政决策和执行过程中增强公开性与透明度；二是政府和民众在公共事件的讨论和行动中要有意识地遵循公共理性；三是在全社会范围内，培养对话精神，形成良好的官民沟通机制；四是培育和建立一支独立的第三方仲裁力量。

总之，先要把政府看成一个“坏蛋”，处处用怀疑的眼光去挑剔政府，政府才不敢懈怠，才能够在管治中努力改善自身的行为，以良好的政绩让百姓来信任自己，从而最终成为一个“好蛋”。以此建立起来的官民关系，才是一种良性的互动关系。而当前的关键，是要政府逐渐适应百姓的这种怀疑和挑剔。

从善如流是政府的基本品质

最近，媒体和卫生部的专家给公众摆出了一个“乌龙”，让那些备受社会歧视的乙肝病毒携带者及他们的家属空欢喜了一场。事情的起因是中国疾控中心病毒性肝炎室主任崔富强向外界透露，卫生部拟出台政策，在常规体检表中取消乙肝“两对半”检测。此消息当即引来了众多评论和关注，但就在民众为此叫好之际，卫生部冷不丁泼了一盆凉水，表示这只是专家观点，并不代表官方意见。

这个传闻引来民间和官方两种不同的反应，在近年的类似事件中几乎是一个固定的模式。孤立来看卫生部新闻发言人的回应，应该没错，卫生部不能把一项没有调整的政策说成准备调整，否则就给公众一种误导，但问题也在这儿，为什么对一个公众普遍反对——民众对传闻的叫好再一次从反面向政府清晰地表达了他们的立场——专家也认为不妥的公共政策，卫生部迟迟不改正呢?

就部分民众而言，对乙肝病毒携带者存有误解乃至歧视可能源于他们对这种病毒知识的不了解而产生的心理恐惧，他们反对取消乙肝检测情有可原，对此需要加强宣传和教育；但是，作为一个主管医疗卫生的政府部门，很清楚在日常生活接触中乙肝病毒并不会带来传染，还维持一个可能客观上会损害乙肝患者和乙肝病毒携带者利益的规定，就让人有些匪夷所思。

因为，尽管卫生部作出常规体检中查乙肝项目这样一项规定，其决策初衷是为了将乙肝病毒对社会的危害减少到最低限度，但由于上面所说的在日常生活接触中它并不会带来传染，因而，该项规定实际起到的效果很有限，反而给民众尤其是政策相关人——乙肝患者和乙肝病毒携带者及他们的家属——带来了精神和物质的双重损害。首先，为了这个无关紧要的体检项目，人们在入学、入托、就业、健康证申领等环节上长年累月付出的费用，是一个巨大的数字，这无疑增加了民众的负担。其次，虽然国家规定在入学、就业等方面不得歧视乙肝患者和乙肝病毒携带者，但在现实中，出于某种原因或利益，一些用人单位总会拒绝乙肝患者和乙肝病毒携带者，而卫生部门的这个规定恰恰为他们提供了最方便的途径——有了这一纸规定，就能很方便地知道谁是乙肝患者和病毒携带者，从而导致一些乙肝患者和乙肝病毒携带者因此失去了上学和就业的权利，而为了不给自己的入学和就业带来麻烦，他们中的许多人又不得不走后门找关系，在精神受辱外又致使物质受损。

这就给我们提出了一个问题，即政府如何来对待一些副作用非常明显的决策？如何来回应民众对此类决策的意见？尽管对政府来说，决策需要平衡各方不同的利益，而且，政府也是由人组成的，他们不是圣贤，由于知识、经验、信息等各方面的限制，决策出现偏差很正常。但是，当一项决策会对利益相关人带来明显副作用却又不会增进多少社会的整体利益时，我们作出决策就应该非常慎重。

政府作出任何一项决策或政策，都会涉及到许多人的利益，所以，政策的出发点应该是尽可能减少对相关利益群体的损害，这是政策推行下去的基础。当然，在过去的政府本位时代，人民被政府所代表，政府的利益也就是人民的利益，因此，政策的制定往往是政府说了算，不管民众喜欢不喜欢，推出去就是，实在不行，收回来再改。现在，虽然政府一厢情愿地来替人民做主的现象少了许多，但由于利益和惯性使然，能否尊重民意，以及在多大程度上尊重民意，还主要取决于决策者的“政治觉悟”，现实中很多出台的决策和政策，依然是民意不足，民众的基本利益没有得到政府足够的尊重。

从政府行政角度看，政策的制定和实施过程是一种具有反馈性的行为。不论是在政府决策、执行还是在监督过程中，都必须时刻注意政府行为的民意基础。如果在决策过程中没有预见到可能出现的社会反弹情绪，或者在执行过程中没有充分地体察行政行为相对人的感受，在监督过程中没有借助新闻媒体广泛听取社会各界的意见，那么很难保证政策不会出问题。这就要求决策者，应该跟踪调查政策实施后的社会效果，随时调整。假如一项公共政策在实施后出现明显缺陷，民众要求取消，政府就理应顺应这种民意，而不能为了政府的面子或少数人的利益一味坚持一种错误的做法。

对一个以人民利益为重的政府来说，倾听群众的呼吁，从善如流，是其基本的品质。如果说，卫生部以前因某种原因还未来得及考虑调整或取消常规体检中的乙肝检测项目这一做法，那么，在民众再次就此表达了立场，专家也建议取消后，我期望卫生部能够从善如流，及时废除这个有损乙肝患者和乙肝病毒携带者基本人权的规定。

不能以追求GDP的方式去追求幸福指数

近年来，“幸福”在一些地方渐成主政者关注的要点，乃至2010年的地方“两会”，“幸福”成为一个热词，据悉有23个地方在“十二五”规划中提出了“幸福指数”。自然，它也就不可避免地在全国“两会”上反映出来，受到了一些代表委员的热议。

部分地方“GDP减速，幸福提速”，幸福指数不仅成为施政目标，甚至成为考核指标，首先应该肯定这是个好事，它说明地方主政者正在或者已经走出GDP崇拜的误区。

一个社会发展得好不好，固然应该看经济发展得快不快，但更应该看发展的成果能否为公众所分享，能否很好地满足公众的生存需求，能否为公众的自由发展提供广阔的空间，以及各项政策能否真正做到以人为本等。以此标准看，以往将GDP作为衡量社会进步发展的核心指标的做法，显然是不充分的。现在用反映民众主观生活质量的幸福指数，来弥补GDP指标的不足，这是政府在评价方式上的一种进步，从而对中央所要求的转变发展方式，改善民生会起到一种好的助推作用。

不过，在这一过程中，我也要指出，不能像过去追求GDP一样追求幸福指数，把它变成另一种形式的GDP崇拜——“幸福崇拜”。一些人可能会对我的提醒不以为然，认为现在还没有普遍把幸福指数作为一种考核指标，甚至这一概念都还没有被全社会接受，这么说是不是有些过早？但我想，鉴于GDP的教训，早提醒总比出现问题后再来改正要好，何况，从媒体的宣传以及一些地方搞的幸福指数排名来看，许多人包括地方主政者在内，普遍存在着对幸福指数的误解。

幸福是一种主观的心理体验，尽管它有客观的物质条件为基础，但主要是对一种事实状态的价值判断。这就使得人们对幸福的理解出现歧义和多样化，而作为一种衡量幸福感受具体程度的主观指标数值，幸福指数必然会受到长期的和短期的、宏观的和微观的、主体自身的和外部环境的等多方面因素的影响。这是幸福指数作为衡量指标与GDP作为衡量指标的不同之处，后者内容相对恒定。可以说，这一特点决定了它主要是用于对特定社会的进步发展以及良性运行状况进行衡量与评价，并不适于对不同地区经济社会发展程度的排序和比较。

换言之，当我们用幸福指数来衡量人们从政府那儿获得的幸福程度时，它主要是用来对政府不同时期的施政措施进行诊断，侧重考察政府自身所采取的各项政策和措施是否真正体现“以人为本”的执政理念，政策选择和社会运行是否存在问题，以帮助政府能够及时针对老百姓不满意的具体问题进行改进。因此，我们就不能像关注GDP那样片面地要求地方政府每年为幸福指数制定几个百分点的增速，给各地的幸福指数排名次。这样做，是在迫使它扮演难以担当的政治角色。

事实上，GDP政绩的要害不在于GDP——尽管GDP作为衡量指标本身有很多缺陷——而在于主政者把GDP当成了统领经济和社会发展的“指挥棒”，成为决定官员升迁乃至政治生命的最重要因素。这就告诉我们，假如一些指标在经济和社会管理中造成较大的负面影响，需要认真反思的首先应该是片面理解或不恰当地使用这些指标的人，而不是指标本身。所以，不论幸福指数多么科学、多么有新意，若使用不当，甚至过分地附加一些政治因素，同样将难以走出“数字出官，官出数字”的怪圈。

幸福指数不能作为考核官员政绩的指标来使用，至少不能作为核心指标，原因还在于，它会使政府不堪重负，从而为政府膨胀其职能，回归到过去无所不包的大政府状态提供了最好的借口。要不断满足和维持民众升高的幸福感，政府就必须集中足够的资源和财力，由政府来分配，这样，一方面，会增加纳税人的负担，重税几乎必然；另一方面，也需要扩充政府的职能和权力，因为只有如此，政府才能垄断各种社会资源。这样一来，易引起腐败不说，还会侵蚀和缩小社会的自由。如果出现此种大政府状况，不但与我们的改革方向背道而驰，也势必使“幸福指数”最终陷入尴尬。所以，当我们把幸福指数作为各级政府的施政导向和社会政策调整的重要依据时，不宜过分夸大其功能，更不能用幸福指数取代GDP，两者不是非此即彼的对立关系。我们这样一个发展中国家，还需要大力发展经济，没有财富的积累和民众可支配收入的提高为基础，也就谈不上民众的幸福感。应在这一前提下，围绕保障和改善民生来谋划发展，做好攸关民众“幸福”的事情。

加快推进收入分配改革需要政治决断

有些事情可以慢慢来，有些事情则等不得。收入分配改革就属于等不得的事情之列。说它等不得，是因为一方面这并不是一个新问题，解决它的条件已经在逐步成熟；另一方面现实又非常窘迫，官方已正式承认中国的基尼系数高达0.47，远高于大多数发达国家与发展中国家的水平，社会到了不解决就会引发危机的程度。所谓的蚁族、蜗居就是这种社会情绪的表征。

客观地说，高层对收入分配的改革不能说不重视，最近几年，每年的国家经济体制改革任务中，收入分配调整都是内容之一，但最后都不了了之，成为纸面上的游戏。2010年“两会”期间，国家发改委透露正在起草收入分配改革方案，可是大半年快过去了，还没见这个方案的影子，倒是早些时候，有专家放出风声，方案2010年出台不了。为什么收入分配改革久拖不决？不是因为社会缺乏共识，也不是缺乏解决的基本条件。看看2010年1—4月，全国共完成税收收入26282亿元，比2009年同期增长33.2%，增收6545亿元，远高于同期GDP的增速，更高于居民的收入增长水平，第一季度城镇居民人均可支配收入5308元，同比只增长9.8%。这些年，国家财力每年都以20%以上的水平高速增长，按照前四月的财政收入增速，全年国家财政收入有可能超过8万亿元。再加上国家和各级政府掌握的其他资源，收入分配改革的一个重要条件——国家雄厚之财力应该已具备。

我认为，收入分配改革缓慢的根源，在于缺乏推动力。尽管因收入分配和保险福利问题引发的劳动纠纷乃至群体性极端事件日益增多，这为倒逼收入分配改革形成了一股社会压力，但社会压力转化为改革的具体行动，必须要有人去推动。现在正是缺乏这种推动的力量。普罗大众作为利益的关联一方，虽有心却无力去推动，因为他们参与决策的机会和途径有限；政府官员虽然感受到了来自民众的压力，但由于他们也属于收入分配的既得利益者，除非外界的压力足够大，否则他们没有动力真正去推动改革，他们只是做做表面文章；至于各种垄断力量，压根就不想改革，他们一直想保持目前的这种分配格局，因为只有在这种格局中，他们才能利用垄断地位，获取最大利益。而更让人感到沉重的是，垄断力量和作为收入分配改革的具体操盘手的政府官员之间，又有着深厚的利益输送关系，当改革触动到垄断力量的痛处时，前者往往以国家利益的名义对官员施压，在这顶“大帽子”前，官员们不得不退缩，于是收入分配改革就胎死腹中。

从中国的收入分配结构来看，它存在这样几个特点：一是行业和阶层之间——主要是垄断行业与竞争性行业之间，以及公务员阶层与劳动者阶层之间——存在巨大的收入差距。垄断行业不用说，这些年的各种调查表明，公务员收入的增速最快。二是职工、企业和国家之间，存在着收入分配的不平衡，也即在国民收入的初次分配中，劳动所得占比过低，而企业特别是政府占了国民收入的大部分。三是在国民宏观税负水平增加的同时，政府公共服务支出在政府总支出中占比却偏低。一些学者计算，中国宏观税负水平近年来达到了35%左右，远高于世界多数国家，但在财富源源不断流进国库的同时，政府在教育、医疗、社保等各种公共服务支出总量上虽然有所增长，但占比并未有所提高或提高不快，原因就在于，增加的财政收入用于政府自身消费，近年来政府行政支出已经占到整个国民收入的20%多，如果把行政经费削减几个百分点，就是几千亿元的规模，将它们用于改善民生，能够使多少贫困家庭脱贫？

可见，当改革要触动的利益太强大，或者改革的操作者自身深陷利益的漩涡中，改革要推动起来是何其难也。但是，收入分配改革又不是一般的改革，它直接涉及到亿万民众的切身利益。民众可以忍受一时的贫穷，但当他们长期无法通过收入分配改革来分享经济高速增长的果实时，必然会失望透顶。这不仅会制约中国消费需求的增长，使长期追求的经济发展方式的转变无法实现，从而长久地将中国锁定在国际产业分工体系的低端水平，永远做发达国家的“加工基地”；更在于它会丧失一种合法性，当广大民众无法从体制和制度内改变自身贫困处境时，就会寻求以一种非制度的方式，取得本属于自己的那份收益。这就是目前群体性事件多发的根源。

所以，必须从政治的高度来看待收入分配改革。当具体执行者因利益的羁绊而不愿或无力去推动该改革时，高层决策者必须明白问题的严重性，拿出政治决断，只有如此，才能打破目前徘徊不前的收入分配改革局面。

管治危机与公共治理

2008年是改革开放30周年。改革解放了生产力，造就了中国的大发展和大繁荣。但改革也使社会积累了相当多的矛盾和问题，有些矛盾和问题还以比较激烈的方式表现出来。比如近年来逐渐增多的群体性事件。据2005年发布的《社会蓝皮书》统计，从1993年到2003年间，我国群体性事件数量由约1万起增加到约6万起，参与人数也由约73万人增加到约307万人。《瞭望》周刊也曾引述官方统计说，2006年中国爆发的群体性事件超过9万起，“并一直保持上升势头”。这种现象在2008年也不例外。除了雪灾、地震等由自然引起的灾难以及各种矿难外，影响比较大的有在贵州的瓮安、云南的孟连、甘肃的武都等地发生的群体性事件，此外，像蔓延多个城市的出租车罢运以及引起恶劣国际影响的三鹿奶粉事件，都显示着中国社会正处于一种暗潮汹涌的不稳定状态。

各种群体性事件和公共突发危机的发生，尽管原因是多方面的，但无不指向国家在管理社会秩序的有效性上存在问题。正如一些研究社会管治问题的学者所指出的，经济改革特别是市场经济的实行改变了政府治理的社会基础，而社会转型的复杂性和转变速度也超出了国家系统的能力范围，并由此造成管治真空和管治困境，主要表现在三个方面：一是滥用权力；二是政府效率低下，管理代价沉重；三是缺少科学、民主的现代管理方法。

我们可用上述所举的几起事件来简单考察一下。在贵州瓮安、云南孟连、甘肃武都三起群体性事件中，虽然背后都有土地方面的原因，但干群关系的恶化显然是矛盾的一个催化剂。正如贵州省委书记石宗源在事后所总结的，当地侵犯民众利益的事情屡有发生，而在处置这些矛盾纠纷和群体事件的过程中，一些官员作风粗暴、工作方法简单，甚至随意动用警力。

政府的管治能力一般由预警机制、处置技术和问责制度三方面组成，但相当多的基层政府在这三个方面的应对能力都严重不足。以预警机制为例，它最重要的意义是建立社情民意的迅速反应机制，好让决策者真实快捷地获取信息，及时正确地作出决策。但基层政府及其官员，为了自身的政治利益，想尽一切办法不让上级政府特别是中央知道下面的真实情况。这几起群体性事件都存在这方面的问题。另外，中国收集和反映民意的机构恐怕也为世界之最，但由于它们没有压力，不去积极主动地解决问题，也就不能起到疏散民怨、化解民气的“防火墙”作用。

三鹿奶粉事件和重庆出租车罢运事件则与政府的不当监管以及缺乏行业利益组织代表有关。三鹿事件的发生在于政府职能机构的迟钝、拖沓和麻木，特别是政府实行的“免检产品”制度导致此前建立起来的一系列对食品卫生的预警机制都不起作用。一般而言，“免检产品”制度建立的前提是全社会要有一个好的信用环境和行业的自律以及不受管制的新闻报道。但这三方面我们都还很欠缺。没有这些前提条件，“免检产品”制度就很容易沦为企业向职能部门输送利益的一个渠道，使监管者与监管对象结为一个利益共同体。

重庆出租车罢运事件中的不当监管主要表现为政府的过度管制。在一个准入门槛低、适合于个体经营的市场里实行特许经营制度，只会制造供给短缺，从而为形成垄断资金创造条件。全国各地的出租车司机的“份子钱”为什么那么高，根源就在于政府的出租车经营牌照被少数公司垄断了，而这些公司或多或少又与管理部门有关。除此外，在重庆出租车罢运事件中，出租车司机缺乏行业组织也是个问题。出租车司机没有自己独立的组织，现有的工会又不能有效地为他们维权，在有政府背景的公司面前，尽管他们人数众多，但只是原子式个人，力量非常有限，所以，他们要想解决问题，只能采取罢运等比较激烈的方式，以期引起全社会的关注。

对于中国政府面临的管治危机，高层其实是很清楚的。十七届中央政治局2006年举行第一次集体学习时，胡锦涛总书记就鲜明提出要防范“管治危机”，并要求从中央到地方的各级官员，要增强科学执政、民主执政、依法执政的自觉性，“努力实现好、维护好、发展好最广大人民的根本利益”。

现在来看，要克服政府管治危机，须从目前的威权治理转向公共治理。作为凌驾于社会之上的最具权威的公共机构，政府代表的是公平和正义。政府的公共政策、制度安排以及管理方式是否得当，会直接影响到一个国家一定时期人与自然、人与社会的和谐。公共治理也是全球化时代政府治理方式的发展方向。今天的中国，之所以出现管治困境乃至危机，并非由于政府没有提供公共服务和公共治理的经济能力，而在于缺乏合理的制度安排。

因此，首先要转变行政方式，建立公共服务型政府。我国原有的政府管理模式基本上是以政府为本位，很多制度安排和行为方式都是以方便政府管理的原则设计出来的。而在一个成熟的市场经济体制下，政府的角色应该是一个为市场、社会发展提供规则和维护秩序的服务者。随着改革的深入和社会的发展，我们必须重新思考政府的角色定位，由“管理行政”向“服务行政”过渡。特别是在这一过程中，要减少政府对经济和社会事务的管制程度。

其次，要建设一个透明的公共财政。公共服务型政府的建立乃至公共治理和民主政治的建设是需要公共财政来保证的。中国现行财政体制和财政政策存在明显的公共财政“缺位”和“错位”问题，即在明显市场失效领域，公共财政没有完全到位，而在非市场失效领域，公共财政却涉入过深。公共支出的范围和深度在很大程度上由政府官员决定，而不是由社会公众采取投票方式来确定。应该明确，财政花的是老百姓的钱，要从制度安排上，采取公正、公开、透明的办法使用资金，加强人大对政府预算的实质性审查，以节约财政资源，取得更好的社会效益。

第三，调整国家与市场、公民社会的关系，使它们形成合作互补关系。提高国家治理能力，不仅要改革政府内部的治理结构，更要积极培育、完善和壮大市场与公民社会，特别是要强调发展各种利益组织，提高它们的自组织能力和自我规范能力，并和政府建立起合作互补的伙伴关系。在一个全能主义的政治体制中，社会一般不允许拥有自己的合法空间，公共权力的触角深入到人们生活的每一角落，即使那些本来应首先具备社会自治组织特征的团体也被体制化和国家化了。改革以后，尽管政府的权力相对过去有所削弱，但还是在社会的公共事务中扮演着最终评判者的角色，而企业、社会和群众，则沦为政府的小伙伴。绝对的权力也意味着绝对的责任。当政府因为各种原因不能很好地调节不同利益群体的矛盾时，这些矛盾反而最终可能演化成当事者和政府的矛盾。而由于有组织的理性在利益的表达上比非组织的理性更有效，积极稳妥地发展各类利益组织，建立起各种民意表达机制，使它们真正成为维护公民权益的组织，形成协商对话制度，远比非理性的个体和群体抗争行为要好得多。当然，这就需要政府将自己的部分权力让渡出来。

第四，构建一个与经济发展水平相适应的，包括社会保险、救济、福利、优抚安置和社会互助的综合保障体系，这对提高政府的管治水平也非常重要。

第五，加强官员的问责制，开放媒体，特别是树立司法的权威。目前在社会管治方面存在的许多问题，都与民众对司法不信任有关，因此，司法应该保持某种程度的独立性。

随着改革的进一步深化，经济的进一步发展，以及公民权益和民主意识的进一步提高，由社会资源分配不公而来的社会矛盾和问题只会有增无减，中国社会的不稳定性可能会进一步加剧，政府的管治也将会遇到强大的挑战。对此，我们必须未雨绸缪，只有建立起一套有效的容纳不同群体参与和表达的政治体制，并最终向政治民主转型，才能从源头上缓和社会矛盾，消解社会不稳定因素。

反思政府主导的经济发展模式

据国家安监局初步统计，在官煤撤股的大限到来后，一共有近500名党政官员和国企负责人主动从煤矿撤资撤股。其中，贵州和山西两省几乎占了一半。这说明，其他省市从官煤撤股的官员和国企领导人很少。对这样一个结局，人们应该不会感到有多少意外。

现在的问题是，既然像“最后通牒”这样的严厉措施都治理不了煤矿中的官商勾结，由此可见官商利益共同体到了何等牢不可破的程度。那么，这个官商共同体是怎么形成的？它何以在某种程度上成为一种普遍的社会现象？利益共同体的背后又是什么？只有搞清楚这些问题，才能切断官员与煤矿的黑色利益血脉。

首先要明白的一点是，官商共同体并非始自改革，而是古已有之。作家韩少功在一篇名为《人情超级大国》的文章中曾指出，从春秋时代的“井田制”伊始及至毛泽东时代的土地改革，中国社会的产权形式都由“公私共权”而一脉相承。在经过了1949年之后一场纯粹、浪漫的产权革命之后，“公私共权”的这种产权形式似乎又一次要在中国社会中卷土重来。

韩所指的“公私共权”，换一个说法也就是官商共同体。只是今日的官商共同体，无论规模、程度及所带来的危害，都是过去远不能比的。我认为，这主要与政府主导的经济发展模式以及转型期未受监督的政府权力有着密切的关系。

所谓政府主导的经济发展模式，实质是政府导向、官商合作。在这种经济发展模式中，政府制订经济计划和产业政策，同时通过政府补贴、政府合同、发放许可证、价格管制等多种方式诱导企业决策符合国家的发展方向，企业也通过政府的决策咨询机构影响着政府的决策。由此，政府和企业之间形成一种非常紧密的关系。这种发展模式既有着官商合作共同促进产业发展的优势，又容易形成政商官相勾结的“金权政治”——企业家为获得政府补贴、政府合同、许可证、特殊管制政策等而用金钱结交政府官员、国会议员，政治家为竞选筹款而贩卖自己的政治影响力，双方互有需求而结成利益共同体。

政府主导的经济发展模式曾是东亚国家普遍实行的发展模式。所以在东亚一些国家，官商勾结也很普遍。中国虽然没有竞选政治，但政府对经济的干预程度更严重。地方政府利用官方地位和对资源的调配权力，直接将企业纳入行政管理范围，既对企业提供经济依靠的后盾，又施加控制权力。两者结成了具有共同利益的地方法团组织。它的运作类似商业组织，以经济利益最大化为组织目标，组织架构呈现明显的官商结合的特点。

尽管在经济发展过程中政府掌管了资源的配置权，但如果官员的权力能够受到有效制约和监督，地方法团组织是不可能发展成为“官私共有、公私共权”的官商共同体的。后者的出现依赖于一个事实上不受监督和制约的官员权力。正因为不受监督或监督不到位，官员才会利用对资源的控制权最大化谋取私人利益，企业家为了获取在竞争状态下得不到的超额利润，也才会想方设法投靠权力。现在的问题恰恰是，一方面，控制在政府手中的资源在比例上可能远远超过历史上的任何时期；另一方面，与政府官员所拥有的权力相比，中国民间社会对政府官员的监督和约束也似乎处于历史上最为软弱的时期。所以，最契合于目前制度环境的“官私共有”产权形式在中国经济中的泛滥现象也就不足为奇了。

四川省纪委2004年查处的以四川汉源县原县委书记汤福锦、不法商人彭氏兄弟为主体的官商利益集团，就是一个活生生的事例。1998年，汤任汉源县委书记，彭氏兄弟为其“出资”30万元，在他们开办的公司入股，汤每年坐收红利、过节费20万元。为牟取非法利益，彭氏兄弟还通过送干股、分红利等手段拉拢汉源县党政干部，寻求权力庇护，从而得以长期操控县域经济命脉。到案发时，这个利益集团操控的企业注册资本达到2亿多元，占汉源县国有资本法人企业注册资本金的76.92%和私营有限公司注册资本金的64.30%。此外，彭氏兄弟还分别当上了县人大常委会副主任和县乡镇企业局副局长，直接成为官僚队伍中的一员。

可以说，没有比这种近乎掠夺和搜刮的形式更容易积累财富了！在转型期，这种“公私共权”的产权形式也许是最能够让官员和企业家双方都感到满意的一种安排。既然如此，官商双方将必然致力于维持、巩固乃至强化这种制度环境。这就是官商共同体在中国迅速弥漫的秘密所在。

由此可见，在政府职能转变滞后特别是某些关键的制度变革还遥遥无期的情况下，这种“公私共权”的官商共同体有可能成为我们经济生活中的一种产权常态，它由控制着关键资源的行政权力与企业家共同所有。权力在产权中所占的份额以其控制资源的大小而决定。因此，要打破官商共同体的利益结构，一方面须改革政府主导的经济发展模式，但另一方面更要规范政府权力。政府的行政行为对形成一个好或坏的市场经济具有决定性的影响，从这一点来说，它是治理经济秩序的关键。

政府应学会与民间组织“和平共处”

绿色和平组织披露湖北转基因水稻流入市场一事引起了媒体和政府部门的关注。根据绿色和平组织三个月的调查，湖北在去年（2004年）有950—1200吨未批准种植的转基因大米已经流入市场。今年（2005年）的种植面积为1333—1667公顷，可产转基因大米1万—1.25万吨。如果此事属实的话，显然，这是一起非常严重的粮食污染事件。

还未见到涉及此事的有关企业和个人提出有力的证据出来反驳，倒是农业部农业转基因生物安全管理办公室对此有一个声明。声明认为，绿色和平组织委托欧洲基因时代公司对转基因水稻进行的检测，所采对的标准、方法、检测的基因、含量等相关数据及结果未见详细报告，也未提供给我主管部门，对其结果无法认同。在中国境内进行转基因产品的调查和检测，必须遵照中国颁布的相关国家标准或行业标准，并由农业部委托的检测机构进行检测。不过声明表示，将对此事进行调查和处理。

尽管主管部门不认同绿色和平组织和欧洲基因时代公司的调查与检测结果，但从绿色和平组织对金光集团在云南和海南涉嫌毁林事件的调查来看，我个人相信它对此次事件的调查是公正的。这不仅是基于对一个国际上卓有声誉的民间环保组织的公信力的信任，还因为绿色和平组织对农业部的声明表现出了应有的成熟态度——绿色和平组织回应说，它们在进行转基因作物和食品的检测时，都是委托国际上最具权威性的机构，它们也了解中国有自己的检测标准，因此其检测报告只是让农业部作为参考。它们并且呼吁，农业部在完成调查后，应公布调查结果及处理方法，因为公众有权知道真相。

鉴于中国的检测标准与国际同类检测标准不一致，我认为，公开双方的标准及处理方法是非常必要的。因为标准不同，所得出来的结论有时也不一样，甚至大相径庭。在前段时间的“苏丹红事件”中，由于国内的质检机构对食品所含苏丹红的危害程度的认定与发达国家不一样，致使国外认为对健康有害的含量我们却认为是安全的。大米是中国最重要的主粮，在科学界对转基因是否安全还存在广泛分歧的情况下，检测标准的差异关系到13亿人的健康和生态污染问题。

但是，在湖北转基因水稻事件中，我们不能仅仅拘泥于转基因的安全问题，尽管这是一个非常重要的问题。从这一事件的发展及各方关系来看，还有一个问题必须引起我们的重视，那就是，政府部门如何来看待民间组织在中国转型过程中的作用，并根据自己的判断学会与它们“相处”。我认为，就当前而言，某种意义上，这是一个更为重要的问题。因为，这关系到中国社会向现代化转型成功与否。

总的来说，现阶段政府对民间组织还不是很信任，政府不太放心民间组织的活动，特别是对于国际的一些非政府组织在国内的活动，抱有一种本能的警惕。农业部生物安全办公室的声明大体能反映出这一点。

政府的这种心态，某种程度上是可以理解的。在一个全能主义的政治形态下，社会是不允许有自己的合法空间的，公共权力的触角深入到人们生活的每一个角落，即使那些本来应首先具备社会自治组织特征的团体也被体制化和国家化了。而从中国的历史和传统政治文化来看，朝廷（政府）与民间组织的关系也从来是对立的，朝廷对民间实行专制统治，禁止结社，打压民间组织，民间组织则采取秘密结社的方式，反抗朝廷的统治。

改革开放后，虽然政府与民间组织的关系有了很大改进，在政府的默许和社会的推动下，民间组织逐渐发展成为与企业、机关、事业单位一样的重要社会组织，但在一些政府部门和政府官员那里，认为非政府就意味着反政府，警惕和怀疑非政府、非营利组织的意识仍然在一定程度上存在，这突出地体现在对民间组织的“双重管理”体制上，从而或多或少地阻碍着民间组织在我国的健康发展。

要改变政府对民间组织的态度，首先应客观认识民间组织的功能和作用。理论上说，民间组织的主要特殊性在于其非政府性、非营利性。前者使其不能像政府那样通过征税等手段获取资金、财产，以作为自身运作的资金支持，因而有别于政府；后者使其不能通过以营利为目的的经营活动来获取收入，维持自身的存续和发展，因而又有别于企业等市场主体。但恰恰是这个既不同于政府，又不同于市场主体的特殊性，形成了民间组织的本质性标志，即它具有一定的公益性，能对经济和社会发展起着重要的作用。世界银行曾将民间组织的功能归纳为五个方面：（1）代表与反映民众的要求；（2）提出建议并影响政策的制定；（3）支持其他民间组织的能力建设；（4）具体执行项目或提供服务；（5）培育社会娱乐活动。正因为如此，大多数国家对民间组织的发展一般都采取鼓励政策，并在相关的立法上加以体现。

中国正处于社会转型进程中，利益主体的多元化和利益关系的复杂性，更加需要民间组织发挥作用，以帮助政府建立起民主的管理机制。转型期要积极稳妥地推进社会体制改革，就必须建立一个利益均衡机制，通过利益的表达和博弈来消除社会矛盾。由于有组织的理性在利益的表达上比非组织的理性更有效，在社会矛盾和社会危机因素不断加大的情况下，积极稳妥地发展各类社会民间组织，形成协商对话制度，远比非理性的个体抗争行为要好得多，不仅有利于协调具体利益关系，而且还有利于化解社会危机和保持社会稳定，更好地建设和谐社会。

与此同时，民间组织由于代表着不同社会群体的利益，他们在日常工作中，能够深入基层，了解社会各阶层的不同需求，还能动用组织的力量，组织不同的专家和专业人员，针对如何满足需求，寻求解决方案。因此，民间组织可以从社会的不同角度向各级政府提供咨询、建议和信息，甚至直接替代政府提供这些服务。客观上讲，这些工作对政府的决策、管理和实施起到了一种民主监督的作用，有利于政府建立民主监督机制。

以现阶段力量发挥最为突出的环保组织为例，由于中国公众个体的参与受到信息和知识条件等诸多方面的限制，民间环保组织和社会团体的环境参与就显得尤为重要：政府和工业部门必须反映公众在环境方面的愿望和要求；工业部门必须遵守政府制定的反映公众意见的法规，必须更多更直接地反映企业内部职工、企业所在地居民以及顾客（消费者）所强烈坚持的环境观点。这是个体的力量达不到的。可以说，民间环保组织既是政府的依靠，又对政府进行监督；既是政府组织的补充，又在某些方面起着政府性环境组织所不能起的特殊作用。因此，作为环境与发展领域的一支独立力量，民间环保组织与各级政府、政府性群众组织一起，共同构成保护环境的完整的组织系统；它们的相互支持、补充、制约和促进，有利于形成对环境的全面保护、提高全社会的整体环境保护效益。这不但有利于政府集中主要力量对付重点环境问题，节省政府的人力、物力和财力，而且形成了保护环境的社会基础和民众力量。

正因为民间环保组织与国家环保部门形成的这种合作关系，国家环保总局局长解振华在谈到这些年来民间环保组织所起的作用时，由衷地感叹，作为环境保护主管部门，环保总局从来没有把他们当作是政府的压力，而是作为一支保护环境的力量进行合作，把他们作为政府和公众社会之间的桥梁，鼓励他们发挥作用；并明确表示，非常支持和欢迎民间组织配合政府、支持政府、监督政府搞好环保工作。

我想，解振华的这番言语值得那些对民间组织采取敌视态度的政府部门和官员好好反思。无论从国内已有的例子还是从国外的经验来看，政府与民间组织在共同治理社会过程中并非是一种互相对立、互相竞争的关系，更不是一种敌对关系，而是一种平等的“合作伙伴”关系。所以，政府要真正让民间组织发挥应有的作用，就必须端正态度与认识，转变民间组织是政府的下属部门或隶属单位等传统观念，把民间组织置于与自己同等地位的组织看待，将培育发展民间组织放到推动社会进步、满足社会需求、监督政府权力、促进经济发展的高度去认识，使民间组织成长为与政府和企业一起共同支撑经济社会生活的第三种力量。

另一方面，民间组织也应认识到，尽管自身的作用日渐重要，但其作用的发挥是有范围的，不能越出自己的知识和服务领域，更不能越俎代庖，代替政府去发挥作用。民间组织特别是像“环保”这样从事社会公益事业的民间组织，由于从社会乃至人类的整体利益出发，没有自己的私利，天然地具有道德上的优势，因此，其在从事某项公益活动时，不能滥用自己的道德优势，否则，不仅会阻碍政府的作用，更有可能招致政府的打击，从而压缩自己的生存空间。从这个意义上说，我对绿色和平组织回应农业部生物安全办公室的声明所体现出来的对中国政府和法律的尊重，以及抱着合作而非对抗的态度表示赞赏，正因为此，它要求农业部应公布调查结果和处理方式的呼吁就显得合情合理。

当然，民间组织还存在一个如何发挥作用的问题。一般来说，组织作用的发挥方式与组织的能力建设是大有关系的，因此，这实际上也是一个提高中国民间组织的能力建设问题。它包括这样几个方面：具有提供高质量的项目能力；明确表达自身使命的能力；具有发展和创新的能力；具有回应紧迫需要和突发事件的能力；具有适应外部环境的能力；具有筹资和制定发展战略的能力；具有组织管理的能力；具有培训人员、履行职责并能够依据专业化标准进行运作的能力。以此来看，中国的民间组织整体能力建设尚处于初级发展水平。这也是当前强政府弱社会的一个原因。

根据民政部民间组织管理局的统计，截至2002年底，全国经民政部门登记的社会团体已达13.3万个，基金会1268个，民办非企业单位11.1万个，涉及教育、卫生、体育、社会福利等多个领域。随着社会经济的发展以及公民权利意识的觉醒和对民主的诉求，民间组织会越来越多。也就是说，不管政府喜不喜欢，政府只能延缓民间组织的发展步伐，而不能从根本上阻断其壮大。所以，从这个角度看，我认为湖北转基因水稻事件在中国民间组织的发展史上，将具有标本的意义。它启示我们：鉴于民间组织在中国社会转型进程中的积极作用以及未来的发展趋势，政府应平静看待民间组织力量的崛起，学会与其“和平共处”；民间组织则应对政府抱着一种合作而非对抗的态度。

部门利益是建立服务型政府的最大障碍

教育乱收费已经不是一个什么新问题了。国家发改委每年到二三月的时候都要照例公布几个乱收费的学校，被曝光的学校照例要喊几句“冤”，舆论则照例要表达几声义愤，然后一切都不了了之，第二年再重复这一过程。就好像一出在舞台上演的戏，什么时候哪个角色上场表达何种动作，观众一目了然。

不过，在2006年，这出戏似乎更“精彩”些，几个被曝光的学校除了喊冤外，有一半对乱收费不认账。有的把责任推给地方政府；有的则称“赞助费是学生自己愿意交的”；有的地方教育局竟然还召开新闻发布会，称国家发改委是“误判”；而南京审计学院干脆表示发改委是“胡扯”，颇有些不把发改委放在眼里的意思。

许多人在问，这些不认账的学校底气何来？其实我觉得这很好理解。如果我们不是站在发改委的立场而是站在学校甚至教育部门的立场，就会发现，这些所谓的乱收费都不应该叫做乱收费，因为它们要么是按照行业心照不宣的潜规则行事，要么就是依据教育主管部门制定的部门规章来收费，总之，都是有法可依，有据可查的。所以，你批评我乱收费，我自然不服。

拿南京审计学院来说，发改委的报告称，学院在2004年至2005年共招收209名专升本学生，每生每年应收4600元，实收8500元。在2004年招生中，以每生3万元至5万元标准直接收取19名学生的赞助款。而后者表示，学校“专转本”收费是按照江苏省教育厅、省物价局和省财政厅三家联合下发的文件进行的，文件允许2002年以后学校招生的“专转本”每生按不超过8500元收费。至于赞助费，国家每年都有1%的机动招生指标，用来照顾方方面面的关系。收赞助费合乎行业的规矩，各高校都这么做。

由此来看，说这些学校乱收费确实有些“冤枉”了他们。收费者和执法者依托的都是各自部门的法规。具体而言，学校收费依托的是教育行政部门的法规，发改委查处乱收费依托的是发改委的法规。所以，从你的法规看，我是乱收费；而从我的法规看，我是合理收费，你的查处则毫无道理。这就是学校在乱收费后还显得“理直气壮”的原因。在这里，部门利益成了学校乱收费的最好借口和最大挡箭牌。

对部门利益，研究公共政策的学者杨鹏先生曾有一个形象的比喻。他说，我们现在的一些地方政府，看起来是一个政府，实际里面是一个一个的“土豆”。每个“土豆”都是一个利益板块，而每个利益板块都跟社会的各种利益交织在一起。杨鹏的“土豆论”换成中央党校研究室副主任周天勇教授的话来说，就是中国几乎没有不收费的部门，据他估算，目前全国各级政府部门每年收费总收入高达8000亿元，其中有统计的预算外收费收入每年达5000亿元，统计外的收费收入最保守估计也有3000亿元。可以讲，这些收费是形成部门利益的重要因素。日前被曝光的湖南桃源县工商局向个体商贩收取保护费以及安徽灵璧交警食物链就是这方面的典型。

要收费就得有法规，设置行政许可，这样才显得“师出有名”。所以，部门利益在很大程度上是通过立法来取得的。每个政府部门在参与立法时都极力争取本部门利益的最大化，并通过“立法”的形式来确定自己收费行为的正当性。比如，为了多给本部门确立一块权力地盘，不少部门争相起草同一或类似内容的法律，从而造成一件事两个法，两个部门分管的法律“打架”现象；也有部门将原来为公益性的行为或服务变为有偿服务的。某省在2005年实施的气象条例就将诸如客运站、宾馆、公交车等在滚动屏中向人们提示天气信息，为出行方便提供公益服务的行为，一律视为违法加以明令禁止。你要发布也行，须向气象部门报批，并花钱购买，否则施以重罚。而本来服务于公共利益的行政审批，也被转化为方便行政管理、增加行政收费的手段。虽然行政许可法颁布实施后，各地和中央部委清理出了一批行政审批事项，但由于这种清理靠的是政府部门的自觉，所以在很多地方和部门便出现避重就轻、避实就虚的现象，保留下来的基本上是有利的、能够收费的项目，无利可图或者收不到多少费的项目才被清理掉。

从财政角度看，部门利益与“超收奖励、罚款分成”的财政体制也有很大关系。中国一直财力有限，所以靠财政拨款的单位一般经费都比较紧张，特别是越到基层，财政越困难。还有一些部门，实际从事的是公共服务，但财政却不拨款，而靠自收自支。无奈之下，国家只好允许他们靠收费来弥补财政不足甚至维持生存，实行“超收奖励、罚款分成”的财政体制。这无疑刺激了政府和行政性授权的各机构和公务员想方设法巧立名目，利用强权大肆敛财。

种种迹象显示，部门利益已经构成了当前部门行政向公共行政转型的最大障碍。我们要打造一个公共服务型政府，前提是破除部门利益。但现在的改革路径依赖的是部门自我改革。不能说这完全没有作用，但由利益所决定，它不可能超脱部门利益、集团利益的狭隘眼界。除非万不得已，历史上有多少部门真拿自己开刀的？所以，政府转型要成功，须有利益相关方（企业、行业协会、消费者）和利益超脱方（专家、社会公众、舆论媒介）的公共参与和评议，部门自我改革只会流于形式，甚至被既得利益集团扭曲。行政审批制度改革即是一例。

城管可不可以取消?

某网站针对城管搞了一个网上调查，结果显示，虽然只有31%的受访者（或其亲友）与城管发生过纠纷，但对城管的印象“坏”或“很坏”的人却占到了89%。另外，也有高达86%的受访者赞同城管这个部门与民众的矛盾上升到了重大社会矛盾的程度。

我想，这个调查向城管部门也向社会发出了相当危险的信号。当一个政府部门的威信破产的时候，或者当一个政府部门以“对立”作为它与民众关系的特征的时候，该部门是否还有必要存在就很值得怀疑了。

事实上，很多人包括城管部门可能并没有去认真地思考过这个问题：人们的生活中为什么需要城管？如果没有城管，天下是不是就一定会大乱？

所谓城管，从其名称来看，是专司城市管理的。但是，让我们目前的城管去担当城市管理的重任，则是不合适、事实上也是力不从心的。因为在我们的制度设计中，城管的目标被设计为维持城市的秩序，但秩序本身却是一个很模糊和抽象而且包含极大价值冲突的概念，维持什么样的秩序，社会并没有一致的共识。对多数城市管理者而言，他们理解的城市秩序就是城市要有美丽的“市容”，看起来光鲜、整洁；而对于那些“贩夫走卒、引车卖浆者之流”来说，城市的秩序首先是让他们能够生存下去。这是两种不同的价值目标，却又要同时纳入到城市管理这一个范畴中，因此必然会出现矛盾。2009年9月广州前城管队长批评经济学家厉以宁的对小贩要宽容的说法是站着说话不腰疼，甚至放言“广州如果不设防，傻瓜都会来”，看似不明智，但站在城管的角度，却也并非毫无道理。

正因为城管是城市政府为方便管理而设立的机构，城管部门也就被赋予了相对集中的行政处罚权，行使着市容、环卫、工商、规划等多项权力职能，据说一些城市的城管职能多达300多项，从而造成在现实中凡是城市其他行政部门管不了，或不愿管的就都给了城管部门，使城管部门成为一个“大杂烩”。这种集中行使权固然避免了多重处罚，但也使得它把矛头更多地对准了自己。

同时，城管要完成这么多职能，就必然要有一支庞大的执法队伍，但在现行政府机构的设置中，它又不属于独立的政府编制，经费来源无法保障，特别是在政府财力有限的情况下，这就必然会使得城管部门和城管执法人员想方设法通过罚款去筹措经费，增加部门和个人收入。从而，暴力执法、强制手段也就借着维持城市秩序的名义大行其道。

不过，客观来说，尽管城管执法人员的素质不高以及执法方式不文明会引发冲突，但不是导致暴力的根本原因。根源在于这一制度所要解决的问题是它本身无法解决的。换言之，由现实利益关系所决定的城管目标的不明晰使城管与被管理者的冲突不可避免。早期这一冲突之所以没有凸显出来，是因为早期的城市化还不显著，外来人口的规模远没有今天这么大。由于某种程度上这种矛盾的不可调和性，现实中暴力执法和暴力抗法的恶性循环，也就一次次在中国的城市里上演。在这种情况下，类似北京被曝出的城管执法的“武林秘籍”就毫不奇怪。

要消除此种恶性循环的上演，我们可以考虑取消目前的城管部门。从“城管”这两个字本身来看，它着重于“管制”与“处罚”，与市场经济对政府的要求背道而驰，市场经济对政府的要求是服务而不是管制，更不是处罚。把“管制”转向“服务”可不可以？理论上当然可以，但目前的城管机构设置和政府财力不可能实行这种转向，而任何对城管制度的修修补补虽可缓和矛盾与冲突，但根源问题并未解决，所以不如索性取消这一部门。

其实，从城管产生的那一天起，城管的存在就一直伴随着合法性的争议。2006年的“崔英杰案”中，法律界就曾对北京市城管局的合法性提出质疑。根据有关法律，省一级政府的厅、局等部门的设立，必须由本级政府报请国务院批准，并报全国人大常委会备案。省以下的部门设置以此类推。但我国几乎所有地方的城管设置根本未经这一程序，遑论有正当的执法权。从法理上看，“职权法定”也要求任何一个行政机关享有的职权必须有明确的法律规定或授权，然而，各地城管部门的权力大多仅来源于所属政府的决定，明显与法治的基本原则相悖。城管的这种先天不足是因为它们只为地方利益服务。

总之，在一个政府部门几乎成为社会“公敌”的情况下，由该部门引发的社会矛盾也就容易迅速转化为政治矛盾，并与其他的社会问题纠缠在一起，放大、扩散此种矛盾，因此，我认为，现在我们的确应该理性反思和评估这一制度是否有继续存在下去的必要了。

建立制度化回应群众诉求的机制

群众路线是我党在革命年代取得胜利的三大法宝之一。尽管在改革开放后，党和政府也很重视群众工作，在某些方面也改善了过去被扭曲的干群关系，但坦率地说，党的群众工作有所削弱，群众路线在一些地方和基层正在被阉割，党和群众的血肉联系正在被淡化，一个鲜明的表现就是，党和政府花了很大成本去维持社会稳定，解决群众的诉求和困难，但换来的却是公信力的不断下降。对党和政府与群众关系发生的这种危险信号，我们必须正视，只有正视而不回避问题，才可能找出解决之办法。

那么，导致党和政府的群众工作面临艰难挑战的原因是什么？我认为，可以从三方面来考察。首先，从思想和认识根源来说，有相当部分党的领导干部和政府官员，对群众路线、群众工作的重要性认识不足，从而在党和政府的工作中放松了这方面的要求。在他们看来，战争年代，党要发动群众，密切与群众的联系，把自己融入群众之中，是为了夺取政权的需要，但如今是和平时期，在党执政的条件下，党的中心任务是搞经济建设，经济工作的相对专业性需要问计的是专家、企业家以及相关的利益群体等，而不是普通群众，何况，经济工作搞上去了，经济增长会带来群众收入的提高和福利的改善，从而自动增强人们对党和政府的认同。

这种认识很片面。固然，战争年代党需要群众的帮助，但在我们党长期执政的环境下，也一刻不能离开群众，需要和群众打成一片。原因很简单，党的执政地位不是与生俱来的，过去群众选择了我们党，并不表明以后乃至永远都会选择我们党，党要赢得群众的支持和拥护，办法只有一个，即如党的宗旨所言，全心全意、自觉地为人民服务。假如以为搞经济建设就可以不要群众，不依靠群众，不再把群众的冷暖挂在心头，不去解决群众急需解决的各种问题，甚至践踏群众的权益，党就会被群众所抛弃，若要群众服从自己的领导，只有用暴力来胁迫，但暴力下的服从，从来都是很脆弱的。

这是从大的历史的宏观视角来看。即便从经济发展的角度而言，也同样需要得到群众的理解和支持。经济工作虽然有其专业性和复杂性，一般民众由于知识所限，可能提不出什么有价值的建议，但并不表明政府在决策和政策制定中，就可以不让民众参与进来，吸取他们的意见。道理很简单，经济工作的最终结果会影响到群众的利益，经济增长的成果并不是平均分配的，虽然从总体看，经济增长会使得全社会受益，但具体到某个人、某个群体，却有可能受损。当多数民众并未在经济增长中受益或受益不大，那么，横向比较，就会产生一种严重的被剥夺感和失落感，这个时候，党和政府如果不去采取措施补救，而任此种收入分化扩大，久之，群众肯定会对党和政府产生离心力。也就是说，经济增长并不会自动带来群众对党和政府的认同。

对于上述道理，很多领导干部和政府官员，或出于私利，或由于认识所限，并不十分清楚，或者不认同。无论哪种情况，现实中都会造成他们对群众的感情疏离，从而不去认真地践行党的群众路线，有意识地做好群众工作。

其次，从利益分化角度来说，群众工作难做，也与转型期社会价值以及利益的多元化所带来的矛盾和挑战有关。中国的改革同时也是社会转型过程。就改革的广度、深度、跨度，以及改革所要达到的目标和采取的手段而言，这30多年改革称得上是中国5000年历史未有之变局。改革前，中国是一个同质性非常高的总体性社会，只有两个阶级一个阶层，改革后，特别是最近十多年，在政策机制和市场机制作用下，中国社会的分化非常严重，不仅社会成员迅速分化成若干阶层，利益群体大量涌现，社会成员之间的关系错综复杂，而且社会的经济成分、组织形式、就业方式和分配方式也发生了较大变化，人们的利益需求和价值取向日趋多样化，思想活动的独立性、选择性、差异性、多变性特征也逐渐显露。这一切，都会深刻影响到群众工作的开展，使群众对党的认同从过去的感情认同，转变为现在的法理认同和利益认同，也就是说，人们更多从合法性角度和利益角度来看待党和政府对社会的治理。另外，社会利益主体的分化也会反馈到党内，使党自身也在社会转型中发生重大变化。比如，民营企业家现在也可入党，成为党的一分子，再者，党的干部队伍经历几次代际更迭，其价值观、生活方式、工作方式也在“与时俱进”，这些变化相互交织，共同形成对党的群众工作的重大挑战。

在上述诸多变化中，需要特别强调的一点是，社会主体及其利益的分化，必然要在党和政府的工作重心及有关政策和决策上反映出来。在一些地方，某个时期，某项政策上，政府的工作可能会更多地反映某个阶层，特别是拥有更多资源和话语权的阶层的利益需求和取向，由此带来利益分配偏差，导致社会矛盾大量出现。只是在改革早期，由于人们的权益意识还不是很高，社会的自由度还不是很大，技术手段还不是很发达，各类矛盾和问题表现得不是很明显，党和政府能够比较稳妥地处理好；但越到后来，随着人们的民主意识、平等意识、竞争意识、权利意识不断增强，政治参与要求也越来越迫切，特别是网络的普及为这种政治参与提供了技术条件，从而使得矛盾和问题能够迅速扩散和放大。近年来，由人民内部矛盾引发的群体性事件呈高发态势，数量不断上升，规模不断扩大，涉及面越来越广，行为方式越来越激烈，组织化程度越来越高，在很多地方已经成为影响社会稳定第一位的问题，根源即在于此。

第三，从权力监督来说，党和政府的权力过大，且未受到有效约束，不依法行政的现象突出，一些领导干部处理问题的方式方法欠妥，特别是迷信暴力，用专政手段来对付群众的诉求，都会激化矛盾，影响干群关系和群众工作。在实际工作中，一些干部由于宗旨观念不牢、认识不清而脱离群众，不愿做群众工作，一些干部由于思想理论水平不高、能力不强而不敢做群众工作，这些都会使群众工作受到影响。但现实中干群关系的紧张、群体事件频发的一个重要诱因，是政府行政的乱作为，领导干部作风粗暴。这在征地拆迁、国企改革、计划生育、城市治理中屡屡表现出来。近年来，虽然我们颁布了很多法律，依法治国、依法行政有所进步，但权大于法的现象并未彻底消失，尤其在基层，这种现象比较严重。基层事务的繁杂，加之在少数群众中，存在“小闹小解决，大闹大解决”的心理，导致部分基层干部迷信权力和暴力，认为在基层工作中不用强力就没法推进，从而伤害群众的利益和感情，留下许多后患，甚至激化矛盾，造成社会不稳。

凡此种种，都会使党的群众路线和群众工作受到极大影响。我们看到，尽管与过去相比，今天党和政府拥有的经济实力和财力大大提高，掌握的各方面资源大大增加，可以运用的科技手段大大丰富，但解决人民内部矛盾和问题的能力却在大大下降，代价越来越高，群众工作也越来越难做。这就要求党和政府的群众工作必须根据形势的发展有所创新。创新不仅体现在做群众工作时的具体方式方法上，更体现在党的群众工作观念、路线、干群关系乃至党和政府的权力运行本身。但不论怎么创新，关键一条是必须正视群众的利益诉求，并从制度上切实保障群众的民主权利。为什么要强调这一点？工作方法和态度当然很重要，但如果群众的合理诉求因为制度和渠道因素得不到解决，群众终归会失望。所以，一定要建立回应群众诉求的制度化机制，有渠道让群众说话和反映问题，政府的决策和行为要尽量做到公开和透明，不断扩大群众对政务、财务和其他重大事务的知情权、参与权、监督权，切实尊重和维护群众的民主权利，这是根本。

从目前来说，要做好群众工作，化解社会矛盾，笔者提出两个方面的制度创新：一是在信访调解过程中引入第三方，这实际上是一种让群众教育群众，靠社会力量解决群众之间、群众和政府之间各种纠纷的尝试。在政治学上，当两种冲突的利益无法通过协商达到妥协时，需要独立的第三方来裁决。以前政府直接介入群众矛盾的调解，由于政府既是运动员又是裁判员，结果并不总是理想，有时反而使问题恶化。但如果让调解主体由行业、部门主导转向社会第三方主导，特别是让律师和专业人士参与调解，他们由于所属地位的中立性质，并具有法律和专业知识，比起政府来，更能妥善处理矛盾和纠纷。

二是使用协商民主的方式。现代社会只有合法的决策才能赢得民众的支持，才能将公共利益置于首要位置。而协商民主，强调在参与、讨论和集体反思的过程中，尊重各种不同的偏好、利益和观点，在达成共识的基础上，赋予立法和决策以合法性。它不仅重视民众政治参与的权利，而且注重参与的过程和可操作性。从这一角度看，协商民主治理机制的存在，也有利于合理促进政府作用的发挥，避免政府作用过当，或不作为。在政府和群众的矛盾中，除极少数例外，多数都是由于政府过深地介入某个行业，损害群众的利益所致。像房地产行业，政府卷入的程度就相当深，以致政府的很多房地产决策，不是从全社会的公共利益，而是从政府和开发商的利益出发，从而导致许多拆迁上的矛盾。所以，要解决类似问题和矛盾，最后还需要政府回复本位。而协商民主有助于政府的职能回归，因为协商民主的程序化和透明性使民众能够有效地监督和制约政府，避免其超越责任范围、法律界限。

我党的历史证明，群众在我们心里的分量有多重，我们在群众心里的分量就有多重。学会做群众工作，处理好干群关系，化解社会矛盾，是目前转型时期党和政府的一项急迫课题，考验着党和政府的执政能力。

危机时期更要公开政务

“民可使由之，不可使知之”，孔子2000年前说过的这句话，被历代统治者奉为金科玉律。其流毒所至，也影响着今日政府的施政方式。

2009年2月28日，“两会”召开前夕，国务院总理温家宝做客政府网，与广大网民就他们所关注的政治、经济、社会等各方面的问题进行在线交流。在谈到为什么要进行这次交流时，温家宝说：“我一直认为群众有权力知道政府在想什么、做什么，并且对政府的政策提出批评意见，政府也需要问政于民、问计于民，推进政务公开和决策的民主化。”总理的这句朴素之言，点出了现代政府的施政理念即公开透明。

按照委托—代理理论，人民和政府之间是一种委托—代理的契约关系。也就是说，人民把管理社会公共事务的权力委托和让渡给政府，政府在行使这一权力的过程中，必须对作为委托人的人民负责，接受人民的监督，成为一个对人民负责任的政府。“委托人”的说法表明了政府相对于社会公众的从属性，它旨在说明，政府仅仅是公众为达成自身利益的选择性设计，而不是凌驾于人民之上的施恩者，其行事与作为能力不是天然的，政府不能与民争权、与民争事、与民争利，更不能假公济私、贪赃枉法。

然而，由于委托人与代理人之间存在着信息的不对称、双方目标与利益的不一致，以及契约的不完全性、责任的不对等等情况，代理人极可能利用自己所掌握的信息优势，做出损害委托人利益的事来。所以，要有效地实现人民的利益，就必须保障人民的知情权，高度透明的信息是人民参政议政的条件，就此而言，一个负责任的政府，首先是一个透明的政府，它对人民是没有什么可隐瞒的。

鉴于中国没有政府信息的公开传统，推行政务公开就有着更多的现实意义。例如，它能够扩大公民有序的政治参与，不断促进政府依法行政；能够妥善协调和处理人民群众的利益诉求，推动社会公平和正义的实现；也能够推动政府完善社会管理和公共服务职能，改善公共服务质量，不断提高依法管理社会的能力和水平。特别是在当前，其意义尤其显著。

金融危机打乱了中国经济和社会发展的正常进程，要共克时艰，就必须信任人民、依赖人民、团结人民，为此，必须向人民公开受危机影响的情况。不必担心公布真相会影响人们的信心，因为只有让人民了解困难所在，才能激发人民的智慧，找出解决问题克服困难的办法。另一方面，为使经济保持平稳较快发展，前一阶段，中国政府出台了4万亿元的经济刺激计划，加上地方政府的配套资金，可能高达二三十万亿元。这是一笔史无前例的庞大支出。无论资金来自财政、银行，还是国债，其最终的埋单者都是人民。因此，假如借口形势紧迫不向人民公布其具体用途，即使不出现腐败情况，也极可能因为使用不当而造成巨大的浪费。

所以，危机时期更要向社会公众公开政务，主动接受人民的监督。为此，需要建立一套制度来保证政务公开的及时性和有效性，提高政务公开的自觉性，使政务公开规范有序。它包括：主动公开和依申请公开制度，只要让社会公众广泛知晓或参与的事项，就应及时主动向社会公开；政务公开评议制度，组织人民群众对政务公开的内容是否真实、准确、全面，时间是否及时，程序是否符合规定等进行评议；政务公开责任追究制度，明确政务公开工作部门和单位的责任，力戒形式主义、弄虚作假。

除此之外，特别要强调建立公共财政的重要性。如前所述，财政预算的不公开、不透明，不仅使得腐败有机可乘，而且还容易导致决策失误，严重影响预算资金的使用效率和人民的福利，因为财政预算缺乏有效监督，掌握财政分配大权的官员就能根据个人的偏好和利害关系，将钱投到本不该投入的项目或者该投入的项目不投，从而使得财政配置资源的作用不能很好地发挥。所以，公开、透明是公共财政的本质要求。没有公开、透明，就不会有公共财政；没有公共财政，也就不可能有透明政府。从目前来看，建设公共财政首先要建立公共预算，做到政府预算收支计划的制定、执行以及决算的形成等过程都向社会公开，使大家清楚要办哪些事，用多少钱，怎么用钱，做到责权钱相统一。

2008年5月，我国首个《政府信息公开条例》颁布，这是一个好的开端，但就全国而言，当前政务公开的情况并不很理想，表现为：一是政务公开不规范，随意性较大，想公开就公开，不想公开就不公开；二是公开的内容不全面，不细致，让群众如雾里看花；三是从部门利益出发，公开内容避实就虚，形式主义严重。公民依据条例申请政府公开信息的要求也屡屡受阻。像沈阳律师温洪祥向沈阳市政府要求公开各个部门和各区县（市）政府办公费、招待费、差旅费、单位事业性经营收入等财务账目，以及政府各部门年度财务审计结果，被相关部门以“国内没有先例，财务信息又极其敏感”为由而拒绝。针对网民要求公布4万亿元经济刺激计划的详细清单，国家发改委虽表示欢迎公众随时向其查询，但在其网上是很难查到4万亿元投资计划的具体流向的。

每年的“两会”，都是人民行使监督权的庄严时刻。为了使人民享有的知情权、参与权、监督权得到不折不扣的落实，保障人民群众的民主权利，我们必须提高现有的政务公开的法制化水平，使政务公开成为各级政府施政的基本制度。事实上，温总理的网上在线交流，本身就是一种公开政务的方式。希望温总理的率先垂范，能够开创政务公开和民主决策的新风。

用政治体制改革保障反腐成果

“国之命在人心，解决人民的怨气，实现人民的愿望，就必须创造条件，让人民批评和监督政府。” 在十一届全国人大四次会议举行的记者会上，温家宝总理严肃地表示，当前最大的危险在于腐败，而消除腐败的土壤还在于改革制度和体制。

温总理不但向我们敲响了腐败的警钟，而且指出了解决腐败问题的路径，即创造条件，让人民批评和监督政府。人民对政府的批评和监督实际是一个政治体制的问题。也就是说，要铲除腐败，必有赖于政治体制的改革，包括加强舆论监督，维护司法审判的独立性。

从世界现代化的历史过程看，腐败的大量增生似乎是一个国家在转型期必然要面对的问题，就此而言，似乎这是一个合乎规律的现象，但并不表明它就是合理的，就可以对此心安理得、熟视无睹、放任自如。许多发展中国家的经验表明，腐败的失控将破坏关键的治理制度，引起公众的不满，加剧社会经济的不平等，造成严重的经济扭曲，并加大爆发全面危机的风险。

中国当前腐败的泛化和恶化事实上也正在侵蚀政府的权力基础和正当性，并使社会转型面临两种威胁：一是转型的进程被腐败引发的剧烈社会冲突和社会动荡打断，造成转型的反复与倒退；二是转型的方向因腐败产生的路径依赖发生偏离，滑向权钱结合的恶势力主宰社会的方向。因此，对于腐败，我们宁可估计得严重些，也不能有一丝一毫的侥幸。

经过数十年的探索，目前我们已经形成了纪委、监察部门的党纪、行政监督，检察系统的司法监督，以及审计系统的经济监督“三位一体”的反腐模式。这个反腐体系最近几年有力地推进了反腐工作，铁道部原部长刘志军的落马就是最新的一例。然而，同时也要看到，随着腐败的形式越来越复杂，官员级别越来越高，贪腐金额越来越大，即与腐败的严峻形势相比，未来反腐的任务依然十分繁重。因此，要使反腐取得实质成效，就必须在制度建设上有大的突破，包括：对一把手的权力进行实质限制和制约；理顺监督体系，加强人大、舆论监督和经济审查的力度；转变政府职能，改革公共预算体制；等等。而这些方面的制度建设，无不与政治体制改革有关，需要政改有一个突破。

政治改革乃是系统工程，稳步推进政改需要找准切入点。就当前情形而言，特别从反腐角度考虑，一个可能的代价最小成效最大的政改切入点，我认为在于以下两方面：

一是加强舆论监督，营造社会民主讨论、自由批评的环境和氛围。应该允许民众和舆论就政府的政策、决策过程自由地提出批评。各级官员不得滥用公权力和所谓名誉权、隐私权等限制和打压这种自由批评之权利。

二是最大限度保持司法审判的独立。司法是权利救济和社会正义的最后保障，司法如果不独立，就无法发挥其监督功能，无力控制市场经济下政府的权力外溢与寻租活动，也不能保障民众的权利不受侵害。当然，民主权利也需要依法来实现。所以，司法需要独立审判，不受政府的干预。

需要说明的是，加强舆论监督和维护司法审判的独立性不是不要党的领导，搞所谓的绝对的新闻自由和司法独立。即使在号称民主的资本主义国家，也无法做到这点。我们追求的是在加强和改善党的执政的前提下，最大限度地发挥新闻舆论和司法本身所具有的功用，监督和约束政府，保障人民的民主权利。在这一前提下，新闻和司法还具有非常大的监督空间。但我们目前没做好。为此，需要反对那种把党政领导特别是一把手的言论和行动等同于党和政府本身，把他们看成是党和政府的化身的观点和做法。

正如温总理在记者会上所说，政治体制改革是经济体制改革的保障，没有政治体制改革，经济体制改革不可能成功，已经取得的成果也有失去的危险。同样，政改也是反腐事业的保障，没有政改的推进，已经取得的反腐成果也有失去的危险，并且最后可能葬送改革大局。

不能让政府失信一再挑战民众敏感神经

《瞭望》周刊2010年6月就河南南阳“最短命经济适用房”的报道让我们看到了一个政府失信的样本。目前，围绕两栋经济适用楼房拆与不拆的命运走向，购房户恐慌、开发商无奈、政府犹豫不决——事件的所有相关方都纠结其中，无法自拔。而造成此种状况的根源，是由政府的权力傲慢而导致的信用丧失。

从《瞭望》的这篇报道来看，政府失信体现在多个方面：首先，两栋经济适用楼房是作为南阳的民生工程和已经确定的“十大实事”之一来办的，现在面临着被拆除的命运，表明政府公然毁约；其次，在经济适用房项目停工半年之后，叫停通知却至今没有“现身”，对企业来说，这也是一种失信；第三，自从与政府方面沟通后，一个多月过去，政府对购买经济适用房的房主没有任何回复，这同样是一种失信。总之，从当初规划的变更开始，一直到如今的善后处理，当地政府存在一系列的失信行为。

那么，政府的失信是如何产生的？表面上看，是因为南阳2010年要承办农运会。对地级市的南阳来说，农运会也算是地方的一桩大事，各方面为此让点路也勉强说得过去。但即便如此，似乎也没有必要把农运会新闻中心建在已经规划好的经济适用房地盘上。因为客观而言，农运会也并不是什么重大的体育赛事，或许除了当地媒体和政府外，没有多少人和媒体会关注它，犯不着为了十几天的赛事而专门建造一个新闻中心；退一步而言，即使要建一个新闻中心，也没必要建在已经规划好的土地上，因为按照中国的“政治正确”来理解，后者已经确定为政府要办的“十大实事”之一，也就是政府要把它作为政绩工程来炫耀，现在又将它拆除，自毁信用，就显得很不“正确”了。按理，当地政府不应犯这样的错误。

玄机就出在南阳市政府副秘书长的一番解释中。有消息称，在农运会过后，新闻中心大楼可能被用作南阳市委、市政府办公场所，对此该副秘书长表示："这个趋向不可否认。花了那么大的代价，如果农运会结束后不好好利用，就是浪费了。"——原来南阳市不惜将政府的公信力视为儿戏，要在已经规划好的经济适用房项目上建造一个面积为1480亩的农运会新闻中心，都是为了政府自己！

是的，政府可以利用自己的公权力和强制力，达到自己的目的，但政府是否考虑了这样做的后果？某退休职工对《瞭望》记者直言："我们已经不相信政府了，如果要拆，我们没地方去，只有搬到市政府去住。"而据报道，有关群众明确表态：百分之百不同意对已经建成的两栋楼房进行收回和拆除。如果政府强拆，是否会由此引起群体事件？

我有时真不明白，面对愈来愈多的因政府行政不当而产生的暴力事件，一些政府部门及其官员为什么就不长记性，对此只有一个解释，那就是权力的傲慢和惯性膨胀了他们的心态，使他们以为在自己掌管的一亩三分地里无所不能。

问题是，民众不再是过去的顺民了。当自己的财产或合法权益受到政府侵害时，他们不会再像以前一样，选择逆来顺受，他们会利用各种形式——包括法律不许可的——来保护自己的利益。当所有的温和努力都无济于事时，他们就可能采取一些极端的方式，进行抗争。30多年市场取向的改革和发展，在使民众取得自己的那份财产时，同时也形成了他们明确的财产权利；另一方面，信息获取的相对自由，尤其是互联网的兴起，又赋予他们更多的技术手段，去表达、维护、主张自己的权利，并客观上形成了一种互相学习、彼此模仿的效应。

这就提醒政府及其官员，必须小心和谦卑地行使权力，政府出台的公共政策必须具有合法性、科学性和连续性，否则，滥用政府权威，随意决策，朝令夕改，政策缺乏连续性和稳定性，无疑会失信于民。

现代市场经济有两个核心特征，即建立在个人经济自由权利基础上的清晰产权和基于制度的政府信用。前者的重要性自不必说，政府信用作为社会公众对政府的一种印象和评价，是社会和公众对政府普遍信赖所产生的认同和信服，因而也是个人和企业信用的基石。政府信用的最大作用，就是给社会、个人和企业一种明确的预期，以减少人们相互交往的风险和成本，形成一种可以扩展的合作秩序。

在任何一个国家，民众对政府的信任都不可或缺。因此，如果政府失信于民，将会在经济、政治、社会道德层面产生一系列不良后果。政府要维系自己的治理，实现其职能，就不得不动用各种手段，投入更大的人力财力物力，不断扩充机构和人员，这样，政府运作成本就会直线上升；而为解决由机构和人员膨胀带来的财政困难，政府又必须以强制的方式提高自己的汲取能力，从而极大损害公众利益，如此恶性循环，最后的结果，就是政府的信用资源丧失殆尽。

所以，千万别小看了政府的诚信，要想每个人诚实守信，政府及其官员首先得讲信用。但政府的公信力不是靠标语、口号可以宣传出来的，更不是依赖公权的强制力能够树立起来的，而根本上有赖于政府的良好行政行为。这就必须转变政府职能，厉行民主决策，依法行政。因为政府失信的根子在于政府的权力过大，权力过大一方面造成政府的决策没有经过民主程序，往往少数人或部门说了算，另一方面也使得社会和法律对政府行为做不到有效监督和约束。只有这样，才能有效避免类似南阳“最短命经济适用房”的政府失信情况一再出现，挑战民众敏感的神经。

谨防国企高管变身为政治企业家

中石化董事长苏树林近日空降福建，成为省委副书记、省长候选人，引出了媒体对中国政坛“国企CEO”现象的关注乃至不同评价。赞成者认为，国企高管从政具多项优势，可优化领导班子结构；反对者则担心国企领导转任政府官员，可能会成为政治企业家。

首先应该明确，国企高管从政并不是一个新话题。其大面积进入政坛，成为地方或中央部门的大员，至少可追溯到中共十七大前后。2006年8月，中共出台《党政领导干部交流工作规定》，明确实行党政机关与国有企事业单位之间的干部交流，选调国有企事业单位领导人才到党政机关任职。十七大后的人事调整中，一些国企老总出身的官员即获重用，出任地方党政要职。这一趋势最近一两年愈加明显。今年（2011年）到目前为止，除苏树林外，还有山西和河南两个产煤大省的国有煤矿集团的两位老总，分别当选两省的副省长。巧合的是，他们都是在1月23日任命的。

相对于中国过去主要从行政、政工系统选拔地方和部门主要领导的做法，选择有现代企业历练的国企高管担任地方和部门要职，尤其是地方一把手，这的确是一个突破。事实上，从发达国家看，企业家也是政治家最强大、最有实力的预备队。企业家来做政治家，优于没有从事过其他职业的职业政治家。因为企业家的务实、对社会现实的感悟、组织协调和管理能力都是来自其他社会阶层的人士难以比拟的。特别是经济建设还是中国各项工作的中心，由曾经做过经济、懂市场的人做地方领导，比无经济背景的领导更加了解市场的一举一动，从而使他们能够更从容地应对经济中出现的各种问题。另一方面，中国地方政府的职能膨胀和结构臃肿、政府服务的低效和运作过程中的高成本，客观上也需要用企业家的精神去改造。企业家精神的本质是创新，而现在政府的一个通病则是服务成本居高不下，行政效率低下。各个部门、机构之间缺少授权、约束和决策辩论的正常机制，互相推诿和扯皮，政出多门，前后矛盾，很难协调行动，也没人为错误决策负责。这在中国政府的房价调控和三网融合的推进中有着鲜明表现。企业家主政地方和部门，用创新的精神和方法去推动行政系统的改革，客观上能起到改造政府官僚主义的作用，使政府像企业一样重视成本效益关系，有效运作资源，提高行政效率，实现高绩效。

当然，出身企业家的政府领导在施政中是否具有企业家的创新精神，给僵化的官僚系统带来生机，也受很多客观和主观条件的掣肘，现实来看，并不乐观。极可能的是，国企高管主政地方后，改造政府的愿景只停留在客观需求和理论假设层面，却把做企业时形成的“独断”意识和“专断”作风带到政府的公共管理中来，从而成为所谓的“政治企业家”。这正是多数人担心的问题。

这里所讲的政治企业家，并不是指企业家主政地方后，把企业的那套行事作风带到政府中来——那只是个人的施政风格，而是指他们把政府作为一个企业来经营，以政府的“利润最大化”为实际的施政目标。诚然，政府官员需要有企业家的组织、协调和管理才能，但二者毕竟是两种不同的职业，做官和办企业的运行肌理和边界是截然不同的。如果说，企业家的责任是创造更多的财富和就业机会，那么，政府官员的责任就是治理好一个国家或地区，为这个国家或地区的人民提供好的公共产品，包括幸福与安全。

对于企业家而言，实践证明，创造利润的最好方式也许不是民主，而是“独裁”，因为市场机会瞬息万变、稍纵即逝，企业如果无休止地开会、讨论会延误市场机会，它需要的是把决策集中一人，这人凭借敏锐的市场感觉，而不是所谓“知识”，对市场的变化作出及时的反应，其他人只要很好地贯彻和执行他的意图就行了。这就是企业所谓的执行力。

但政府和官员不同，政府虽然也讲效率，然而由于政府运用的是公权力，所以首先应该做到公平。所谓公平，就是有良好的环境和制度保证，要使市场能够平稳运转，需要政府提供一个基本的制度框架，包括安全、法治、合同的执行等。为此，政府就必须平等地对待每个人、每种经济成分。政府官员虽然相对也有个中心，但公权力的性质决定了他必须以民主的方式行事，而不能搞一言堂，更不能独断专行。

可以说，权力的来源以及身份的不同，对企业家和政府官员的角色要求是不一样的。角色混淆，企业家做了政治官员该做的事，或者政府官员做了企业家该做的事，必然会产生麻烦。其中的关键，就是要对自己过去熟悉并行之有效的那套做法和经验，在移植到另一个不同的领域时保持警惕，不能因过去的成功就无限放大它的界限。

之所以强调这一点，一是因为现实中相当部分地方政府的行为和施政导向已经出现严重的公司化倾向。地方政府的主要职能是提供公共产品和服务，但目前很多地方，政府滑入了单纯追求经济效率的泥淖中，为了政绩、财政收入以及官员个人的租金收入等，不断出台损害人民群众利益的政策和措施，在社会治理方面，带来很多灾难。二是国企高管主政地方后，身份变了，但过去企业环境下形成的那种不受或少受约束的思维和行为，却有可能在现实的“劣币追逐良币”的规律作用下，不会得到多大改变，仍以一种独裁而非民主的方式推进公共治理的变革。

这就要求，国企高管转任地方领导后，必须及时调整心态，从企业家转变为政治家，把政府看作是民众委托的提供公共产品的权力机构，而不能把政府当作企业去经营，更不能仅仅为政府自身的利益而使其公司化。

总之，在中国推进现代化和改革开放进程中，有着企业管理经验、长袖善舞的国企高管，有望在政治领域扮演更为重要的角色。但基于上述分析，对他们成为地方和部门大员，尤其主政地方后有可能产生的一些问题，要有清醒的认识，并完善相关的制度建设以防止其变身为“政治企业家”。

社会信任解体是地方政府公司化的结果

信任是一种重要的社会资源，也是社会存在的前提。一个社会，如果信任度低，无论是人与人的交往，还是企业的商业行为，或者是政府的施政，都将付出极大的交易成本，无谓耗损社会的财富。这样的社会，也必定是个不和谐的社会。

最近一段时间，中国社会发生的几起事件，凸显了中国社会的信任难题。尤其是舆论对湖北宜城市29岁市长周森锋的密切关注，已经超出对一名年轻市长的好奇和猜测，典型地表现出公众对现行官员选拔制度的高度不信任，同时也是对地方政府的不信任。

但是要说公众只对政府及其官员不信任，是不全面的，中国社会的不信任已经表现和深入到社会关系的各个方面和层面，正如学者郑永年所说，在“人与人之间、家庭成员之间、民与官之间、官员之间、政府上下级之间”等到处充斥着不信任的因子。

中国社会传统文化是非常讲究信任和信用的。先哲还曾用“人无信不立”这样的古训告诫后人信任的重要性。从市场经济的角度说，它也比其他任何经济形式都更加需要信任作为自己存在和发展的条件和基础。因为市场经济本质上是一种契约经济，任何契约的履行无不建立在签约双方互相信任的基础之上，而缺少了信任，再好的契约也会是废纸一张，即使诉诸法律解决，也会损失市场效率。但为什么在短短十几年的时间里，中国社会的信任状况就来了一个“翻天覆地”的变化，以致信任成为一种严重稀缺的品质和资源？

究其原因，是多方面的，可能与中国的传统文化被社会运动多次摧毁乃至国人本身缺乏信仰有关，或者与中国的市场经济不是一个自然演进的过程有关，再或现代社会的复杂性以及人们行为选择的日渐多元使得信任作为普遍的社会调节机制的作用受到影响，等等。但是，有一个情况应该注意，社会信任缺席的背后是社会存在严峻的不公情况，多数人的权利是不平等的。此种情况的出现当然也是由各种因素造成的，但主要是由政府的滥权以及在权力支撑下的资本的不受节制造成的。政府本应给社会和公众一视同仁地提供公共品和服务，然而，现实中政府尤其是基层政府的权力运用很少受到监督和制约，从而使政府及其官员在行政运作中违反程序公正，权力寻租、暗箱操作、贪赃枉法、贪污腐化等现象比比皆是，导致社会对政府的信任度下降。

所以，在诸多的社会不信任中，主要是民众对政府特别是基层政府的不信任，由此派生出其他不信任并决定社会不信任的程度和广度。要解决中国社会的信任问题，必须抓住这个“牛鼻子”。

地方政府尤其是基层政府及其官员之所以被民众普遍不信任，很大程度上与这些年来地方政府的所作所为表现出赤裸裸的以逐利为目的的公司化倾向高度相关。考察中国的经济发展，会发现，两者在时间上具有惊人的一致性。

地方政府的公司化及其竞争被国内外一些学者解释为中国经济高速增长的一个决定性因素。的确，改革开放以来的中国现代化，是地方政府导向的现代化，在社会资源缺位的情况下，地方政府成为拉动现代化的最大动力，对此无须讳言。然而，以追求经济增长特别是财政收入为最高动力的政府逐利化或公司化，虽然在某些时候能够带来社会财富的大幅增加，也能够提高社会成员的福利水平，但在社会治理方面，它带来的更多是灾难。这已从最近十多年越来越严重的官员腐败和频繁出现的群体性事件得到证明。

原因在于，政府变成公司，与一般市场上的公司不同，如果说后者还要受到市场中一系列的合约和规则所制约和支配的话，政府公司则没有这些限制。因为政府是市场规则和合约的制定者和执行者，因而政府拥有一般市场公司根本不具有的强制权力。这使得政府变成了一个三不像的“怪物”，从而势必出现下述现象：假如政府和民众的利益具有暂时一致性，政府公司化或能给民众带来福利的改善；但假如政府跟民众的利益不一致，那么，政府公司化的结果首先是要保证政府这个公司利益的最大化，与“公司”利益无关的东西都会统统靠边站，甚至被清除。这时候的政府，就不再是为百姓服务的政府，虽然它还打着为人民服务的旗号。而在多数情况下，政府呈现给社会的是后者，因为政府是由不同的官员构成的，官员的利益不完全等同于政府的利益，因而在政府公司化的倾向中，官员可以更好地把自己的利益置换成政府的利益。所以，我们常常看到，在一些地方政府的招商引资中，明明有些项目会产生严重的环境污染，损害公众健康，但只因它会带来税收，甚至仅仅只是为了完成招商引资的任务，也被地方引进来。

要重建趋于解体的社会信任，一些学者提出应加强官员与民众的沟通、协调能力，提高他们妥善处理突发群体事件的本领。这是很必要的，但不能从根本上解决问题。必须约束政府的权力，彻底扭转逐利性、公司化的政府行为，重建被政府和市场摧毁的社会共同体。民众对政府的信任越来越取决于政府提供的服务对于他们的需求的满足度和满意度。虽然我们早已提出了“科学发展观”，但一直到现在，都没有将之内化为一套地方政府和官员自觉遵守的制度、规则和机制。特别是对基层政府而言，因为其直接面对底层百姓，如果其权力基础仅仅来自于上面的授权，而不从其为民众提供的社会服务中获得合法性，将是非常危险的。所以，还必须发展基层民主。通过基层民主，使基层政府的运转被置于民众监督和问责之下，才能真正克服基层政府的公司化倾向，将其运行机制转变为以公共服务为核心。

总之，如果说，地方政府公司化在发展初期其负面作用表现得尚不明显，那么，随着政府越来越深地介入经济事务，以及在这一过程中社会分化和利益集团的形成，它给整个社会产生的危害将会越来越明显。为此，需要从源头化解信任危机，重建社会信任。

官员财产申报制度能否破茧而出？

2009年“两会”一个广受关注的话题是官员的财产申报。在年初新疆阿勒泰地区启动县（处）级领导干部财产申报后，公众和媒体就期待着“两会”在这问题上有一个“说法”。果然，“两会”前夕温家宝在与网民在线交流时明确表示，要对官员的财产收入实行公开。而中共的反腐机构——中纪委和监察部的领导在“两会”期间亦多次表态，肯定将建立官员财产申报制度。

目前，世界多数国家都已实行财产公开申报制度。但是，在几乎所有实行该制度的国家，基本上都着眼于反腐，即只是单纯把它作为一种杜绝和惩治官员腐败行为的手段来使用。中国未来要建立的官员财产申报制度，首要和主要的功能也是为反腐服务的，然而，又不能仅仅从反腐的意义来理解这一制度。它实际上还能起到促进政治改革和民主化的催化剂作用。这是因为，不论何种腐败，它最后总是要表现为或者它最终的目的是要获取财富。如果一个官员通过种种手段后仍不能把权力变成财富，那么，他追逐权力进而追逐利益的动力就可能大大减弱，也就可能更有意愿接受无论是来自外部还是内部的对自己的监督和制衡。

在目前的市场经济时期，权力变现的机会太多，而现有的反腐措施又不太见效。此种情况下，腐败如果继续发展下去，势必会葬送改革开放大业，最终也会危及执政党的执政地位。但如果执政党既想保持自己统治的合法性又不想采用西方那一套政治制度和权力制约方式，那么，财产申报制度就必须成为执政党的主要反腐“利器”。因为就像市场既可为资本主义服务也可为社会主义服务一样，财产申报制度这种被证明能够有效反腐的所谓“市场中性”制度，是可以为执政党所用而又不构成大威胁的。中国推行政治改革的目的，本就有遏止腐败在内。正是在这一意义上，官员财产申报制度本身就成为政治改革和民主化的一个重要组成部分。这是中国和其他国家实行官员财产申报的不同所在。所以，我们就不能仅仅把它看作一般的反腐措施，而需要从政治改革的高度来认识这一问题。

财产申报制度之所以能成为反腐“利器”，主要是由这一制度本身的特点决定，它的特点就是公开、透明。只要发现官员个人财产与其正常收入间存在差距，官员就必须作出解释与说明，如不能提供合法所得的证据，即便没有证据证明是非法所得，也会被认定为是灰色收入而治罪。这有点类似于法律上的自我举证，你要证明自己没犯罪，就需要拿出过硬的证据出来，而不是由司法机构来证明你有罪。要做到这一点，首先要制定相关法律，法律的作用体现在三个方面：一是规定申报的主体、内容以及方式；二是强制申报公开，方便公众监督，这是最重要的；三是违法申报的责任。世界各国的财产申报制度，尽管结构不一，但大体包含了这三点。

以此来看中国现有的官员财产申报制度，其弊端就一目了然。中国现行官员财产申报制度，主要来源于中共的两份文件——一个是1995年5月中办和国办联合发布的《关于党政机关县（处）级以上领导干部收入申报的规定》；一个是2001年6月，中纪委和中组部联合发布的《关于省部级现职领导干部报告家庭财产的规定（试行）》。这两个规定对反腐之所以收效甚微，原因在于，它们属于政策性文件，而非规范性法律文件，其位阶较低，所规定的申报对象的收入范围又较为狭窄，知晓者范围极有限，不申报或申报不实，后果也只是接受批评教育或者党纪政纪处分。由此可见，财产申报制度本应具有的公众监督在这儿是缺席的，从而使这一制度几近形同虚设。

相较而言，年初引起社会各界广泛关注的新疆阿勒泰地区县（处）级领导干部财产申报，则有了很大突破，表现在三个方面：一是将收入申报扩大到财产申报，包括家庭财产；二是申报对象不仅看行政级别，还看其是否有权；三是明确规定与职权密切相关的财产收入都将向社会公示。虽然像股票、证券、住房等一些“秘密财产”还未向社会公布，但毕竟已将官员家人纳入其中，并且真正触及到腐败问题的“敏感区”。

现在的问题是，阿勒泰的做法目前只是党政机关的内部规范，而不是正式的立法，针对的对象非常有限，规定的具体机制也还不够健全。因此，要想官员的财产申报制度在全国范围内真正推行开来，就必须通过人大立法建立一个规范的公务员财产申报制度，以解决现行相关规定地位不明、效力不高的问题。但是，要做到这一点，目前来看，难度非常大，阻力主要来自以下两个方面：

一是所谓的官员隐私权和财产权的保护问题。私人财产的不可侵犯以及个人拥有隐私权，是多数国家遵循的基本宪法原则和世界人权的基本内容之一，在财产申报制度实行的过程中，官员财产的隐私权与社会公众对官员财产申报的知情权之间的冲突就经常成为争论焦点。特别是，中国有着“不露富”的文化传统，而一直以来，官方的宣传又都把官员的隐私纳入一定“密级”加以保护，公开的报道很少涉及官员个人的信息，因此，尽管一些官员财产来源合法，但在目前贫富差距拉大而存在仇富心理的社会氛围中，很多官员会借口隐私权问题而反对公布个人财产。

二是怕官员财产公布后影响社会稳定从而危及执政党的合法性。从现在查处的腐败案来看，几乎所有的腐败都与不法财产有关联，或者腐败的目的都是为了获得不法收入。整个官员队伍中，有多少财产来源不明或来源非法，没有确切的统计，也无法统计，但据中共几次不公开的小范围的摸底调查以及社会的普遍感觉来看，其数量应不会少。由于这些人掌握着社会的实权，一方面，他们会利用种种渠道向高层施压；另一方面，高层也担心，一旦数额巨大的无法说明来源的财产公布后社会会产生何种反应和震荡，心里没底，因此，在高层还需要依赖这个利益共同体去管控社会的当下，任何不利于稳定的制度建设都可能被推迟。这是人大20年迟迟不能制定官员财产申报法的根源所在。

根据人大代表的调查，目前有90%以上的官员反对公布财产。为尽可能减少社会因此产生的阵痛，使该制度在全国顺利推行开来，有人大代表在2009年“两会”上提出，可以定下三年的过渡期，三年内，申报对象主动上缴以前的全部违法违纪收入，审查机关可按条例一律免纪律处分，并视情况由上级行政监察部门建议司法机关减轻、免除相关刑事责任；反之，则加重处分。我赞成这个三年赦免期的政策建议。因为建立官员财产申报制度的根本目的，主要是着眼于防范未来继续出现大面积的贪污腐败和权钱交易，而过去由于制度和法律的不完善所出现的严重腐败问题，虽为法所不容，但根据法不溯及既往的原则，更是考虑到实际遇到的巨大阻力，有时候，社会的进步必须以妥协为代价，这虽很无奈但也是必要的。

官员的财产申报制度在中国还任重道远。乐观估计，10年之内能在全社会推行这一制度，就非常不错。当然，也不排除立法进程突然加快的情况，因为毕竟愈拖下去腐败对社会以及执政党产生的危害愈大。但这需要高层拿出政治决断，真正从执政党的整体利益和人民的利益出发，用破釜沉舟的决心和魄力去推动才行。

第四辑　公民权利

没有公民的社会，公民权利不彰的社会，必定是公权力肆虐的社会。中国社会的发展目标，就是要培养和建立一个意气风发的公民社会。当下中国之所以矛盾凸显，问题频出，原因之一是政府垄断了社会的权力，有责任、有担当的公民力量过于弱小。因此，要想社会和谐发展，就必须张扬个体的权利，壮大民间社会的力量，推进公民参与社会治理。

如何对人民赋予的权力保持敬畏之心

国家副主席习近平2011年4月7日在安徽调研结束后召开的党政干部座谈会上，再次强调各级党员干部在对待人民赋予的权力上要始终保持敬畏之心。自2010年在中央党校秋季开学典礼上提出“权为民所赋，权为民所用”至今，作为主管党务的政治局常委，在多个场合谈到这一点，说明习对这支干部队伍，其实是怀有危机感的，需要通过强调和敦促领导干部正确地行使权力，全心全意为人民服务，来重新赢得人民的支持和认可。

“权为民所赋”，要解决的就是一个权力的来源和基础问题，也即中共的执政权力只能来自于人民群众的授权；“权为民所用”，要解决的是权力的目的和归宿问题，也即中共的执政权力只能是用来为人民谋福利。前者是前提，决定和约束着后者；后者是结果，体现权力的性质，并反作用于前者。

从中共来看，无论是党章还是党的政治文件，都公开宣称，除了人民的利益外，没有自己的特殊利益，党的宗旨是全心全意为人民服务，做人民的公仆。这个权力观应该说鲜明地体现了“权为民所赋，权为民所用”的性质。就此而言，习近平似乎没有必要在中共执政60年后，再来刻意强调党的执政权力基础和宗旨，也不是以此来激励和鞭策领导干部，显然，习告诫全党在对待人民赋予的权力上，必须始终保持敬畏之心，是因为他看到了这支干部队伍存在的问题，也就是相当一部分领导干部忘记了自己的权力根本上来自于人民，忘记了曾经承诺的全心全意为人民服务的宗旨，以为权力天然地属于自己，或者是上级给予自己的，从而在权力的行使过程中，出现种种滥权行为，导致党和政府的威信在人民群众中受损。

60年前中共执政地位的取得，无疑是得到了人民群众的充分认可。这个认可建基在中共在民主革命时期进行的28年艰苦卓绝的斗争，以及这一过程中实施的正确的方针、政策和策略，靠牺牲无数英烈，才赢得了人民的支持。然而，正如中共十七届四中全会所警告的，党的执政地位不是与生俱来，历史选择了党，不等于历史永远会选择党。这里的原因，就在于党和政府的执政方式和手段，必须随着人民权利意识的提升而与时俱进。简单地说，如果过去人民希望自己被代表，那么，今天人民更希望自己参与公共生活、影响政府决策，而不仅仅被代表。

因而，这就需要党改变执政方式，扩大公民的政治参与，全心全意做好群众的工作，力求做到执政的权力来源符合程序正义和正当。一般来说，执政的合法性是建立在意识形态、政府政绩以及程序正当的基础上的。在某些时候，可能更侧重前两个方面，但程序正当作为衡量合法性的一个基础因素则贯穿始终。

以此衡量中共，改革以来，其执政的合法性主要建立在政绩即经济增长上，相对于物质匮乏的年代，经济增长因能够改善人们的生活而有助于增加对政府的认同，然而，过于把合法性建立在经济绩效上是危险的。因为靠经济发展换取人们的支持，实际是用经济手段来解决政治问题，即程序合法性问题。经济绩效要取得合法性效果，经济就必须持续发展，其成果能够为大多数人公平分享。但首先，经济有其自身规律，不可能总是高速发展；更重要的是，经济发展的成果如果没有一个公平的分配规则，很难做到全体公平分享。这样，经济越是发展，收入差距可能就越大，社会不公反而更严重。假如因某种原因经济发展的速度慢了甚至停滞了，过去在高速发展下被掩盖的社会不公、贫富差距等问题就会暴露出来，社会矛盾很快会被激化。这方面的事例和教训太多。

所以，对执政党来说，其执政的合法性的主要意义并不在于当给人民带来正面利益时受到人民的支持和拥护，而在于当其不能给人民带来积极利益时人民还能够与之达成谅解。这就要求用程序正当来弥补和支撑执政党的合法性。

程序正当只能来自于人民的授权。因此，要做到“权为民所赋”，必须明确：人民采取什么方式授权给中共建立起来的政府；所授之权如何行使，是否违背授权者的意愿；人民能否有效地约束政府及其官僚。若人民对执政党的授权没有法定的公正的过程和程序，也不能监督和约束官僚群体，那么，官员在行使权力时就难免滥用权力，授权就会被虚置，最后出现权力所有者反被权力奴役的情况。

目前问题在于，由于没有建立一整套规范的受法律约束的授权和行权制度与机制，无论在授权和行权方面，都弊端丛生。如选举过程不透明，选举程序不规范，选举结果不公正，暗箱操作严重；权力高度集中，个人凌驾于集体之上；腐败现象严重等。要解决上述种种问题，就必有赖于政治体制改革。只有进行政治体制改革，才可能建立这样一套体制和机制。

从中国的情形来看，政治体制改革首要的任务是扩大公民的政治参与。这就需要营造政治参与的舆论氛围，通过包括选举在内的手段和形式，拓宽民主参与渠道，丰富民主形式，提高公民参与公共生活、政府政策和决策的积极性与质量。

其次，建立起对权力的制衡。制衡包括内部的制约和外部的监督，必须提升现有监督机构的地位，赋予监督者和被监督者同等的权力；与此同时，需要强化人大和舆论对政府的监督，允许公民对执政党和政府的具体政策、政治过程提出批评和建议，各级党政官员不得滥用公权力和所谓名誉权、隐私权等限制和打压这种权利。

第三，树立法治的权威。要做到权为民所用，权力就必须依法使用。事实上，民主作为一种权利构架和生活方式，也有赖于法律的保障，民主权利也需要依法来表达和实现。这就要求民主必须制度化、法律化，政党和政府的权力运行必须在宪法和法律的范围内，公民个人也须依法行使民主权利，这就是法治的过程。

可见，习近平倡导“权为民所赋，权为民所用”，绝不是一时心血来潮，而是有着鲜明的指向和现实针对性。这也就决定它不只是一项抽象的理论原则，还是一种民主宪政的制度构建和实践过程。而中共要做的，就是去实践这一过程。

公民社会的成长及NGO的作用

从中国现代化的角度看，新中国60年特别是改革开放30年的一个主要成就是公民社会的生成。改革前的30年，中国是一个政治主导的总体性社会，个人的权利和自由受到极大限制；改革后，随着民营经济的发展和壮大，民间组织的出现，以及对政府无限权力的限制，一个以人为本、尊重人的权利和自由、权责对等，以及开放、参与和法治的公民社会的雏形开始在中国形成。

中国公民社会在曲折中成长

公民社会是近年来学界讨论比较多的一个话题。对于公民社会的含义以及中国是否生成公民社会的问题，学者看法不一。例如，俞可平把公民社会定义为国家或政府系统以及市场或企业系统之外的所有民间组织或民间关系的总和，是官方政治领域和市场经济领域之外的民间公共领域。他也认为中国存在公民社会。俞的这一看法大致代表了学界对中国公民社会的主流观点。

我赞同俞可平的看法，不管公民社会的定义如何，它大致包含了以下一些基本的要素：

其一，公民权利和义务的对等。不讲究权利，只承担义务，这样的社会显然不是公民社会。但是，只讲究权利，不讲究义务，不承担责任，也不是一个公民社会。公民社会中的公民首先意味着必须要有自主性，即自主地决策，并承担由此带来的后果，而不是由一个外在的“他者”来决定，不管这个“他者”是政府，是组织，或者其他什么。只有首先能够自主决策，才能承担义务和责任。从这个意义上说，公民社会是一个权利和义务对等的责任社会。

其二，私域的出现。公民社会要求有一个纯粹属于私人领域的生活。私域对于培养人的自由意识、独立意志和自主性起着潜移默化的巨大作用。在这个领域中，人们首先作为自由、独立的个体存在，可以自由自主地选择自己的生活方式，只要不违背法律和社会道德规范，任何人都无权干涉。

其三，独立于政府和市场的民间组织的存在。构成公民社会的主体是众多旨在保护和实现自身价值和社会利益的民间组织，它包括注册的慈善组织、非政府发展机构、社区组织、妇女组织、宗教组织、专业协会、工会、自助团体、商业协会、联合体等，这些组织是由公民自愿组成的。

其四，对社会生活和公共事务的积极参与。公民社会并不仅仅关注个人的私域，而对社会生活，对公共事务和公共政策漠不关心。相反，人们自愿组成各种组织，目的是要通过参与社会生活和公共事务来更好地行使和保障个人利益以及社会的整体利益。

从上述公民社会的定义和属性来看，在新中国成立后的前30年里，公民社会的因子基本在中国付之阙如。前30年的中国是一个政治统制一切的总体性社会，经济上的“一大二公”、政治上的一元化领导，使得每个人都被严格限制于一个特定的单位，个人既没有实际的政治权利，也没有独立的经济信用，就连消费也只能按照票证规定的数量和品种购买和分配，公共权力的触角深入到人们生活的每一个角落，即使那些本来应首先具备社会自治组织特征的团体也被体制化和国家化了。从而，公与私、国家与社会、政府与民间几乎完全合为一体。

公民社会在中国的萌芽、发育和逐步成长，是改革后30年的事。中国公民社会的产生，首先是市场经济特别是民营经济发展的自然结果。民营经济是中国公民社会最初的推动力。不管政府出于何种考虑为民营经济松绑，一旦民营经济发展起来了，社会产生了一个有产阶层，那么，它带来的一个结果就是要为自己的利益争取相应的权利。另一方面，对外开放和外资的进入，也要求国家承认这种私利的正当性。随着这两股力量的发展壮大，他们不仅有意愿，而且有能力通过结社来行事和维护自己的权益，并形成一个明显与国家政治生活无关的纯粹私人的生活领域。互联网的出现和快速发展则又为人们组建各种组织和社团提供了便捷的技术条件，并进一步催生和提升了人们的自主、民主和参与意识，促使人们更多地通过介入和参与社会生活和公共事务，来表达作为一个公民的权利和义务。与此同时，这种介入和参与本身，客观上也起到了限制政府权力的作用。

总之，市场经济尤其是民营经济的发展为公民社会的成长提供了必要的物质基础。由于市场经济本身具有自然演进的特性，因此，与东欧等转型国家相比，中国的公民社会更具有必然、自发和渐进的性质，是一个自然而然的过程。从实际情况来看，改革30年来，公民社会为中国带来的变化也是显而易见的：一是从社会层面培育、营造了一种公众广泛参与的政治环境；二是对政府行为构成了约束和监督；三是参与公共政策；四是培养了公民的民主意识；五是中国社会组织能力的提高。这特别体现在基层民主政治的治理和环保的公共参与方面。例如，中国农村的"民主选举、民主决策、民主管理、民主监督"，使村级民主和村民自治有了很大的发展，广大村民通过村民委员会和村规民约进行着自我管理、自我教育和自我服务。中国的环保组织在"保护藏羚羊"、"保护怒江"、"圆明园湖底防渗漏工程"等事件上，也都成功地对政府的决策进行了约束和影响。

我要特别指出的是，在公民参与方面，有两件事不能不提，这就是发生于2008年的汶川大地震和2009年的邓玉娇事件。如果说，几十万志愿者和许多民间组织在抗震救灾中的表现和所发挥的作用，让我们看到了一次极其可贵的民间和政府的良性互动，见证了中国公民社会成长的话，那么，在邓玉娇刺官事件中，面对这位处于底层的弱女子，许许多多互不相识的网民、公共知识分子以及民间组织行动起来，展开无私营救，最终迫使强大的地方势力不得不妥协，免邓玉娇刑责，更是体现出了普通民众开始自觉地用组织化的方式为自身权利奋斗，而不是被动地等待执政者赋予自己这种权利，从而真正实践了公民的责任精神。可以说，这两件事是中国公民社会正在生成的最好证明。

NGO在公民社会成长中的作用

公民社会的兴起和发展既有赖于民众个人的努力，更离不开各类发育完善的NGO即民间组织的作用，一个只有公民而无NGO，或者抽离了NGO质的规定性的社会，不可能是一个真正的公民社会。

所谓NGO，简单地说，是指有着共同利益追求的公民自愿组成的非营利性社团。它有非政府性、非营利性、相对独立性和自愿性的显著特点。非政府性使其不能像政府那样通过征税等手段获取资金、财产，以作为自身运作的资金支持，因而有别于政府；非营利性使其不能通过以营利为目的的经营活动来获取收入，维持自身的存续和发展，因而又有别于企业等市场主体。正是这个既不同于政府，又不同于市场主体的特殊性，形成了NGO的本质性标志，使它具有一定的公益性，也保障了它的独立性和自愿性。

对于NGO的功能，世界银行曾归纳为五个方面：（1）代表与反映民众的要求；（2）提出建议并影响政策的制定；（3）支持其他民间组织的能力建设；（4）具体执行项目或提供服务；（5）培育社会娱乐活动。正因为此，现代国家对它的发展一般都采取鼓励政策，并在相关的立法上加以体现。

改革以来，伴随着市场经济的发展和社会整体环境的日渐宽松，中国社会也逐渐从一个以政治为主导的总体性社会向公民社会过渡，首先是那些先富裕起来的民营企业家组建了各种民间组织，如行业协会等，继而一些具有公共情怀的知识分子和大学教授组成了以服务社会、维护社会利益为旨归的公益团体，其中又以各种环保组织最为发达，所起的作用最大。与此同时，政府也逐渐转变观念，创建并扶植了一批半官方半民间性质的组织。一些有影响的团体，如各行业组织、同业组织、研究团体、利益团体等，大都是由政府创建，并受政府主导的。

根据民政部的统计，截至2008年第三季度，全国注册登记的民间组织达到38.2万个，其中社团组织20多万个，民办非企业单位17万个，还有基金会1300多个。一些学者的估计更多，清华大学公共管理学院NGO研究所就估计全国的民间组织有200万至270万个之多。可以说，庞大的民间组织构成了中国公民社会的基础和主体。

从发达国家和我国港台地区NGO的发展来看，NGO所起的作用包括以下几个方面：一是有助于填补政府用于社会发展方面资金的不足；二是能够开拓大量就业机会；三是资源运用具有透明度和合理性，能够较好避免资源浪费和贪污；四是能推动社会广泛关注与帮助在经济与社会发展过程中资金与人力薄弱的某些部门，以及遭遇困难的弱势群体，如失业与半失业工人、残疾人、缺少劳动力的家庭、儿童、妇女、少数民族等；五是对发展滞后地区的转变也有作用；六是在运作方式上，NGO对弱势群体的服务形成了一套行之有效的办法和经验。

中国与发达国家的情况不同，我们正处于社会转型进程中，利益主体日益多元化，利益关系也日益复杂化，这些都需要民间组织发挥作用，以帮助政府建立起民主的管理机制。另外，转型期要积极稳妥地推进社会体制改革，也必须建立一个利益均衡机制，通过利益的表达和博弈来消除社会矛盾。一般而言，有组织的理性在利益的表达上总比非组织的理性更有效，因此，在社会矛盾和社会危机因素不断加大的情况下，积极稳妥地发展各类社会民间组织，形成协商对话制度，远比非理性的个体抗争行为要好得多，它不仅有利于协调具体利益关系，而且还有利于化解社会危机和保持社会稳定，更好地建设和谐社会。

所以，中国内地民间组织在社会生活中实际发挥的作用与发达国家和我国港台地区的NGO不同。一些学者曾将其概括为以下几点：一是沟通政府与公民的重要桥梁；二是成为影响政府决策的重要因素和推动政府改革的强大动力源；三是民间组织积极投身于社会公益事业，改善了政府的形象，增强了公民的政治认同感；四是民间组织对政府行为构成了有力制约。当然，这不是说，中国民间组织在文化教育、医疗卫生、妇女与儿童权益保护、老年人服务、消除贫困、就业、移民、环保、预防犯罪、社区改造、帮助少数民族等方面就不能发挥作用。

以现阶段力量发挥最为突出的环保组织为例，略加说明。民间环保组织与各级政府、政府性群众组织一起，共同构成保护环境的完整的组织系统，它们的相互支持、补充、制约和促进，有利于形成对环境的全面保护、提高全社会的整体环境保护效益，使得政府能够集中主要力量对付重点环境问题，节省人力、物力和财力，并且形成保护环境的社会基础和民众力量。从这一角度看，民间环保组织既是政府的依靠，又对政府进行监督；既是政府组织的补充，又在某些方面起着政府性环境组织所不能起的特殊作用。民间环保组织的这种特殊作用已从上述提到的几起环境事件中充分体现了出来。

民间环保组织之所以能和政府形成此种既合作又监督的关系，原因在于，民间组织代表着不同社会群体的利益，他们在日常工作中，能够深入基层，了解社会各阶层的不同需求，并动用组织的力量，组织不同的专家和专业人员，对如何满足需求，寻求解决方案。因而，民间组织可以从社会的不同角度向各级政府提供咨询、建议和信息，甚至直接替代政府提供这些服务。同时，这些工作客观上对政府的决策、管理和实施也起到了一种民主监督的作用，有利于政府建立民主监督机制。

中国公民社会未来发展需要克服的问题

中国公民社会的雏形虽然已经形成，并在中国现代化进程中开始发挥独到的作用，但是，由于历史传统、意识形态、政府理念及职能，以及民间组织自身因素等原因，公民社会在中国走得步履蹒跚，与民间经济的发展以及经济开放度不成比例，特别是政府与NGO之间存在着一种内在的紧张关系。

中国传统上是一个中央集权的国家，传统政治文化在政治心理和政治认同方面对公民社会和NGO有着一种天然的不信任感。从传统政治文化来看，朝廷（政府）与民间组织的关系几乎从来是对立的，朝廷对民间实行专制统治，禁止结社，打压民间组织，民间组织则采取秘密结社的方式，反抗朝廷的统治。可以说，这种历史的思维惯性即使到今天，也还某种程度上存在，从而使得政府对NGO和公民社会的发展，始终持一种谨慎和保守的态度。这往往体现在政府对民间组织实行的“宏观调控”中。假如民间组织在一段时间内增长过快，或国内政治发展发生特殊变异时，政府主管部门就要干预民间组织的发展，对民间组织进行清查和整理。此种对NGO和公民社会的敌视和打压，势必会导致NGO与政府的合作困难，甚至会走到政府的对立面，成为反政府的力量，危害社会的团结与稳定。而这反过来又增加政府对NGO的猜忌，长此以往，形成一种恶性循环。

另一方面，政府由于职能转变的不到位，不肯放弃对社会事务和公共领域的垄断，也一直不愿放权于社会和NGO。但事实上政府又没有能力或意愿去包揽社会事务的解决，因而，政府采取的策略之一是扶植一些自己的NGO，但由于政府对这些NGO的管理往往采取像管理行政部门一样的做法，将之纳入到行政序列，忽视其作为NGO的本质属性，从而造成它们的身份尴尬，实际所能发挥的作用有限。

具体来说，NGO在实际运作中遇到的困难主要在于：一是身份的合法性。由于至今未能出台相关的法规，NGO在登记批准上相对比较困难，特别是在审批国际和港台的相关组织进入中国内地的步子上迈得不大，使这些组织很难获得合法的身份进行运作。二是缺乏政策支持。目前我国支持和规范NGO进行合法运作和筹募资金的法律体系还没形成，这使许多的非营利、公益组织即使登记批准后也难以发展起来。三是大多数我国本土的NGO，由于资金缺乏，没有稳定的来源，处于维持和半瘫痪状态，没有发挥应有的功能。四是真正意义上的NGO还不多，多数是半官方组织，它们在观念、组织、职能、活动方式以及管理体制等各个方面，都严重依赖于政府，甚至依然作为政府的附属机构在发挥作用。

上述多重因素的综合作用，使得中国的公民社会具有明显的官民双重性，与西方国家相比，公民社会的一些典型特征如自主性、志愿性、非政府性等在中国还不十分明显，民间组织也极不规范，社会和国家的关系一直保持着一种强国家和弱社会的基本格局。

贾西津曾运用CIVISUS（全球公民参与联盟）的公民社会指数（CSI）体系，通过调查分析，得出的结论是：中国公民参与深度和广度不足；公民社会组织发育不足；公民社会组织非常分散；国际联系少；公民社会组织的支持基础薄弱；三个部门之间的对话、伙伴关系比较欠缺。清华大学公共管理学院NGO研究所的相关研究也表明，中国公民参与的深度比参与的广度更为不足，包括慈善捐助、志愿、作为公民社会组织成员等方面的参与均有缺陷；公民社会组织及非党派性政治活动较弱，公民社会组织的层次较低、联盟缺乏。

因而，中国公民社会要想在未来得到健康发展，必须改变目前政府对公民社会尤其是NGO的态度，认识到政府与NGO之间，并不必然是“零和关系”，也可以是一种“双赢关系”，即NGO可以成为政府很好的伙伴，使民间组织成长为与政府和企业一起共同支撑经济社会生活的第三种力量。为此，需要放松政府对民间组织的过度管制，收缩政府的权力，并将这部分权力让渡于民，让市场、社会和个人的作用得到充分发挥，并在各自的边界内承担起责任，做自己的“主人”。

当然，从民间组织的角度说，也有一个观念改变的问题，即不以政府对立面的身份出现，而是以一个伙伴和对话者的身份帮助政府去解决问题。这就需要民间组织提高自身的能力建设，包括提供高质量项目的能力、明确表达自身使命的能力、具有发展和创新的能力、具有回应紧迫需要和突发事件的能力等。

总之，公民社会既是社会进步的结果，同时对进一步满足社会需求、监督政府权力、促进经济发展、推动民主建设又起着重要作用。随着中产阶级的发展壮大，民主和参与意识越来越深入人心，需要我们采取积极的措施去引导中国公民社会健康地成长。

民间的生成及其力量

中国的未来取决于中国今后将如何改革。但是，中国的再改革不是重新开始，而是建立在过去30年所创造的物质成就以及改革发展的经验和教训基础上的。就此而言，中国的命运其实已由过去30年的改革所锁定。过去30年中国改革的一条基本经验是，放松政府对社会经济事务的控制，极大地给予人们进入市场、从事经济活动的自由，由此激活民间社会的活力，推动民间经济的发展。如果说，有所谓中国特色社会主义的话，那么，特就特在这一点。

30年来民间对中国改革的贡献：以温州为例

中国改革是一个总体工程。要看30年来民间对于中国改革的贡献，我们可以举一个例子来做说明。这就是温州。因为温州是我国民营经济和民间社会最发达的地区之一，最能典型地反映中国民间的状况，而在30年前，温州却是我国最穷困的地方之一，那儿也没有优异的资源禀赋，但是，温州人凭着观念的力量，硬是为中国发展出了一个崭新的民间社会。

从温州30年的改革发展看，它通过不断深化民营化改革，大力发展以私营为主的各种民营经济，有效地调整了社会所有制结构、企业产权结构和利益分配结构，从而为经济发展提供了强大的内在动力和活力；通过不断深化市场化程度，促进了经济运行方式和调节机制的转变，从而提高了社会资源的配置效率；通过不断深化社会领域和公共事务的探索，初步形成了一个具有活力的公民社会的雏形。一些学者曾把温州对中国改革的"贡献"总结成八个方面，我认为是很贴切的。这八个方面为：一是在于使人们看到了民间的力量；二是在于使人们看到了市场的力量；三是在于使人们看到了社会分工的力量；四是在于使人们看到了观念变革的重要性；五是在于使人们看到了在市场经济条件下政府干预的有限边界；六是在于创造了一种可供选择的经济模式；七是在于把市场经济的种子撒向全国各地；八是在于昭示了走向现代化的艰难和希望。

温州模式的形成和发展，为中国市场化改革和现代化建设提供了十分宝贵的实践经验和理论启示。从全国来看，30年改革除了物质方面的成就外，在精神生活和制度文明方面都取得了很大进步。30年改革开放在精神领域的一个最大变化就是打破了过去那种单调、统一的带有个人崇拜和违背人性的生活方式和思维模式，精神和文化生活日趋多样化，思想观念日益多元化。竞争、效率、民主、法治等意识是30年前所不可想象的，特别是，人们可以自由地思想，自由地选择，自主地决定自己的命运。30年改革开放也使中国融入了世界主流文明，锁定了中国发展前进的道路。市场经济和民主体制是人类迄今为止创造的最为成功的制度文明。中国的改革开放就是要学习这种制度文明，自主、自发地接受人类社会发展的普遍规则，并以此克服自身传统的特殊规则的缺陷，使其更好地推进国民福利的增加和国家的富强。

可以说，中国的进步与成就与以温州为代表的民间力量的生成是分不开的，它一方面推动了民间力量的苏醒与发展，另一方面，民间力量的发展与壮大又为它提供了基础和养料。

民间对于下一步改革能够提供进一步的动力

改革时至今日，由于在收入分配领域的两极分化和贫富差距拉大，由于在社会和经济领域既得利益集团攫取了国民创造的大量财富和资源，由于具体的改革举措的推出没有顾及民众的承受能力，由于愈来愈严重的腐败引发人民的不满，改革的动力正在衰竭，改革在民间遭遇到了污名化和抵制，正失去正当性。这对中国推进下一步改革是非常不利的，不解决改革的动力问题，改革会因为强大的反对力量而夭折。

要解决改革的动力问题，就需要增进民众的福利和利益，解放民间的力量，给民间经济和社会更多的选择和创造自由。诺贝尔经济学奖获得者、印度裔经济学家阿马蒂亚·森曾说，市场之所以重要，在于它为人们提供了自由选择的机会，为企业提供了各种经济资源自由组合的选择权利。因此，市场所追求的效率不应该按效用而应按个人自由来衡量。剥夺人们的买卖、交易和寻求幸福生活的自由本身就是一个社会的巨大失败。中国30年的改革就充分证明了这一点。从最终意义上说，只有民间才蕴藏着改革的动力。人民对经济、政治、文化和信仰的需求和执政党不能满足或者打压这种需求的矛盾成为人民进行改革的最强烈动力。从过去的改革来看，每一次局部的改革突破大致遵循着这么一个过程：先是民间进行突破旧体制的自发尝试，以民间的制度创新代替旧制度；接着比较开明的地方政府对民间创新予以认可和支持；再加上社会舆论对民间尝试的支持，使其影响由局部向全国扩展，引发其他地区模仿；最后得到中央政府的认可，变成政策和法律。这一改革路径充分说明，改革的力量来自民间和人民。

目前，从改革的要求看，人民对改革效应的预期普遍提高，对改革成果分享的要求明显增强，改革的“目的性”日趋清晰和强烈。所以，在下一步的改革中，必须把民众的利益和需求放在首位，从主要是利益调整转向利益调整和利益增进并重，从利益倾斜转向利益兼顾，使民众能够实实在在分享到改革与发展的成果，其权利和自由能够得到政府的尊重和保护，改革才能得到民众的拥护，才会有正当性，动力才能增强。

让民间自由发展还须破除政府的不必要管制

改革要增强动力，同时还必须进一步破除政府不必要的管制。

从改革的起点看，中国和苏联、东欧等前社会主义国家一样，政府是严格控制经济政治各领域的。但当执政党决定进行改革时，选择了一条以“松绑、放权”为特征的经济自由化改革之路，后来又引进竞争的市场机制，让公民很大程度上有了从事经济活动的自由，从而使社会创造财富的激情得以充分释放出来。

具体来说，中国30年来在经济方面进行了两个重要的改革：一是放开价格，由市场而不是政府定价，到今天，商品市场的价格绝大部分已经放开；二是实行经济的非国有化，在国有经济之外，允许非国有经济成长，并在国有经济内部，由竞争性产业开始，然后在某些垄断性产业，逐步引入民间和国外资本，同时扩大国有企业经营自主权。对社会，则逐步放开对言论、结社的控制，允许社会有一定的言论自由度，也允许各种公益性的社会组织出现。通过不断解除国家在经济、政治以及其他领域的管制，由此促成了民间社会的活力和民营经济的大发展。

这是中国改革成功的一条基本经验。可惜的是，这条经验没有得到很好贯彻，越到改革的后期，随着国有企业经济效益的好转，也随着改革的深化和利益关系的调整，中国政府对管制的态度时有反复，在一些重要行业和领域，管制甚至有加强的趋势。

比如，政府通过“抓大放小”的国企改革，把一大批中小国有企业民营化和股份化，这本来是对的，但政府后来又明确提出在涉及国家安全、自然垄断、提供重要公共产品和服务，以及支柱产业和高新技术产业中的重要骨干企业等，国有经济要占据主导地位，并不惜动用国家财政来扶持这些行业和领域的国有企业，设置进入壁垒。另一方面，“非公经济36条”虽然已经颁布几年了，但实施细则一直没出，条例所规定的给予非公经济的各种待遇并未得到有效落实。再如，由于2007年以来的物价高涨，政府在2008年初对多种涉及到百姓生活的商品实施临时价格干预，一直到11月底才解除管制。2008年引起多个城市出租车司机罢工的出租车行业，也存在政府的过度管制。不仅经济领域存在着广泛的政府管制，教育、医疗卫生等领域也都还保持着高度的政府控制。

中国政府强化管制，常常打着社会利益，或者市场失灵的旗号。某些行业和领域加强监管是必要的，但是，在多数被管制的行业和市场，特别是垄断领域，就不是加强管制的问题而是放松管制。事实上，很多管制并没有实现管制者所宣称的目标，相反，还造成了不应有的后果。比如，对油价的管制使得中国的油价至今比美国的油价还贵，对出租车市场的管制导致2008年发生多起出租车司机罢运事件，对医院的管制也使得中国的人均医疗资源严重不足，等等。

经济学早已证明，政府过度管制会产生诸多社会危害，包括：资源配置的效率损失；形成巨大的既得利益集团，滋生腐败；加大市场交易成本，压制企业家精神，社会的创新严重不足；等等。就中国来说，管制导致的最大危害我认为主要体现在民营经济方面。这些年来，民营经济虽然有比较大的发展，但生存环境并未见得比十几年前宽松多少，几个影响民企发展的关键问题——市场准入门槛高，企业融资难，权益未能得到法律有效保障——一样都未能解决。特别是，民营企业要想进入被政府管制的行业尤其是垄断行业举步维艰。因此，在经济形势好的时候，民企尚有一息生存，一旦经济形势不好，受伤最严重的总是民营中小企业。如在此轮金融危机中，很多中小企业就因融资难而纷纷破产倒闭。

因此，今后的中国改革，若要赢得民众对改革的支持，我认为也很简单，就是进一步放松政府对各种生产要素和市场准入的管制，让民营经济和民间社会的活力自然地、自动地、自由地发挥出来。

重要的是还权于民

要让民间社会充满活力，还要还权于民。

从2008年来看，群体性事件的发生已经成为影响中国社会稳定最为突出的问题，而群体性事件的增多最主要的是民众的经济利益和民主权利受到包括政府在内的既得利益集团的压制。

当前，中国民众的权利生长方式正在发生变化。如果说，在改革前以及改革后的相当时期里，民众的权利是由执政者从外部赋予他们的话，那么，现在民众对权利的需求就完全来自自身。导致这一变化的原因是财产的生成。过去民众没有财产或财产很少，他们对自身权利的需求也就不强烈。但改革后随着经济的发展，多数民众都或多或少拥有自己的财产。有了财产就需要对财产的保护，并进而发展成对民主和社会公共事务的参与需求。因为没有对后者的参与也就不可能真正有对财产的有效保护。互联网的兴起则为这种参与提供了技术支持手段，并进一步催生了民众权益意识和民主意识的发展。现在很多群体性事件都带有互联网的影子或影响。

简言之，在中国公民社会的雏形初步形成以及公民意识初步觉醒后，民众不再被动等待执政者赋予自己权利，而是主动去争取本属于自身的权利。

然而，对民众这种权利生长方式的变化，执政者尤其是基层执政者却未能清醒地预见。他们的意识还处在“为民作主”或“替民作主”的阶段。少数执政者虽然意识到了，但也未做好相应准备。整个社会的管理方式因此总体呈现出与市场经济和民众日益增长的民主意识不适应的一面。

考虑到中国的实际情况，还权于民不是一个短时间里能做好的事情。但我们必须有所作为。未来几年，要让中国平稳发展，首先，政府要树立主权在民的理念，限制和规范政府的权力，实现政府的权力与责任的对应，同时强化对官员的问责。其次，进行社会政治改革，积极培育、完善和壮大市场与公民社会，特别是要发育各种利益组织，使它们真正能够代表公民的利益，维护公民的权益，并建立起正常、规范的利益表达机制，扩充民众的利益表达渠道，形成协商对话制度。再次，逐步放开政府对媒体和舆论的过度管制，强化司法的独立性。只有舆论和司法相对独立，社会正义才能得到最后的保障。

总之，一个国家是否强大，关键不在于国而在于社会，特别是民间的力量能够得到充分发育与发展。从中国过去30年的改革历程看，什么时候民间力量比较活跃，发展空间比较大，社会也就比较和谐稳定。未来几年，中国将面临包括就业压力、致富和权益的需求以及社会稳定等几大挑战。解决这些问题的关键，取决于民间社会的活力以及民营经济的充分生长。

“网络问政”与政府善治

近年来，在中央高层的引领之下，“网络问政”在中国已渐成风气，领导人的亲身参与不但鼓舞了网民通过网络反映诉求，表达心声的热情，也带动地方党委和政府更加重视网络民意，不少地方已把“网络问政”写进每年的政府工作报告。在这里，特别值得一提的是温家宝总理近三年于“两会”前夕同全国网民的在线交流，掀起了民众的“网络问政”热情。比如，2011年的在线访谈，全球网民向温总理提出了40万个问题，几百万网民在线观看温总理与网民的互动。温对住房、物价、规划、反腐、养老、医保、教育、户籍、流浪儿童等社会热点问题的回应和解答，不但使普通百姓能够更好地了解“两会”内容，理解中央决策，其谦恭、平等的交流方式也拉近了他与普通百姓的距离。

截至2010年底，中国网民的数量超过4亿规模，占总人口的1/4强，不算农村40岁以上人群、小孩以及城市贫困家庭的一部分父母，这4亿多网民基本是中国的主流人口。因此，放在民主社会，不管对哪个政党而言，这绝对都是不敢轻视的力量。网民对“网络问政”也充满着期待，前两年国家行政学院、中国人民大学联合进行的一项网络调查显示：69%的网民认为“网络问政”是党政官员了解民意的有效方式，对“网络问政”推动我国民主政治建设充满期待。

从“网络问政”产生的实际效果来看，从早年的“孙志刚事件”一直到2010年的“我爸是李刚”事件，再到2011年由于建嵘教授发起的“微博打拐”活动，最近几年，大凡引起全社会关注和重视的公共问题和事件，都是最先由网络发起或主要由网络参与的。网络正在取代传统媒体，发挥着对政府及其官员的监督作用。如今没有哪位官员愿意随意发表对网民不敬的言论，否则，极可能会葬送其政治前途。

鉴于此，一些乐观的评论者认为，“网络问政”是中国特色的民主之路，将有助于中国的政治民主化，并在促进政府的良政和善治上发挥重要甚至主导作用。

我基本赞同中国未来的民主化将会由网络开启，但是，“网络问政”能否导致政府良政和善治，是需要一些前置条件的，它们包括：网民作为一个群体对自身利益和社会公共事务的关切和表达；政府的回应与透明化；“网络问政”去弊端化；政府对网民政治权利要求的态度；等等。“网络问政”本身并不会自动达成善治。

所谓善治，简单地说，就是使公共利益最大化的社会管理过程。按照全球治理委员会的定义，治理是各种公共的或私人的个人和机构管理其共同事务的诸多方式的总和，是使相互冲突的或不同的利益得以调和并且采取联合行动的持续的过程。这既包括有权迫使人们服从的正式制度和规则，也包括各种人们同意或以为符合其利益的非正式的制度安排。因此，善治本质上是政府通过与公民平等沟通、共同协商、建立伙伴关系、确立共同目标等方式实现对公共事务的管理。衡量一个政府善治的标准主要包括合法性、透明性、责任性、法治、回应、有效、参与、公正等，中国学者俞可平根据发展中国家的实际情况还加上廉洁和稳定两条。

从上述善治的定义和标准来看，善治根本上有赖于公民自愿的合作，以及公民对其权利的自觉，否则，政府治理至多只有善政，而不会有善治。很显然，中国现阶段的政府治理远未达到善治程度，但善治的某些特征，如透明、回应、参与，却在“网络问政”中具备。

“网络问政”在中国的兴起，有两个基本的原因。一是人们的公民意识在改革中成长起来，他们迫切需要通过政治参与来确保自己得自改革开放的财富和权利不会被政府和强势集团剥夺；二是现实中的政府施政行为高度不透明，没有提供民众参与的渠道和平台，民众无法通过参与维护自己的权益，或者维权的代价太大。

中国传统的社会结构是层级化的，这种社会结构与中央控制式结构如出一辙，靠暴力和信息垄断来维持。受此影响，政府的运作和对社会的管理习惯于不公开和不透明，政治过程缺少公众参与，从而在国家权力与公民权利之间形成信息不对称，民众并不知道其中发生的事情，即使有传媒，也只是一种单向度的传播，其任务是把信息“推”给对象，采取的是“灌输”和“宣传”的方式。这种情况下，民众无从选择，只能被动接受加诸自己的结果，当然更谈不上有效监督政府。

网络的出现和迅速发展，从某种程度上改变了此种状况。网络的开放性、交互性、即时性尤其是权利的平等性使其具有一种难以控制的生命力，它颠覆了传统政治方式和政治过程的隐秘和封闭，使政府单方面控制和垄断信息越来越难。因此，网络为公众的政治参与营造和发展了新的公共空间、途径与方式，使以往在传统大众传媒中无法实现的个人表达和言论自由得到展现，被压抑的参与热情重新得到了释放，从而提高了民众政治参与的兴趣和能力，并创造了一种全新的网络监督模式。因为传统的监督基本上是一种间接监督，在其过程中，时间和信息的损耗在所难免，再加上体制缺陷以及各种非正常因素的干扰，监督效力比较有限。而网络特别是其中的微博则创造了一种更为直接、快捷的监督渠道，扩大了公民监督的广度和深度，使公民能充分发挥民主监督的主体地位，构成了直接民主的某种形式。比如，近年出现的多起“跨省追捕”案件以及“官二代”事件，在网络曝光后，大体都能得到政府的及时回应，并最后达成一个相对圆满的解决效果。

可以说，正是网络所起的这种作用，使得过去很多被传统媒体遮蔽的反映社会底层的尖锐问题能够暴露出来，甚至不加修改地“直达天听”，激起社会的关注，从而推动问题的解决和社会的进步。另一方面，政府及其官员也从最初的不习惯网络表达，到现在有意识地向网民征求意见，逐步形成多渠道、成规模、有系统的网民意见收集机制。车船税法的大幅修正就是最新的一例。

更重要的是，通过这些年的网络互动，在公共协商中，政府和民众呈现出一种“双向成长”：政府以尊重民意、提高执政能力为中心的应对网络舆论新机制正在形成；而积极参与公共事务、权利与责任平衡的“网络公民”也在走向成熟。像网络发言人的出炉，网络新闻发布会的召开，网络举报渠道的拓宽，网络会议，各级领导干部的网上访谈和在线交流，等等，丰富了民众参与公共事务、表达意见和见解，以及政府听取民意、接受民众监督的途径和渠道。

假如这样发展下去，将会比较显著地改变目前的执政方式，从而在某种程度上达到政府的良政和善治。但是，正如前述关于政府善治的定义所言，政府治理实际上是一个政府权力和公民权利持续协调全面的互动过程。要实现善治，政府应积极建立健全公民参与、监督机制，不断增强公民的参与、监督能力，通过沟通、协商、合作、伙伴关系等方式形成一个官民互动的合作网络，这是提升政府治理能力的重要途径。网络虽然客观上会带来社会的扁平化倾向，为人们的参与提供技术手段，但它毕竟只是个技术平台，“问政”是否可行以及在多大程度上起作用，取决于政府对“网络问政”的态度、政府的权力运行方式本身改变的程度，以及政府是否愿意把网民作为和自己平等的伙伴看待、是否愿意接受网民的监督，等等。

从现实看，多数政府官员还存在不适应、不愿意接受网络监督的一面，或者把“网络问政”仅作为一种作秀的道具和长官意志的点缀，并不准备去认真地解决问题。尤其是当网络民意触及到政府和官员的切身利益时，还可能出现采取专政手段打压网民的情况。人民网的一个调查曾显示，大部分网民仍对“网络问政”的真正效果存疑，例如，在回答“您相信官员通过网络回复的问题能够得到解决吗？”时，选择“不知道”的占51%，选择“不相信”的占21%，而选择“相信”的仅占15%。这种不信任很大程度上是源于政府机关对于网络留言的重视程度不够，处理不及时或者根本不处理。

除此外，网络作为一种技术手段和网民自身所存在的一些缺陷也可能会被政府部门加以利用，而导致善治的不可行。首先，网络民意并非是社会的全部民意，部分农民和城市的穷人，他们因为各种原因而成为网络的缺席者，无法在网络世界表达意见和诉求。尽管他们的意愿也会由一些网民代为表达，但毕竟只是“被代表”，能否完整地表达被代表者的意愿且不说，还有可能出现代表者将自己的私货塞进被代表者里面的情况。所以，要对网络民意去伪存真，仔细筛选和甄别网络信息，否则有可能被网络信息误导。

其次，网民作为一个整体，其文化程度和表达能力相对较高，但在网民内部，许多网民的表达劣势让他们的网络建言缺乏逻辑，流于空洞而朴素的表达，一些真正有价值的建言却又极可能淹没在动辄几十页的网络跟帖中。这种偶发的、即时的、随意的、无序的网络民意虽然能让政府感受到网民的情绪宣泄和压力，但由于不能和政府建立起一种很好的互动关系，可能对改正政府的行为没有多大作用，甚至起相反的作用。

第三，现实中的网络民意只局限于偏好网络表达的人。许多人甚至一些高学历的人，虽然具有网络的表达能力和条件，事实上也拥有网络工具，但他们可能不喜欢在网上表达，因而和穷人一样，也是一个网络民意的沉默者，被排除在网络民意之外。当然，这些人中有一部分在现实里能够表达和影响政府的决策，无须上网发表看法，但确有一部分人对公共事务和政治参与不感兴趣。

第四，网络信息的无限性和可操纵性，特别是对网络“信息轰炸”和“信息伪造”，一般民众并没有鉴别能力，也没有足够的时间和精力去消化这些信息，各种势力和集团就可能从自己的利益出发，在网络上发布各种信息，误导民意，导致民意的非理性和非规范性，并使得网络民意很难被均衡代表。这种情况现在越来越明显。所谓“网络水军”就是这样一种现象。如果这被政府有意不恰当地运用和处理，极可能造成社会的不稳定，从而最终达不到良政和善治的效果和目的。

另外，从政府一方来看，也存在一些政府部门的网站长时间不更新或沉睡，许多市长信箱形同虚设，热线电话无人接听，官员对民众的意见和建议没有反应，或者回应敷衍塞责等情况，不但浪费了宝贵的网络资源，更主要的是在民众中造成不好的印象，从而使政府的政策、信息，特别是中央的政令、意愿等，不能及时、准确地传播到社会各个角落，挫伤了民众参政议政的积极性，也影响到政府的行政效率。

从上述分析来看，欲使“网络问政”导向政府良政和善治，根本有赖于政治民主的建立和一个公民社会的发展，这就要求我们的各级领导干部，要把公民的知情权、参与权、表达权和监督权上升为执政理念加以保护。但在当下，要使“网络问政”发挥效果，关键还是要加大行政透明化的力度，从制度和机制上确保政府的透明运作。只有对民众的意见和建议“择其善者而从之，其不善者而改之”，社会才能出现和谐的局面。

官民对立中的公民权利诉求

这些天，中国的网络舆论为鄂西一个偏僻小镇的弱女子的命运担忧。这位名叫邓玉娇的女服务员因不堪被三个索要“特殊服务”的基层官员凌辱，在2009年5月10日愤而用一把修脚刀将其中一名官员刺死。

就案件本身来说，并不复杂，但毕竟人命关天，所以笔者希望此案能够得到公开公正的审理。然而，令人关注的不仅在于案件本身，更在于这起看似普通的案件披露后所引起的巨大社会反响，以及舆论对邓玉娇和死者那种泾渭分明的态度。对死者——野三关镇招商办主任邓贵大，公众几乎没有同情，甚至许多人认为他该死；而对邓玉娇这位“凶手”，公众不仅寄予深深的同情和理解，甚至被喻为替天行道的“抗暴英雄”。这种截然相反的评价背后凸显了一种怎样的社会心理，有什么值得我们反思和注意的？

从社会学的角度看，我想，这里面有两方面原因不能忽视：一是邓玉娇这位民女，虽处娱乐场所，却能做到洁身自好，在面对三个大男人的侮辱和强暴时，不是选择忍受侮辱，而是选择了反抗，这对那种笑贫不笑娼、自我堕落的社会道德是一记棒喝；二是这起案件唤起了人们对一些官员贪污腐化、欺压底层民众的集体记忆。例如，在邓玉娇案前，媒体刚爆出贵州习水县官员集体嫖幼女案，此外，还有林嘉祥调戏幼女案、国税局长买处案，等等。一些官员的胡作非为，令官员群体在很多民众心目中，成为违法乱纪、贪腐成风的一个特殊人群。有评论就指出，邓玉娇案存在着三种权力，即政治权力、性权力、金钱权力，它们统一到官员身上，因为现实中只有官员群体才能做到全部拥有这三种权力。所以，该案实际上又凸显了权势集团与民众关系的紧张。

正因此，邓玉娇案也就带有象征意味极强的二元对立的因子或者图景，一些网民将之概括为弱者vs强者、屁民vs狗官、被迫害者vs压迫者、人民vs官僚、无权者vs特权强权，等等。这些简单的二元对立图景虽然经不起认真的推敲，但却得到非常强有力的社会现实的支持。过去发生的一系列事件，似乎都印证了它，邓玉娇案不过是把人们潜意识中存在的这套印象再次强化而已。

上述鲜明的二元对立图景只有在一个社会处于断裂中才会产生。最近几年，社会学家频频用“断裂”这个词来概括中国目前的社会结构。而在各种断裂关系中，社会的一个共识是，以官员为代表的权势阶层与底层民众的矛盾和对立已经到了一种剑拔弩张的地步。官民对立中，又主要是基层官员与基层百姓的对立。学者郑永年著文指出，在任何社会，政府本来是社会正义的提供者，但中国的基层政府作为政权和人民的连接点，他们非但不能代表和保护人民的利益，政府本身反而成了公共安全的最大威胁和非正义的制造者。造成基层政府无政府状态的原因，在他认为是改革过程中的金钱主义全面有效地取代了传统的道德主义，使得基层政权高度非道德化或者道德虚无化，而一旦执政的道德解体，没有任何东西可以制约地方官员的行为，就可能出现父母官欺压人民、强暴民女的事情。不幸的是，邓玉娇案恰恰带有此种印记。

郑永年的解释是否一定准确，我们可以存疑，但不能否认现在相当多的基层政府的确在很大程度上存在无政府或非正义状态。当政府不能善待治下的民众、不能保护民众的基本权利并侵犯他们的生存空间时，那么政府和民众之间的鸿沟就会不断扩大，特别是当双方彼此缺乏信任、无法相互包容的时候，任何一件小事都会被放大，并被无限上纲。在邓玉娇一案中，正是死者政府招商办主任的官员身份，使得人们丧失了对他的基本同情。

官民对立走到今天这一步，是一系列社会矛盾不断积累的必然结果。改革30年来，由于我们在推进经济建设的过程中并没有真正地约束政府及其官员的权力，没有真正地赋权于民，致使民众的各种权益在发展的名义下受到严重侵害，尤其是处于社会底层的弱势群体背负了制度与结构变迁的代价，他们被排斥在应该享有改革与发展成果的群体之外，成为一个沉默的无希望的群体。

因此，要弥合断裂的社会，修复恶化的官民对立关系，必须进行政治改革，将公民的政治权利还给人民。市场经济不是一个可以孤立存在的制度，从市场经济比较完善的国家看，一个好的市场经济需要种种政治社会的制度安排来和它配套，其中最主要的是公民要有政治权利，即一定程度的言论自由、结社权和对公共事务的参与。因为如果公民在上层建筑领域所享有的政治权利缺失，就无法对其在经济基础领域所享有的社会和经济权利提供相应的保障。

随着互联网日益深入地介入公众的日常生活，人们的权利生长方式也正在发生变化，他们不再被动等待执政者赋予自己权利，而是主动去争取本属于自身的权利。但对于这种变化，执政者尤其是基层执政者，普遍处于一种不自觉状态，还习惯用管制的方式粗暴对待底层民众的权利要求。需要指出的是，当基层政府鉴于知识水平和利益结构无力进行自我转型时，高层特别是中央就必须以强大的行政力推动他们去转型，化解官民之间的紧张关系。

2009年，中国政府颁发了2009年至2012年国家人权行动计划，这是好事，现在的问题是如何使之得到真正落实。2009年发生的一系列官民对立的事件说明，如果不规范和限制政府的权力，不将官员赶到权力的笼子里去，那么，等待我们这个社会的可能是更多修脚刀的出现。

非正常上访与非正常权利

非正常上访自然是与正常上访相对的。按照《信访条例》的解释，如果公民、法人或其他组织在信访过程中，不按法定程序、不到指定地点或者不以法定方式向政府反映诉求、意见的，就属于非正常上访。《信访条例》把到天安门广场、中南海周边、驻华使领馆区、中央领导人住地以及涉奥场所（包括分赛区）等非信访接待场所“上访”的行为，都列为非正常上访。

然而，现在我们看到，地方对非正常上访的划分，有扩大化之嫌。例如，深圳市2009年11月发布了一个《关于依法处理非正常上访行为的通知》，明确列出了在市委市政府办公场所外聚集、滞留等14种信访行为为非正常上访，它们属于政府打击之列，其行为实施人，除予以行政拘留、追究刑事责任等之外，符合劳动教养条件的，还将判处劳动教养。

深圳的这一纸规定，被媒体曝光后，引起了舆论的关注。事实上，类似深圳之规，其他地方也制定了，有些地方甚至更严厉，把县委县政府领导的住所都列为非正常上访的范围而严加限制。在目前越级上访、进京上访、“告洋状”以及过激上访、自残式上访等有越来越严重趋势的情况下，规范上访形式，维护社会秩序有其必要，然而，借着规范，随意限制上访的范围和途径，采用高压手段打击上访人，则不是在解决问题，而是在激化矛盾。

上访是人们的应有权利。我国宪法规定，公民对国家机关及国家工作人员有控告、申诉、举报的权利，即“上访”权利。当人们在法律的许可内，通过司法途径不能反映和维护自己的利益时，自然要通过行政程序和上访途径去争取解决。

笔者注意到，深圳对出台这一规定的解释是，有些人抱着“小闹小解决，大闹大解决，不闹不解决”的心态，采用超出正常信访活动范畴的方式，扰乱了正常的社会公共秩序，如不采取措施加以整治，会影响社会稳定。客观而言，在一些上访户中，的确存在这种心态。由于地方政府在处理上访案件中的机会主义态度，甚至企图用小恩小惠来诱使上访人放弃上访，因而在有些地方出现谁闹得最凶，影响最大，事情反而最容易得到解决的情况。但是，抱着这种心态的上访户毕竟是少数，大部分上访的人是因为正常上访途径解决不了，而不得不采取一种激烈的方式，以引起领导或舆论的重视。退一步而言，假使一些非正常上访中出现过激行为，触犯法律，造成严重后果的，自有法律去审判。现在许多地方出台禁止非正常上访的规定，这就等于把判定非正常上访的权力交给行政，不经法院的审判，就直接剥夺了人们上访的权利和自由。这是非常不好的。

国家信访局原局长周占顺曾表示，在当前群众信访特别是集体信访反映的问题中，80%以上有道理，或有一定实际困难和问题，应予解决；80%以上是可以通过各级党委、政府的努力加以解决的；80%以上是基层应该解决也可以解决的。能够解决而不给以解决，充分暴露出了人们为什么要进行非正常上访的原因，那就是，非正常上访并不是上访者造成的，而是由政府造成的。

政府的因素，我想除了信访机构的权力有限，信访工作人员态度粗暴、作风有问题外，更根本的是我国的社会管理未能严格依法行政，司法体系不够独立，法律没有得到足够尊重，矛盾不能用法律的方式得到化解。因此，上访人希望通过权力来纠正错误而不是依靠法律来解决问题。

从实际看，一些上访案件要想立案查处，须得到党政机关或司法机关主要领导的支持。如果主要领导在上访者的材料上有批示，有关机构就能立案查处。如果得不到主要领导的批示，上访人提交的材料就只能一级一级向下批转。引起主要领导重视和批示的最好办法，当然是造势，有了声势，领导就能注意并且重视。这是非正常上访越来越多的根源。

因此，如果不改变此种不正常的权力运用方式，完善上访立案程序，想靠专政的强力来迫使人们去进行所谓正常上访，在民众权利意识提高的今天，很可能会适得其反。

官员就应该习惯被“骂”

国资委前主任李荣融在2009年底对媒体透露了他的一个困惑：“我想不明白，为什么国企搞不好的时候你们骂我，现在我们国企搞好了你们还是骂呢？”这个困惑使得他很郁闷，曾有一个晚上辗转难眠。

说实话，我挺“同情”李荣融的，搞好是骂，搞不好也是骂，怎么做才能让“你们”满意呢？还有没有评判是非的标准？然而，对于这一问题，我认为，尽管李荣融有“发牢骚”的权利，民众也没有错。

很多官员可能会像李荣融一样以为，“我”做错了你批评“我”甚至骂“我”都是应该的，“我”做对了你不表扬也就罢了，为什么还要批评和骂“我”呢？如果这样来理解批评，就有些过于狭隘了。

“批评”的要义不在于被批评的对象是对是错，而在于批评权利本身，说得极端点，就是：“我”想批评谁就批评谁，“我”想怎么批评就怎么批评。

一些人可能会担心这样会造成没有标准，是非不分，就批评作为一种权利而言，的确没有我们日常所理解的“是非”标准，但却有一个前提，即这种批评只适合对政府及其官员。对此，可从两个方面来看待。

首先，批评是一种表达权，属于一个社会最基本最宝贵的言论自由。相对于事情本身的是非曲直来说，批评，或者说表达的自由具有更高的价值。正如哈耶克所言，自由之所以被赋予个人，并不是因为自由可以给予个人以更大的满足，而是因为如果他被允许按照其自己的方式行事，那么他将比他按照我们所知的任何命令方式去行事以更好地服务于他人。因而，在一个日益发展的社会中，任何对于自由的限制，都将减少人们所可尝试之事务的数量，从而亦会降低进步的速率。这也就告诉我们，一切政治、经济、法律制度上的设计，其实都是要达到一个目标，即确保个人尽量自由。这也是包括中国在内的许多国家的宪法为什么要保障言论自由的原因所在。

政府和官员作为掌握公权力的部门和人物，天然具有比一般公众更强势的力量。而且，正由于政府和官员掌握着公权力，他们做出的决策和政策会影响到社会每个人的利益，民众当然就有对他们说“不”和批评的权利。只有赋予民众批评和表达之权，才尽可能防止政府和官员滥用权力及减少由此所带来的对民众利益的损害。就此而言，也即从批评的价值来说，不存在做错事该批，做好事就不批的问题。如果这样的话，那等于剥夺了人们一半的批评权利，因为在现实中极可能会出现这样的情况，万一我批错了，怎么办？

其次，也应看到，社会乃由不同的群体组成，政府的施政不可能做到所有人都满意，总有些人对某个政策不满意，那么，对他们来说，当然就有批评的权利。换言之，由于理念特别是政府决策对人们的利益影响不同，对好与坏的判断，虽然多数时候多数人有一个大致标准，但要达到完全一致是不可能的，有时会大相径庭。

以李荣融所抱怨的国企搞好搞坏都挨骂为例，民众和李荣融及国资委对好坏的判断就大不一样。李荣融及国资委会认为，“我”把国企搞好了，这不但有“天时”（经济周期）、“地利”（垄断）因素，而且与国资委成立以来在推进央企业绩考核、集中主业、人事制度改革（向全球招聘央企高管）、公司治理（引进独立董事、职工董事）、规范产权改革乃至国有经济的整合重组等方面的努力是分不开的，如果没有这些基础建设，国企不可能有现在的业绩。但民众显然不这么认为，在他们看来，国企占用那么多的国家资源，又有政策的强力支持，搞好自然是应该的，不值得夸耀；搞不好就太不应该，当然要骂“你”。何况，国企这些所谓成绩的取得，是以排斥和打压民企、损害公众福利为代价，而他们又没享受到国企搞好的收益，所以，“你”搞好没搞好国企，与“我”关系不大，“我”才不领情。在这里，民众和李荣融及国资委对什么是“好”缺乏基本的共识，因此，李荣融挨骂是正常的，不挨骂才不正常。

现在，李荣融对被骂感到委屈，因为他还不习惯社会的这种表达方式。这也是当前多数官员的真实心态。其实，在一个民主和表达自由的社会，人们批评乃至骂官员，对骂者和被骂者来说，都习以为常。我这里引述捷克宪法法院2008年对众议院副议长扬-卡萨尔对通俗小报《闪电报》刊登的一篇包含有关他曾与苏联间谍合作的不真实信息的文章的上诉所作的判决，应该对我们的官员有所借鉴。法院是这么说的，“政治家、政府高级官员和社会知名人士必须可以接受比其他公民更多的公众批评”，“他必须在这方面表现出较高等级的宽容和忍耐”。所以，官员，特别是像李荣融这样的部级高官，应该习惯被人们批评乃至“骂”，对好事也“骂”实乃是一种监督。

少生4亿人的代价问题

人口问题事关中国现代化的成败。国家计生委主任张维庆用自问自答的形式，在2006年第6期《求是》上撰文阐述中国的人口政策和面临的人口难题。他指出，根据人口专家推算，到1998年底，中国少生了3亿多人，到2005年底，少生了4亿多人。

用30多年时间就实现了发达国家100多年才能实现的人口再生产类型的历史性转变，比其他发展中人口大国提前约半个世纪进入世界低生育水平国家的行列，这的确应归功于中国实行的计划生育国策。为此，从20世纪80年代初期到21世纪20年代，我国都将处于“人口红利期”，而这也恰是促进经济增长的战略机遇期。假如不实行计划生育，多生出4亿多人，我们总体小康水平的实现要推迟很多年。仅此一点，就是一个了不起的贡献。

但凡事有利也有弊。在看到计划生育政策使人口总和生育率下降的同时，少生4亿人也给家庭、社会和人口自身的再生产带来了诸多问题，以及为此付出的沉重代价。

正如一些人口学家所说，过去对人口问题的最大误解就是将它理解成人数问题，进而简单地把它看作是一个生育问题，以为控制了生育就控制了人口的增长。在这一思想指导下的计划生育工作，多采用简单粗暴的方式，民众的生育权和其他权利受到侵害不说，以独生子女政策为主的计划生育国策也落下了很多后遗症。其中最大的问题，就是人口的结构性风险，它包括独生子女家庭的风险、出生人口性别比严重偏高的风险、未来的养老风险以及低素质人口的规模过大制约中国粗放式经济增长方式的转轨风险等几方面。

先说独生子女家庭的风险。独生子女在成长的过程中，随时都有可能面临着不测。与西方文化以夫妻关系为轴心不同，中国的家庭或者家族向来以亲子关系为轴心，到独生子女家庭时代，独生子女更成了唯一的中心。因此，倘若独生子女家庭遭遇了类似“独子夭折”的风险事件，打击是何等沉重，或许一个家庭从此就垮下去了。即使不出现夭折事件，孩子在成长过程中亲缘文化的缺席，不能感受到兄弟姐妹的手足亲情，对其人格的形成也将产生影响。由此可见，独生子女家庭本质上是一个风险家庭。

家庭是社会的细胞，“细胞”的脆弱决定了一个社会内在的脆弱。广义来看，独生所带来的风险不仅仅是夭折这种比较直接和强烈的风险，还包括了未来的养老风险、社会发展风险甚至国防的风险。总之，独生在整个生命周期都存在着风险。而由一个个独生子女风险家庭构成的社会，也必将是一个高风险的社会。

第二个大的社会代价是出生性别比的严重失衡。自20世纪80年代开始，我国出生人口性别比持续攀升。1990年第四次人口普查时为111，2000年第五次人口普查时已升至116.9。出生人口性别比偏高的地区，也由沿海向中西部地区扩展。导致出生性别比失衡的原因，虽然有传统生育观念的男孩偏好影响，农村养儿防老的现实考虑，以及现代技术如B超的运用等，但关键还在于生育政策。生育政策强化了上述因素。换言之，如果在生育上不受限制，由于上述因素的影响，虽然也会存在出生性别比的失衡问题，但程度会低得多。

通常情况下，人口性别比一定程度的失衡是可以通过婚龄差来调整的。但若失衡严重，其后果必将导致婚姻市场挤压，冲击现行的一夫一妻的婚姻制度，由此产生的一系列复杂的社会问题，如对未来社会的良性稳定运行、社会伦理道德体系造成巨大冲击，我们不可不察。

生育政策带来的第三个社会代价，就是养老问题。特别是人口红利消失后，这一问题将更突出。有关统计表明，2005年，65岁及以上的老年人口已经超过1亿，占总人口的比重达到7.7%。我国人口老龄化有两个突出的特点：一是人口老龄化速度和老年人口的绝对数量增长快；二是人口老龄化超前于经济发展水平而提前出现。据预测，到2040年，中国老年人总数将达到4亿人，超过法国、德国、意大利、日本和英国目前人口的总和。

受中国传统文化的影响，家庭养老还将是未来养老的主要方式。而且，在可见的将来，社会保障水平仍然会很低下，这也注定了我们不可能大规模地实行社会养老，如此，一个独生子女家庭将要承担四个老人的养老责任。对于经济条件不殷实的独生子女家庭来说，其负荷之重可想而知。万一这中间再发生什么变故，只有把养老责任推给国家来承担了。这种风险是一直存在的。所以，对国家而言，一个紧迫的问题就是如何解决未来几亿人口的养老问题。

除上述风险和代价外，中国粗放式经济增长方式也将因受制于大规模的低素质劳动力而不能比较快地得到转变。因为从实际情况来看，政府的计划生育政策主要在城市有效，在农村往往失灵，结果造成人口的“逆向选择”现象，新一轮的人口增长并没有带来年轻一代人口素质的全面提高和发展。这对中国的现代化无疑是一个不利因素。

总之，少生4亿人是计划生育政策的一个巨大成就。但我们不能陶醉其中，应看到背后隐含的风险和社会代价。计划生育实质是一个如何平衡当代人与后代人的福利问题。我们既不能牺牲后代人的利益来谋求当代人的福利，也不能只看到远处而忽视对现实的必要关怀。在未来的人口发展中，要尽量减少人口控制的社会代价，特别是人权代价，在继续适当控制人口增量的前提下，更多而不是更少地考虑个人、夫妇和家庭的权益。人口政策只有做到以调整人口结构为主，控制人口数量为辅，才真正是以人为本，由计划生育而导致的后果也才能降到最低。

“公民”不只意味着反对

广州番禺垃圾焚烧项目的选址问题近来在媒体的关注和当地民众的反对下，将进行重新审视和论证，番禺地方政府表示，不排除通过全区群众投票来决定该项目去留的可能。这是近年来环保领域因公众的参与并明确表示反对意见后政府改变决策的又一事例。

最近几年，随着民众环保意识的觉醒，他们积极地参与到一些环境事件的维权中，并成功地促使政府改变了一些可能危及民众健康和环境安全的决策。可以说，环保的公众参与并对一些存在隐患的政府项目大声说“NO”，显示了一个公民社会的雏形至少在环境领域开始形成。

从社会形态和人的角度出发，中国改革开放和现代化的目的之一，是形成一个具有自主意识、自我决策并担当的公民以及由这样的公民组成的社会。传统社会缺乏这样的因子，人们更多显示出一种臣民意识而非公民意识。改革开放，特别是市场经济的发展，为公民社会的成长提供了必要的物质基础和组织保障。然而，由于某些特别的因素，我们在社会思潮的引导和塑造上，刻意突出和放大个人的私利，致使整个社会疯狂地追逐利益，发财致富。从而，在很长一段时间内，人们言必称利，人与人的关系染上了一层浓浓的利益色彩，个人对社会生活和公共事务缺乏应有热情，持一种冷漠甚至排斥态度，只关注自身利益至多是一个小圈子的事情。

这种情况随着近年来互联网的兴起和发展才有了比较大的改观。互联网的出现和快速发展给人们打开了一个前所未有的公共空间，催生和提升了人们的自主、民主和参与意识，并为人们组建各种组织和社团，介入和参与社会生活与公共事务提供了便捷的技术条件。人们在恍然间意识到，唯有积极地参与社会事务和政府决策，才能更好地维护自身的权益。当然，对政府来说，这种介入和参与本身，客观上起到了限制政府权力、校正政府决策方向的作用。因为假如民众“不在场”，他们的意见就不可能传达到政府的“耳朵”里去，政府要么不知道他们的想法，要么以政府的想法来代替民众的想法，无论哪种情况，都有可能导致政府的决策更多受少数人的影响和支配，而与民众的意愿相去甚远。

所以，我们应该鼓励公众参与，积极培育公民社会。从改革30年来特别是近几年的情形看，以公民参与为主要表现形式的公民社会为中国带来的变化是显而易见的，可以概括为以下几点：一是从社会层面培育、营造了一种公众广泛参与的政治环境；二是对政府行为构成了约束和监督；三是参与公共政策；四是培养了公民的民主意识；五是中国社会组织能力的提高。这特别体现在基层民主政治的治理和环保的公共参与方面。例如，中国农村的“民主选举、民主决策、民主管理、民主监督”，使村级民主和村民自治有了很大发展，广大村民通过村民委员会和村规民约进行着自我管理、自我教育和自我服务。中国的环保组织和民众参与在“保护藏羚羊”、“保护怒江”、“圆明园湖底防渗漏工程”等事件上，也都成功地对政府的决策进行了约束和影响。

不过，在总体肯定民众对公共事务及政策的参与并由此显示出力量的同时，我们也要防止一种偏向，即民众的公共参与只是简单地表达反对意见，甚或只是为了私人利益而刻意反对政府的决策，以凸显自己与政府利益的不一致。我为什么要这样说？公民参与的出发点固然是要更好地行使和保障个人利益，并通过个人利益的保护来达到有效保障社会整体利益的目的，但若民众在参与和表达中对个人利益或小群体利益考量得过重，那么，势必会忽略社会的整体利益，从而造成个人或小群体利益得到了保障，但社会更多人的利益因此受到不必要损害的情况。

以广州番禺的这个事情为例，假设因媒体的介入和当地民众的反对而致使该项目流产，那么，垃圾污染问题是否就得到了解决？我认为后果可能更严重。这是因为，中国是个正在迅速发展的国家，许多城市特别是一些中小城市，已被我们自己生产的生活垃圾包围着，生活在这样的城市根本谈不上宜居，这成了一个政府必须立即解决的棘手问题。

处理垃圾的做法，过去是把它埋在地下，但在很多大城市，土地寸土如金，这种做法已不合时宜，事实上也不环保。采取焚烧处理的办法则可最有效地实现生活垃圾的减容、减量、资源化。笔者2009年暑假参观了青海西宁的一家垃圾焚烧发电厂，其清洁和环保给笔者留了深刻的印象，它不但能把垃圾通过焚烧处理制作成有机肥料，而且整个操作车间几乎闻不到垃圾特有的刺鼻气味，如果不是预先被告知这是家垃圾焚烧厂，极可能会把它误以为是化肥厂。广州番禺的项目是不是跟西宁一样，我不清楚，但经过多年的发展，垃圾焚烧发电在技术上已十分成熟可靠，成了当前国际上广泛运用的生活垃圾处理技术，这点应该是没异议的。

所以，这里就给我们提出了一个问题，即对于实践已经证明了的，能够很好控制环境污染，不会对人们的健康产生明显危害的项目，人们是不是要一律都反对？这实际上涉及到公民参与的质量即权责是否对等问题。一个不讲究权利，只承担义务的社会，显然不是公民社会；但是，只讲究权利，不讲究义务，不承担责任，也不是一个公民社会。成熟的公民，在表达反对意见时，必须考虑，“我”的反对是基于自身利益还是基于社会的整体利益？如果基于自身利益，当因为“我”的反对而导致一个可能有益于社会多数民众的决策或项目被否决时，“我”应该承担什么责任？只有把这个责任考虑清楚，并为此准备承担后果，反对才会更有力量。

中国需要更多的公民来维护自己和社会的合法利益。为了避免民众为反对而反对或只基于自身利益而反对，政府必须开放决策的程序和信息。只有政府把相关的信息尽可能公开，并通过多种途径让民众知晓，人们才可能做出符合社会整体利益的判断。就此而言，关键还在于政府要建立一套机制来保障民众对社会生活、公共事务以及政府政策的参与。

“微博打拐”中的公民行动

2011年初由于建嵘教授发起的“微博打拐”活动已取得一定成效。短短10来天时间，通过网上照片辨认，已发现被拐卖儿童6个，并被顺利解救。更重要的是，该活动已引起社会广泛关注，包括政府、媒体、公益基金乃至人大代表等在内，纷纷表达了对乞讨儿童的关注。更有近60万网民参与了这一活动，为解救被拐卖的儿童尽一个公民之责。

儿童是国家的未来，也是一个家庭幸福和欢乐的源泉。无论从哪个角度讲，拐卖儿童，并逼迫他们乞讨都是一种令人无法容忍的反人类罪行。但长期以来，在我国部分地方，拐卖儿童却成了少数人发家致富的产业，更有甚者，一些丧失基本人性的犯罪分子利用人们对孤残儿童的同情和怜悯心理，用残忍手段将拐来的儿童弄残，然后让他们上街乞讨。虽然这些年来，公安机关对拐卖儿童现象进行了严厉打击，解救了很多被拐卖儿童，然而，在暴利面前，总有些犯罪分子不惜铤而走险，一幕幕人间悲剧还在不断上演。

显然，在目前的条件下，要彻底杜绝这种丑恶的犯罪现象仅靠公安机关的一己之力是办不到的。因为尽管公安机关在打击此类犯罪行为上有着专业优势，但毕竟他们还有很多其他的治安案件要办理，不可能腾出更多人手去解救儿童，所以需要发动包括政府部门、民间组织、新闻媒体特别是公民个人在内的社会各方面的力量，来支援、配合公安机关的打拐行动。社会力量可以弥补公安打拐之不足。

从这个角度看，于建嵘教授利用自己的社会影响力，号召微博网友街头随拍乞讨儿童并上传，督促警方采取行动，就显得非常有意义。街头随拍乞讨儿童对公民个人来说只是举手之劳，并不存在人身危险，只要每个人愿意，都可以做到，但却为公安打拐提供了重要的信息来源，甚至有可能使被拐的乞讨儿童顺利得到解救。所以，这“举手之劳”的拍照，实际上已经在履行一个公民的职责，是公民的正义行为。它已超出了打拐的范畴，而更多具有公民社会的意义。

我们每个人在社会中都扮演着两种角色，私人和公民；具有两种行动，私人行动和公民行动。所谓公民，简单地说，是一个意识到自身社会责任和义务，并主动去追求和维护社会公益的人。因此，公民行动就是围绕着社会的公共利益而进行的行动。按照此一解释，有的人公民性强，有的人公民性弱，有的人可能一辈子没做过公民，因为对于他们来说，凡事都按照纯粹的私人行动逻辑，选择搭便车，坐等别人去争取，然后自己分享果实。

长久以来，在"强国家—弱社会"的不均衡关系模式下，中国只有抽象的法律意义上的公民，没有真正的公民社会。换言之，我们的社会是一个高度私人性的社会，人们都按照私人逻辑来行事，习惯于搭便车，正因如此，才养育了一个强大的政府，形成了国家和社会不均衡的关系。而公民社会是需要人们摒弃搭便车的算计，积极行动，争取公共利益。对一个社会来说，将自身看作能够积极行动的生命主体越多，公民社会就越显得扎实和巩固。

于建嵘发起的"微博打拐"活动就包含着这种公民行动。尽管打拐本身是一桩很专业，并具有一定危险性的事情，一个普通人可能做不好，但通过微博这种方式，把人们的距离感减少，凝聚社会的力量，有可能对打拐、解救乞讨儿童等产生真正的影响。因为它让人们意识到，作为一个普通公民，也是能有所作为的。从而，提高人们参与公共事务的积极性，成为一个积极公民，并监督政府更好地履行职责，行使公权力。

中国市场经济的发展，呼唤一个公民社会的到来。但天上不会掉馅饼，公民社会是需要我们每个人去争取的。近年来，中国社会开始出现越来越多、越来越有力的公民行动，值得庆贺。但我们不能止于此。应建立起社会的公共参与机制，使公民的参与行动代价更少，更有制度保障。

多数人意见也不能否决少数人的基本权利

北京奥运已结束，但是对于有车一族来说，“厄运”可能才刚刚开始。因为据悉很多市民向北京交管部门建议把“单双号”限行措施长期坚持下去，网上的调查也显示，赞成“单双号”限行在奥运会后继续执行的网民占多数。而主管部门对此的态度也很微妙，北京市交管局副局长王立2008年8月23日在被问到此事时曾表示尚无定论，但可让市民展开一定程度的大讨论，为政府今后的决策提供一定的参考。

北京市民久苦于交通的堵塞，而奥运期间车流的通畅让他们看到了限行的作用从而萌生要求政府继续限行的想法，这是可以理解的。但是，如果主管部门采纳他们的意见，把为保障奥运顺利举行而采取的临时管制措施长期化，我认为欠妥。

可以从两方面来看待这一问题。固然，一项公共政策交由民众讨论和投票，并将讨论和投票的结果作为政府决策的依据，是民主社会通常的做法，就此而言，它反映了政府决策开始更多地兼顾民意，是一种进步；不过，具体到“单双号”限行这一案例，若完全听从“民意”，则必然会出现政治学所说的多数人剥夺少数人权利的问题，而这对有车族是非常不公平的。

因为，这是两股不平等的力量。虽然随着生活水平的提高，买车的人会越来越多，但在目前，有车一族毕竟还是少数。所以，如果此事交由全民投票的话，完全可以想象会出现什么样的结果：一定是赞成限行措施的人多。一些网站搞的网络投票已充分证实了这一点。

民主社会时常出现的一个问题就是，多数人利用民主决策中的少数服从多数原则，将多数人的意愿强加给少数人，从而剥夺少数人的权利和利益。对于这种“多数人暴政”的问题，从民主社会诞生起，人们就一直在寻找解决的办法。

我们说，“多数人暴政”提法本身，暗含着一个不容置疑的前提，这就是：少数人的权利是合理和正当的，因而不容许假借民意来剥夺。如果少数人的权利本身是不正当的，也就不存在所谓的“多数人暴政”问题。

那么，有车族拥有的行驶权利是不是正当的？我想没有人会说不正当，如果不正当，就等于否决了每个人拥有汽车和自由出行的权利，也就等于否决了每个人拥有财产和自由行动的权利。换言之，人们拥有汽车并自由行驶，是人的基本权利之一，剥夺了这种基本权利，实际上就损毁了民主社会的基石。因此，相信那些赞成“单双号”限行措施的人，也不希望看到这种情况出现。否则，我们每个人都将是受害者。这也就是即使为了奥运这一百年盛事不得不限行机动车，而政府也要给予车主相应补贴的原因所在。

事实上，如果主管部门为了所谓的“民意”而执意在奥运会后维持“单双号”限行措施，也不一定能够达到“民意”所要求的效果。我们知道，奥运期间北京机动车实行“单双号”限行除了保障交通的通畅外，另一更重要的目的是保证空气质量达标。鉴于汽车尾气是污染空气的一大因素，通过限行减少车流量从而减少尾气排放对减少北京的空气污染是有帮助的。但这个作用到底有多大，则值得商量。没有数据证明北京减少一半的车出行，空气质量就会立即达标。如果我们没忘记的话，在奥运开幕前的一星期里，大家还都在为北京的空气是否能达到奥运的要求而犯愁，而那时机动车“单双号”限行已经实行了快20天。也就是说，奥运期间北京空气的好转是多种因素综合作用的结果，包括关闭污染企业、停止建筑施工等。机动车“单双号”限行充其量只起一部分作用。

如果一定要有车族为北京空气质量埋单，那是不是也应该对建筑施工长期停止呢？因为后者也是北京环境污染的一大源泉。更极端点说，既然汽车尾气排放会污染空气，那干脆退回到农业社会算了，就没有环境污染了。显然，对机动车继续实行“单双号”限行，不是解决后奥运时期北京环境污染的办法。

考虑到限行措施却限制不住特权车的行驶等其他不利方面，无论从哪个角度说，奥运后继续维持限行政策都不妥。对北京以及中国其他城市的环境污染和交通拥堵问题，政府的确应该高度重视，群众的呼声也要听，但不能以少数人的权利被剥夺为代价。严格来说，对于自由出行这种涉及到基本人权之事，是不能通过投票和民意来决定的。

“人跪狗”与底线道德

2004年发生的两起“人向狗下跪”事件引起了社会的关注。当年10月11日，黑龙江大庆市人力三轮车夫王强被迫向其撞死的狗下跪磕头。11月16日凌晨，相同的一幕又在安徽合肥市街头上演：一名出租车司机迫于狗主人的威胁殴打，在瑟瑟寒风中向被撞伤的小狗下跪，直到警察赶来现场才起身。而尤其让人不安的是，合肥市一派出所的处理结果却是向狗下跪的司机赔偿狗主人1000元钱。

有评论说，在生存底线上，过错应当免责。我非常同意这一提法。我想进一步指出的是，生存底线的过错免责，有赖于底线道德的存在，或者说，它本身应该成为一种社会共识，一种底线道德。

所谓底线道德，是指维系人之为人的本性、样态、特质的伦理道德，是一种与人的本性和本质同一的基本伦理，是任何人——只要他还有人性——都认可并遵循的普遍伦理。底线道德由于关涉的不是高级层次的规范（如信仰、理想、终极关怀），而是最低层次的规范，是作为“人”的基本的和最后的要求，所以这些规范是文明人都可以、都应该接受的。换言之，它是人之为人的下限，任何人，无论种族、文化、道德差异如何，都不能拒斥这些伦理规范。违背了这样的伦理，就不是普通意义上的失德、缺德，而是丧失起码的人性和人的本质特征。这是底线道德的意义所在。

由此来看，人不是什么事情都可以做的，只能做那些底线道德以内的事情。人也不是任何事情都可以接受的，超出底线道德要求的事情必须拒绝，否则，就是人的一种莫大的耻辱。可以说，在人的文化心理和价值意识中，底线道德是一条基本的、绝对的道德律令，除非社会出现严重的病态和变态，每个人都不可能也不敢越过这一底线。因而，底线道德也构成了人类文化和文明中的一种严厉的禁忌。

问题是，在目前的转型时期，底线道德的要求屡屡被一些人突破，面临着大面积的溃败。比如，在上述事件中，尽管三轮车夫和出租车司机是肇事的一方，但他们被迫向狗下跪，则显示出狗的主人缺乏最起码的“底线道德”。为什么这么说？我们可以拿它与曾激起一个民族愤怒的“华人与狗不得入内”作个简单的比较。如果说后者将中国人贬低到与狗同等的地步，是对中华民族这个集体的一种民族污辱的话，那么，人给狗下跪则更等而下之，反映了在狗主人的眼里，弱者根本不配享有尊严：他们还不如他豢养的一条狗！而从合肥市某派出所的处理结果来看，社会上还有相当一部分人，对这种肆意侮辱践踏个体基本人格和尊严的行为，在心里是认同或至少是默认的。也就是说，在很多人的心里，缺少“底线道德”的约束。

虽然底线道德对于每个人的要求都是一样的，但实事求是地说，与普通人相比，富人和强者更应该遵守底线道德，履行社会责任，特别是在目前两极分化愈来愈严重，社会处于断裂的情况下。道理很简单，富人和强者支配了更多的社会资源，如果他们不遵守底线道德，对社会产生的危害更大。而恃强凌弱现象的广泛存在，会激起一个社会特别是底层社会“仇富”心理的发酵。2004年11月17日的《法制晚报》就报道了这样一起案件，犯罪嫌疑人尹刚，在刚到北京的4天时间里，连续以投毒作为威胁手段，恐吓敲诈勒索北京市7家超市，而在此之前，他曾以同样的手段，在天津、河北保定地区敲诈了4家超市。

人类社会的发展史表明，道德不是万能的，但没有道德的社会将是一塌糊涂的。当代中国社会最严重的价值危机不是道德理想的失落，不是功利主义和世俗文化的泛滥，而是中国文化中底线道德的普遍崩溃。其中，最突出的就是贫困对人类基本尊严的挑战与损害。两起“人跪狗”事件已鲜明地折射出了这一点。对此，我们有必要重申：贫困人群和富裕人群、弱势群体和强势群体有着同等尊严，财富和道义应该无间融合。这是一个社会的“底线道德”，不能突破。

对职业乞丐的宽容就是对自由的保障

杭州最近展开的对非正常乞讨现象的打击引起了社会关注。从网上的反应来看，多数网民支持杭州的做法。但是我认为，在杭州发动群众共同打击操纵、胁迫未成年人和残疾人乞讨等违法行为时，对那些并未有非法行乞行为的职业乞丐，应该宽容其存在，因为这背后关系到一个人的自由权利问题。

行乞是一种古老的现象，即使发达如美国，也有乞丐的存在。多数乞讨者，当然是因为生活所迫，但现在，也出现了一些将乞讨作为职业的人，这就是所谓职业乞丐。职业乞丐里，确实出现了很多不好的现象。我所说的不好现象并非指“城里磕头，回家盖楼”，因为既然行乞被当作一种谋生手段，与其他谋生手段也就并无二致，其目的自然不止于温饱，还要致富；而是指通过非法、非人道的方式行乞，甚至将乞讨产业化，从外地廉价雇佣未成年人、残疾人，在市区人流、车流密集的重要道路和主要场所，强讨强要、恶意乞讨等。对于此种乞讨，其实已经称不上乞讨，而是将乞讨变成了一种像贩毒一样的生意，当然应该严厉打击。

然而，现在的问题是，无论是政府出于对乞丐泛滥影响城市形象的考虑，还是普通市民出于对自残式、恶意乞讨的心理厌恶，都可能在一纸打击非正常行乞的行政命令下，将那些正常的乞讨行为也一并取缔了事。从一些城市出台的限制行乞的措施来看，有这种简单化的倾向。但这并不能解决问题，因为政府若不能提高对生活无助者的救济能力，就得允许人家去乞讨。即使对所谓职业乞丐，只要他没有强讨强要，就应该允许他有行乞的权利。

2008年我在美国访学时，曾见到华盛顿、纽约等城市一些流浪者在露天公园过夜，有个别的也在大街旁的某个旮旯里用废物搭个小窝棚就当作晚上睡觉的场所，他们的存在不仅与城市的繁华和热闹显得很不协调，而且对于流浪者本人看起来也不安全。我问翻译，如果是冬天怎么办，美国没有类似中国的收容所吗？翻译答道，冬天他们一般到地铁里过，美国也有收容所，但是这些流浪者不太愿意去那儿，因为虽然收容所吃饱饭没问题，可也不如现在这般自由自在。这句话当时给我很深印象，流浪者宁愿在肚子和自由之间选择后者，不简单。

确实，每个人都应有选择适合自己生活方式的权利和自由。一个人是否选择做乞丐，就好像另一个人是否选择做经理或老师一样，非常正常。只不过后者被社会多数人认为是体面的职业，而前者在社会看来，多半是因为能力欠缺不得不如此。倘若一个人本来可以有其他选择但他最后还是选择做乞丐，在目前的社会环境里，他是不是要有更大的心理承受力？

或许有人会说，那些做职业乞丐的人没什么本事，但又好吃懒做，所以走向了这条路。某个角度看可能是这样，但即使如此，社会对他的选择就可以轻视，进而强制剥夺吗？当然不能。因为这是他的自由和权利。事实上，做职业乞丐并不轻松，他也要付出。这个付出不仅是体能上的——在炎炎烈日或者数九寒风中漫长等待，而且是精神上的——在人们的轻侮中接过施舍。你也许认为，一个人既然选择了乞讨为自己的职业，他就不怕世人的嘲笑和轻侮，早已将自己的尊严打包了。话虽如此，我想一个人与生俱来的耻辱感终究是不能完全抹掉的，即使他真的不在乎自己的尊严，这里还存在一个付出是否能够得到回报的问题。因为一个职业乞丐如果是通过正当的方式行乞，他跟施舍者的关系就类似于市场中的交易双方，是一种平等的买卖关系，他也许在外面等了一整天，都等不来一个施舍者。而在各种行乞的负面报道越来越多的今天，这种情况是完全可能出现的。

这个世界是丰富多彩的，人的本性也是多种多样的，如果所有的人在性情、愿望、才智等方面都千篇一律，都奉行一种生活方式，那么，我们要自由还有什么用？每个人都有权利做别人不喜欢的事情，只要他没违背社会基本的道德和法律，没有妨碍他人的自由即可。因此，构建一个社会的基本原则应当是，尽可能少地对个人行为进行人为干涉，否则，就会为公权力践踏个人自由和利益打开方便之门。这应该不是人们所希望看到的情况。所以，要容许职业乞丐的存在，对职业乞丐的宽容就是对自由的保障。

警惕“伪民主”剥夺流动人口的自由

公元前399年，古希腊最伟大的智者苏格拉底被判死刑，起诉他的是三个希腊城邦的公民，理由是苏格拉底不信仰城邦的神，只信仰自己的神，另外是他腐蚀或者败坏青年，而审判他的是由501个雅典普通公民组成的陪审法院，这是一种按照民主方式组成的法院，投票的结果为280∶221，苏格拉底死于他毕生热爱的雅典同胞之手。

苏格拉底之死被后世作为民主扼杀自由的一个经典案例而受到告诫。可惜，后世之人不长记性，这样的事一再发生。例如，在2000多年后的今天，在首善之区的北京大兴，最近正在16个流动人口众多的村庄试点推行“封闭管理模式”。此事被媒体报道后引起了舆论的质疑，大概觉得“封村”难听，我注意到大兴相关部门在解读该模式时，将“封闭式管理模式”改为“社区化管理模式”，并且表示，是否推行该模式，都是由各村村民代表大会自行表决，政府各部门只是起到引导协调作用。

好一个“村民民主表决”！有关部门大约以为抬出了“民主”，就可以把自己的责任撇清，而且外人也不好再非议什么，因为这是“民主表决”的结果，是村民意志的体现。

是不是真的“村民民主表决”，姑且不讲，因为大兴这次“封村”的费用，是由区财政通过预算划出专项资金；即使“封村”是村民自行表决的结果，它也并非表明这种“表决”就是真的民主，因为作为事件的另一当事人，也即数量为本村人口几倍的外来流动人口，被排斥在表决之外。就好像有资格审判苏格拉底的是501个雅典城邦公民，而不是雅典所有的市民一样。

一些为大兴“封村”做法辩护的人批评质疑者不要站着说话不腰疼，管理者此举也是没办法，毕竟良好的治安无论对本村村民还是对外来流动人口都是需要的，谁也不愿意生活在一个犯罪率高的村子。我承认，那些所谓人口“倒挂”的村子，的确如警方所说，存在警情高发、环境和治安的秩序比较差以及出租房内藏污纳垢等情况。但是，解决这一难题，非得采用围墙、铁门将村庄封起来，早晨6点开放，晚11点后关门，无特殊情况不得出入的办法，搞得像个纳粹“集中营”一样吗？有关方面表示这是学习社区管理的经验，我想，除了某些所谓高档社区，如大兴的做法一样，多数社区还都是出入自由的。

大兴的“封村”做法，至少存在以下几个问题：首先，以流动人口倒挂作为封闭管理的依据，无异于对他们进行“有罪推定”，流动人口在警方和村民眼里，都成了潜在的犯罪群体，是防范和打击的对象；其次，表面看，“封村”行为是经过村民代表表决同意，形式合法，但由于这些村外来流动人口占了大多数，村民的决议无法反映该村大多数人的意愿，这种决议的合法性仍是可疑的；第三，即使“封村”是民主的行为，但自由出行作为公民基本的人身权利，是不可被票决民主剥夺的。

为什么民主不能剥夺公民基本的人身自由权利，这就需要我们回到民主和自由的基本关系来谈。两者从价值层面而言，民主主要是表示群体的一种权利归属，它实行多数人同意的原则；自由则主要是表示个体对其权利的行使，显然，没有个体意志和表达的自由，便不可能有社会的民主。因此，与自由比较起来，民主是自由价值发展的结果，是“自由”的精神和原则在政治制度上的体现。换言之，自由是因，民主是果，这也是现代民主必须以自由为前提和基础的根本原因。从而，它也就意味着，在民主的形式下，多数人必须保护和尊重少数人的自由和权利。如果没有公民基本自由和权利的保障，形式的民主完全有可能沦为实质的专制。而自由最高、最核心的价值，是人的“自主性”和“个体性”。

当然，这里的自由也不是损害他人利益的自由，同时，为了公共利益，有时也需要让渡个人的一些权益，但基本的人身自由和权利是不能让渡的。自由出行就是这种基本人权之一。作为社区居民，无论时间多么晚，他都应有自由出入社区的权利，“封村”则是对这种自由权利的剥夺，是不允许的。

民主不能剥夺基本的出行自由，还建基于这样一个理念，即流动人口是社会进步的力量，他们理应拥有和城市人口同等的权利。从中国改革来看，正是人的流动给了人们更大的空间和自由，这本身就是社会进步的表现。然而，长期以来，由于实行分而治之的策略，外来流动人口得不到国民待遇，国家在一些最基本的社会、政治和经济政策上没有给予其与其他公民同等的对待，致使他们的权益往往得不到有效的保证和维护。这种情况必须改变，否则，外来人口权利上的不平等和不自由会带来一系列严重的社会问题。

随着社会的发展和转型的加快，今后流动人口会越来越多，类似村民倒挂的现象会越来越普遍。政府理当正视人们对安全的诉求，以最大的努力来维护社会秩序和民众安全，但不应打着“民主”的幌子，采取这种“一封了之”的简单、粗暴的做法。比起“封村”造成的流动人口出行受限的后果来，现实中出现的各种治安问题，只是小恶。如果不对此加以批判的话，今天能以“民主”限制你出行，明天就可以“民主”限制你说话……想想看，这是一个多么可怕的“前景”。

第五辑　世道与人心

从世道中读出道德，从人心中读出变化。看一个社会的好坏，只须观察这个社会的世道与人心即可。中国目前礼崩乐坏，道德水平大幅滑坡，社会出现诚信危机，表明人心思变已到了一个临界点，管治者要做的，就是顺应这种趋势，引导社会的变革走向一个合理的方向。没有这样的历史自觉，社会的进步只能以一种悲剧的方式进行。

“绿坝”与国家“父爱主义”

2009年7月1日是工业和信息化部（简称工信部）要求在电脑销售中预装“绿坝”过滤软件的起始日子。从最近的消息来看，虽然工信部强调此软件是自愿安装且可以卸载，但依然打消不了人们对政府可能控制网络言论的疑虑。

简单还原一下事情的经过，可知工信部的此一决策显得有些草率。最早披露此事的是《华尔街日报》。2009年6月8日，该报的一篇报道声称中国拟在所有个人电脑出厂时安装阻止电脑访问某些网站的软件是在“收紧互联网控制”。该报道出来后，工信部《关于计算机预装绿色上网过滤软件的通知》同一天也在“绿坝”软件的官方网站——绿航网上公布。按照“通知”的说法，安装“绿坝”的目的在于“屏蔽和过滤互联网上诸如色情、淫秽、暴力的信息”，以防止未成年人免受不良信息之害。但此一说法遭到舆论的广泛质疑。

在没有更多证据显示工信部还暗含其他目的之前，姑且相信工信部的确是为给未成年人过滤有害信息。应该说，这个出发点是好的。在中国几亿网民中，主体是中小学生。鉴于他们的鉴别力不高，以及作为这一年龄阶段所特有的对外界事物的好奇和模仿能力，假如他们把网络行为中形成的暴力、色情等不良道德意识内化为现实行为，破坏的就不只是网络秩序，同时还会对现实社会秩序与伦理道德进行解构和颠覆，给社会造成严重危害。因而，对未成年人有害的色情、暴力以及其他不良信息等，有必要通过技术手段过滤掉。这也是国际通行的做法。

但问题在于，技术过滤必须坚守自愿的原则，而不是像现在一样，强制预装指定的软件。政府可以向社会和家长发出建议和倡导，或者推荐技术过滤等软件产品和方案，但须把是否安装过滤软件的决策权力交给家长。因为对什么是危害儿童成长的不良信息，家长比政府更清楚。政府在运用公权力的时候，必须区分公域和私域，对网吧、学校、图书馆等公域场所，为保护少年儿童不受不良信息的侵害，政府可以强制这些机构预装过滤软件；但对家庭等私域场所，政府是不能代替成年公民来辨别何为有害或无害的信息的。即便出于保护未成年人的目的，让家长自主发挥作用，也远比政府更为实际和有效。

今天中国的互联网，已经超越了单一的传递和获取信息的功能，其本身的交互性以及相对宽松的言论空间，被广大网民作为实现信息透明、言论自由和社会正义的渠道。特别在当下，网络正显示它巨大的对公权力的监督力量。这种情况下，政府强制预装指定软件的做法只会令公众反感，因为公众担心政府过滤不良信息的说辞只是一种借口，真实目的是强化互联网的控制，限制人们自由使用网络，获取信息。所以，政府在这方面如有点滴的迹象，都会引起社会的忧虑和民意的巨大反弹。

从工信部被动回应社会的质疑来看，我猜测其在作出这项决策时，是没有考虑到公众对此会有激烈反应的。它可能认为，既然是政府出钱免费为广大用户预装不良信息的过滤软件，似乎就没有必要还对社会履行告知义务，或者就此事举行听证。要不是媒体将此事披露出来，人们或许在2009年7月1日以后还不太清楚自己新买的电脑里已经预先安装了这样一款过滤软件。

工信部在此一事件上的行为和表现，可以用国家"父爱主义"来说明。"父爱主义"是匈牙利经济学家科尔内提出的一个概念，专门用来解释社会主义国家的国有企业为什么会存在"预算软约束"的问题。科尔内指出，国有企业的预算软约束不仅是财政和金融方面的问题，也是国家与企业间关系的问题。国家对企业的保护和企业对国家的依赖是造成预算软约束的重要原因。他把两者间形成的温情脉脉的关系称为"父爱主义"，国家视企业为自己的子女，不能放任不管。

从以上内容看来，"父爱主义"有两个基本特征："善意"和"强制"。正因为国家的行为是"善意"的，所以无须征求治下子民的意见而"强制"推出。用一句通俗的话说，"管你，是为你好"。

"父爱主义"虽然是一个舶来品，但于中国却有着根深蒂固的传统。"父母官"这一称谓就是一种典型表现。何况中国刚刚经历了整整一个父爱主义大行其道的计划时代。在那个时代，不仅大到国家的长远发展，政府都规划好了，就是小到每个人的"衣食住行"，政府也替你准备了。每个人无需思考，只要按照政府说的去做就是一个合格的"公民"。

改革后，虽然市场经济的交换关系发展了起来，但此种由传统和计划时代养成的父爱主义思维却被保留了下来，例如，不少政府部门及其官员总觉得自己应该比一般的市井小民站得高看得远，或者比老百姓自身更清楚需要什么，仿佛他们不为民做主，老百姓就无法行动一样，因此，也不管民众是否同意，恨不得将老百姓的一切都管理好、安置好。

在中国的环境下，家长对于未成年子女是有着绝对权威和权力的。父爱主义与此一样，也是建基于权力之上。一个社会的父爱主义越深越广，意味着政府及其官员的权力越大，因此，父爱主义的政府，是时时蕴涵着扩权冲动的。但另一方面，我们也要看到，随着市场经济的发展，人们的自由、民主和权益意识也在跟着生成和提高，特别是对经历了30年被人做主的中国人来说，哪怕政府的确是好心为其服务，也不想自己一再被政府强制替代。无视社会发生的这种心理变化，是一些政府“善举”每每遭到公众巨大抱怨的根源所在。

总之，对互联网不良信息的监控是必要的，但这种监管势必以不损害公民自由获取信息的权利为前提。而要从根本上避免政府“善意”被公众拒领情况的一再发生，必须限制政府权力，抛弃其父爱主义的决策方式。

公权力的私有化导致拆迁现代版“株连九族”

“株连九族”是过去皇权时代皇帝处罚臣民或政敌用的一种手段。在皇权大于一切的情况下，任何挑战皇权的行为，不论是来自臣民还是政敌，往往采用“株连九族”的方式让挑战者或潜在挑战者知道威胁皇权的代价。

按理，在法制昌明的现代，不应该再出现这种“株连九族”的现象。但遗憾的是，在一些地方的城市拆迁改造中，我们屡屡看到，为了使拆迁改造工作按照主政者的意愿进行，他们不惜祭出这种现代版的“株连政策”，要求公职人员负责各自亲属的拆迁工作，否则，就有可能被暂停工作、停发工资、被开除或下放到边远地区。曾轰动一时的湖南嘉禾县拆迁就是这么做的。如今，则轮到了河南开封。

据报道，在开封市的旧城改造中，让公职人员停职停薪做亲属的动迁工作近乎成为了一种政策。市长周以忠强调，要把重点解决拆迁项目中的单位户和公职人员户的拆迁问题作为突破口，相关单位户、公职人员户要在拆迁工作中起带头作用。该市第二人民医院中，就有几位医务人员被停职去做父母思想工作。而为了免受“株连”，甚至有人与父母脱离关系。

父母和子女虽然是亲属关系，但只要他们是有行为能力的主体，就应该按照责任自负的法律精神，承担各自的责任，而不应该把对方的过失交给子女或父母去承担，除非他们在事件中有合谋行为。现在这种“株连”政策，实际上是借助政府的公权力，以亲属作为“人质”，对行为人的一种公然的“要挟”。在这种“权力要挟”面前，任何个人都将不得不就犯。此外，既然把旧城的拆迁改造工作委托给了企业进行，企业和拆迁户的关系就变成了一种民事行为，与政府无关。他们之间一旦出现矛盾和纠纷，就应该由适用于私人领域的民法来调节，而不是公法，更不能动用政府公权力直接介入具体的拆迁事务。

对于上述道理，我想如开封这样的城市主政者不会不清楚。清楚还要这样做，原因当然可以把它归咎到政绩和腐败。通过房屋拆迁，地方政府可以获取拆迁补偿和土地出让差价，赚取流动资金，能够“经营城市”，搞形象、出政绩。而在这一过程中，同时免不了腐败的出现。但是仅以政绩和腐败来解释类似拆迁中的“株连”行为还不够，这一行为本身就说明，政府敢于不顾法律的约束而出台“株连”政策，事实上使包括法律在内的公权力变成了官员特别是主要官员的个人私产，也就是说，公权力被私有化了。

众所周知，在一个法治社会中，司法救济是公民免受政府权力侵害的最后也最重要的防御手段。但在拆迁改造中，我们往往看到，当公民只能运用法律手段进行抗争时，普遍存在难立案、难裁决、难执行的三难局面，胜率并不高，而且诉讼旷日持久，使得许多被拆迁人不堪重负。开封市的有关机构甚至对房屋拆迁的投诉都不予受理。这无疑助长了官僚们的权力膨胀。

公权力私有化并不是我的发明。我是借鉴了一些学者在论述辽宁西丰事件时所提出的政权私有化概念的。政权私有化指的是，每一个地方政府，每一个行政单位，每一个地方官僚，都不再只是整个国家机器的组成部分，而是与国家机器形成了类似物理学上的全息关系，拥有国家机器才具有的包括镇压在内的全部职能。这种部分与整体在功能上的完全重叠，造就了各级地方官僚的皇家化，形成了大大小小数不清的土皇帝，一切权力，包括立法权、执法权、监督权等，统统集中在这些土皇帝手中。而政权私有化的后果，如同产权改革中把国有企业变成私人资本一样，公权也直接变成了官僚个人的私人财产，在自己的一亩三分地内，可以随心所欲地加以处置。

公权力私有化与政权私有化的区别，只是程度轻重不同而已，本质上都是对权力的滥用。如果说，用政权私有化来描述当今中国的权力结构，可能有些言重，那么，在某些地方，将政府的公权力私有化则是完全可能的。公权力的私有化既是权力缺乏制约和监督的结果，同时也与中国传统权力文化中重视集体利益，藐视个人权利，崇尚权威，仇视变革，崇尚和谐，压制分歧，诸法合一，重礼轻法的价值取向有关。在城市的拆迁改造中，往往就是以国家利益的名义要被拆迁户服从大局，不要计较个人得失甚至牺牲个人利益。在这样一种传统权力文化里，要官员们具有现代法治所必需的个人本位，私权神圣不可侵犯的理念，可能就如同镜中花、水中月一样不现实。

然而，如同政权私有化最可怕的后果就是会形成国与民之间的生死对立一样，公权力的私有化也会激起民变。所以，要限制和消除这种权力的私有化现象，除了加强官员个人的法律修养外，最重要的还是要制约和监督，包括权力之间的监督，通过公正的程序处理涉及私权的事务，以及开放权力，打破公权机关垄断权力意志的局面等。就拆迁来说，还应尽快梳理和调整拆迁条例与宪法、立法法和各项基本法的法律关系，消除“规大于法”和“法规打架”现象，同时，改革土地制度。

今天你公款按摩了吗

2009年3月，深圳市建设局的工作人员一不小心把一份内部的“机密文件”泄露到外网，该文件是深圳市麒麟山疗养院发给全市各职能局的一份公告，内容是有关2009年度在职局处级干部疗养方式说明。公告说，深圳市目前在职局级干部和处级干部可以享受包括足疗、按摩在内的疗养待遇，局级干部标准是4000元/（人·年），处级干部是2100元/（人·年）。有人估算了一下，此项疗养费用一年要花费650万元以上。

用公款洗脚按摩并不稀奇。不过，多数公款按摩都是以别的名义进行的，比如办公费、接待费什么的，没有人傻到在发票上写上足疗、按摩的字眼，原因就在于，虽然足疗、按摩如今成为一种普通的休闲方式，但在普通百姓的眼中，它们还属于“敏感消费”，容易与腐败、色情等联系起来。

其实，问题不在于局长处长们可不可以去按摩，甚至也不在于他们用公款去按摩。说实话，比起公款吃喝、公车消费等腐败来，公款按摩毕竟因名不正言不顺而程度要轻得多。但这并不是说，此事就没有可圈可点之处，恰恰因为名不正言不顺，深圳的公款按摩才暴露出了许多令人深思的问题。

与单个官员的公款按摩不同，深圳的公款按摩消费是一种制度化的腐败。如上所述，公款按摩是一种“敏感消费”，官员若去按摩的话，除非是别人买单，否则就要想些其他的名头，然而，深圳市的这笔按摩费用的预算编制则是由深圳市委组织部编制的，所以，官员也就用不着避讳。这说明，公务员尤其是官员们事实上已经构成了一个利益团体。他们借助手中的权力，尽可能最大化官员群体自身的利益。

在当前的金融危机时期，很多企业因缺钱纷纷裁员，很多人为找一份工作东奔西跑，中央也三令五申政府要节俭过日子，但深圳市委组织部竟然给局长处长们拨出专款用于按摩，足以显示在一些地方，官员群体的异化已经相当厉害。这就是制度化腐败的危害，它可以不顾外界的形势，而按自身的轨道运行。

深圳公款按摩之事曝光时，正值深圳市开当年的“两会”，但深圳市政府提供给代表审查的财政预算草案，并未将局处级官员公款享受足疗、按摩列入其中。由此可见，这笔费用是由预算外的资金支付的。这正反映了中国预算管理的一个弊端：政府收入的体外循环。在中国，几乎每个单位都有小金库，每级政府都有不纳入预算的收入。不纳入预算，也就用不着人大审查，更不用向社会公布。这样做的好处，就是官员特别是单位和部门的领导能够随意支取，主要用于官员自身的消费，越到基层，这种随意性越大，几乎成了领导个人的财政。许多腐败案都出自预算外收入。而在一些单位和部门，预算外收入又总是特别多，比如，土地出让收入、国有资本运营收入、计划生育罚没收入、向企业征收的各种费用等，都在预算外循环，为官员所支配。

正因为这笔钱来自政府的预算外收入，又用于局处长官员洗脚、按摩的敏感消费，所以，深圳市政府也清楚这个是不能让外界知道的，从而把它列入“机密”内容，官员内部掌握就行。要不是深圳市建设局工作人员的一时疏忽，谁也想不到官员们还有一个公款按摩的待遇。但既然有公款按摩，是不是还有别的什么不便让社会知道的特权消费、特权预算呢？这是完全有可能的。机密是个好东西，只要某种对官员、政府形象不利的事情，一打上机密，社会和公众不但无权知道，如果有人胆敢披露这种“机密”，可能还会因犯“泄密罪”而染上“牢狱之灾”。官员则可以借着“机密”理直气壮地腐败。

此事还可一议的是利益的部门化。深圳市委组织部为局处长官员编制的这份公款按摩待遇，虽然用的是预算外资金，但毕竟也是政府的收入。然而，这笔钱转了一圈后，最终却是流到了组织部门的小金库里。因为负责干部疗养的麒麟山疗养院是深圳市委组织部办的。成了组织部门的小金库当然也就为组织部服务。而在中国，利益的部门化或部门利益化也是一种很常见的现象。我们的许多法律和政策，投入的许多工程，无不打上了部门利益的烙印。

上述几个方面是相互联系和互为因果的。这里的关键就在于，如果权力不受约束，官员必然会自我强化自身的利益。在中国目前的条件下，要约束官员的权力和利益，首选是预算的民主化，让政府的一切收支处于代表人民的人大的监督和审查之下。这是可以做到的，但目前我们离预算的民主化还很远。拿当年召开的全国“两会”来说，许多代表委员的议案提案都直指政府的4万亿元经济刺激计划，然而，可惜的是，那次“两会”不审议4万亿元经济刺激计划，这就等于剥夺了代表委员进而是全国人民对它的监督和审查权利。没有了这种实质的民主监督权利，出现深圳公款按摩的待遇安排，也就毫不奇怪了。

谁吃了有毒的三鹿奶粉？

2008年9月爆发的三鹿奶粉事件已引起社会各方面的高度关注，在对三鹿事件的反思中，我想有一个问题人们不应忽视，那就是，三鹿事件的受害者都有谁？换言之，是什么人购买了掺杂三聚氰胺的三鹿奶粉？

这个问题并非无关紧要，因为它可能涉及到一个比三鹿事件本身更重要的社会问题。

从最先揭发该事件的甘肃等地的情况来看，购买三鹿毒奶粉的主要是当地的农民和一些中小城市的居民。他们之所以购买这种劣质奶粉，当然是因为它便宜。这种掺杂了三聚氰胺的奶粉市场零售价为每袋（400克）18元，远低于像北京、上海等大城市同类型奶粉的价格。

不是说低价就一定没好货，但具体到奶粉，这么便宜，要保证质量的确很难。按照一些业内人士的说法，18块钱一袋的奶粉连本钱都不够，大量生产岂不亏了老本？可想而知，为了节省成本，企业要么在奶粉中添加廉价大豆蛋白粉来替代，要么就是压低牛奶收购价格，但奶农也不是傻子，你压榨我，我就往牛奶里掺水，或者加些尿素，甚至氢氧化钠等物质。这在行内几乎是个公开的秘密。总之，不管采用哪种方式，最后的结果一定是奶粉的质量有问题。

三鹿要让农民和城市低收入者的儿童都喝上牛奶，本是好事，但是，由于农村的消费水平低，三鹿也就面临着一种尴尬：要想占领农村市场，保持行业龙头地位，就得采取低价倾销战略；但如果价格过低，质量又无法得到保证。三鹿最终作出的选择是，保市场而牺牲质量，因此，如今曝出毒奶粉事件一点也不奇怪。但从农民和城市低收入者来说，他们之所以首选三鹿奶粉，并非他们不清楚一分钱一分货的道理，只是他们买不起价钱高的奶粉，另外，就是三鹿的品牌效应使得他们多多少少相信三鹿的质量是有保证的。

在一个健全的监管环境中，三鹿即使有心要牺牲部分质量，也不一定能得逞，或者要冒极大的风险。问题就在于目前对产品质量的监管很不严格。三鹿能够采取低价战略，一个重要原因是它的奶粉是国家“免检产品”，这使其能够逃避有关部门的监督而不被发现。国家建立免检制度的本意是减少对企业的干扰，让企业有一个自由发展的空间，但现在，“免检产品”很大程度上沦为企业向职能部门输送利益的一条渠道。企业只要交纳一笔数额不等的费用，在一些地方就可以获得“免检产品”的称号。

这些年来，虽然中国在市场秩序建设方面采取了比过去更为严厉的手段，但总的来说，监管环境还是比较宽松的。因此，要想完全杜绝劣质产品根本不可能。而只要劣质产品存在，低收入者的受害概率就要远大于中高收入者。以奶粉市场为例，即使三鹿的低价产品有信誉保证，也难免一些不法之徒会打着三鹿的旗号欺骗消费者，但他们仿冒高价产品的动力则大为减少，因为农民不会去买。所以，这里的问题还在于多数农民的消费能力低，消费能力低的症结又在于他们的收入过低。

农业部部长孙政才2008年8月向十一届人大常委会所作报告显示，2007年是改革开放以来城乡居民收入差距最大的一年，收入差距之比扩大到了3.33∶1，绝对差距达到9646元。城乡居民收入差距扩大的一个主要原因，他认为是受现有国民收入分配格局的影响，农民收入的增速低于国民经济和城镇居民收入的增速。

事实上，不仅是农民，还有城市低收入者，他们和富人的贫富差距从分配制度来看，都是缘于国民收入分配格局的失衡。而国民收入分配格局的失衡不过是我们长期奉行的“效率优先，兼顾公平”的发展思想在实践中的必然体现。这一发展思想认为，只要能够实现财富的积累，即使在过程中出现不公平的现象，也是可以容忍的。

如果说，“效率优先，兼顾公平”的发展思想在改革中前期是必要的，那么，现如今，面对经济高速增长而贫富差距不断拉大的现实，我们必须放弃这一政策导向，而将注意力更多地转移到维护社会公平上来，在坚持以经济建设为中心的同时，更多地将促进社会公平作为政府的一种基本职能。这就需要我们制定大量的财富分配和再分配法律制度，同时，建立起相应的利益表达机制，让弱势群体的声音在涉及到自己权利和利益的事务中得以充分表达。

今次的三鹿毒奶粉事件，还有前些年发生的阜阳“大头娃娃”事件都告诉我们，必须正视这个社会日益严峻的贫富差距问题。若不能尽快扭转这种趋势，提高农民和城市低收入者的收入水平，改变其社会地位，他们的健康和生命安全就随时可能遇到劣质产品的威胁，因为，以他们的收入水平，只能买得起那些价格便宜但质量得不到保证的产品。与此同时，政府也要加强对产品质量的监管，如果政府还像现在一样反应迟钝，效率不高，公众对企业产品的信任危机就会演变为对政府食品安全监管体系的信任危机。

中国的官二代、身份继承与社会断裂

近年来有关官二代的负面新闻很多，2010年最轰动的官二代事件是“我爸是李刚”。民间对官二代反感的不仅是一些官家子女张扬的行事风格，更是官二代能够借助父辈的权势，谋取平民子女不可能通过奋斗得到的社会资源和地位。特别是在大学生就业困难的今天，官家子女通过父母的安排，就能得到一份令人羡慕的职业。所以，中国曝出的官二代负面新闻，很多都与就业有关。

前不久被媒体披露的湖南冷水江市人事局长曹长清把尚未毕业的儿子安排在吃皇粮的财政局工资统发中心工作，即是这样的一例。比起过去数起被曝光的官二代类似事件来，此事更显恶劣。因为人家至少装模作样考试了一番，形式上没违规，而冷水江市的官二代，居然仅凭老爸的一封请求信，就得到了当地三名最高长官的批准，还未毕业就拥有官家身份。更可笑的是，事情曝光后，该市常务副市长的回应竟然是，人才缺乏“特事特办”，并欲盖弥彰搞什么调查。

不过，在我看来，这还不是最令人忧虑的，最忧虑之处在于，此种事在冷水江市，已成为一种普遍现象，用该市人事局一名副局长的话说，“常委开会时确实有这么一个决定，就是照顾（各单位）一把手亲属子女工作”。换言之，官二代在冷水江市是有意识推进的。否则，人们无法理解，仅仅是人事局长的一个请求，就能令当地三名最高长官违反规定批示同意。

中国传统社会在很长历史时期，曾实行过官员世袭制，但在开科举后，至少从隋朝起，世袭制就被废除，官员选拔是通过科举考试，面向所有读书人，平等竞争，这使得平民出身的子女能有一个上升的通道，从而保障了中国文官制度的长期稳定。尽管在这一过程中，还会有官员世袭现象的出现，但那只是个别现象，主要是父辈对王朝的功劳巨大而由帝王特赏。如果以此镜鉴冷水江市，这些官僚还不如科举制的古代社会。

官二代、富二代、贫二代等带有身份标签意义的“二代”现象频繁成为中国社会关注的热点，说明社会的阶层意识正在形成，社会各群体的裂痕在扩大。从社会发展来说，基于不同的出身、财产、知识、职业等，形成不同的阶层乃是正常现象。只要各阶层——主要是底层——向上流动的渠道不被堵塞，社会大体能够平稳发展。但是，若社会阶层的划分是以贫富和权钱作为标准，即社会以权和钱来作为身份认同的标准，则反映这个社会开始或已经进入一个畸形的发展轨道，社会不同阶层就有固化的趋势，社会流动尤其是底层和平民向上流动非常困难。

很多社会学家向我们描绘了此种状况。这种状况的出现，应该说，与中国改革的目标取向是违背的。因为改革要打破的，恰是阻碍社会和阶层流动的身份、财富、等级因素，使社会更有活力和创造力。从早期改革看，某种程度上正是这样。那时候，只要有胆识，即使下海做个个体户，都可能改变命运。但是，现在即使是高考——这个曾经被公认为改变命运的有效途径，如果没有过硬的关系和背景，也很难对自己和家庭的命运有什么改变，除非一个人有着特殊才能或来了好运。

在社会结构的固化中，相对富二代的炫富或其他行径，官二代的身份继承更令人厌恶，对社会的危害也更大。富二代炫耀的是其父辈打拼出来的财富，或许在这一过程中也充满种种丑陋，但从富二代本身来看，他继承和享受的是父辈合法的财产，是一种光明正大的行为。然而，官二代则不同，官二代靠的是父辈拥有的权势。国家把权力赋予官员，并不是用来为其家族谋私，当官员用手中之权为子女铺就后路时，无论从党纪国法还是实际情况来看，少有不犯忌者。以冷水江市人事局长为例，他打着的旗号是，为党工作了几十年，没向组织要求过什么。在这名局长的意识里，这几十年的工作就是他理直气壮向组织提出非分要求的资本。但是，无论从作为一个党员还是作为一个公职人员看，工作乃是其本分和基本职责。

可当地领导居然也就批准了这个请求，不仅如此，如上所述，竟然把官二代的身份继承问题作为一件有意识推动的事情去做。在这里，官员及其家族已经成为一个自我循环的特权群体，由于他们事实上在社会起主导作用，所以，社会的大部分资源也就为他们所分配和占有，其他阶层和群体，尤其是底层，将很难获得发展所需要的资源，致使贫困衍生贫困，富裕滋生富裕，弱势群体在政治、经济和文化领域被边缘化。显然，对底层群众来说，深深的失望会导致强烈的被剥夺感，从而产生“仇富”、“仇官”的反社会情绪。而占据优势社会地位的强势群体，特别是官僚阶层，他们在意的主要是既得利益是否安稳，并不会真正去关注甚至会在某些方面阻挠社会的进步。

分析社会流动停滞和阶层固化的原因，特权固然是因素之一，但在当前的转型时期，社会改革和社会建设的滞后也是一个重要因素，甚至在某些时候比特权更重要。正如老资格的社会学家陆学艺所言，经济的快速发展带来了财富的增大和机会的增多，但在此过程中，一方面，由于过于追求增长速度，把应该配置到社会领域的资源与机会也配置到经济领域中，另一方面，计划经济时代留下来的一些制度性障碍，如户籍、就业、人事、社会保障等方面的制度，不能适应市场经济体制，从而严重侵蚀了一些社会成员获得资源的机会，阻碍着人们向上流动。

可以说，社会流动通道阻滞、身份继承、结构定型而来的社会断裂和阶层冲突的风险，正日益在中国社会孕育。要抚平社会的裂痕，必须铲除官二代产生的土壤和条件，为此，需要强化对官员的制约和监督，割断公权力与市场的交易，例如，建立官员回避制度，在法律上禁止政府机构中的裙带关系，以使公民有平等获得公职的机会；但更重要的是，必须加快社会结构的改革，使社会发展与经济发展相适应，形成一个相对公正、合理、开放的社会阶层结构和社会流动机制。

群体事件下的国企改制

2009年7月24日发生的通钢血案已经过去20多天了，但社会对于通钢悲剧的关注和反思还在继续。这些年来，因国企改制而导致工人示威的群体性事件时有发生，可像通钢这样大规模的，并将总经理群殴致死的事件，却是创了首例。在目前群体性事件的频发期，此风一开，对中国社会和国企改制将会产生何种影响，需要我们深入思考。

关于通钢事件发生的原因和真相，我们只见到吉林省国资委有限的说明和在事件发生后媒体的一些报道。本来吉林省国资委作为权威信息源，但由于其是事件的当事一方，而且其说明充斥此类文字一贯的“推卸责任”，因而，其可信度大为降低。然而，有一点是确凿无疑的，在吉林省国资委宣布民企建龙集团全面控股通钢前，通钢的董事长竟然毫不知情，因此，也就有了通钢的三位高层辞职以示对合并命令的抵制。过去常说国企改制的一个最大弊端就是受制于内部人控制，而通钢的改制竟然连“内部人”都不清楚，完全由政府一手操办，这样的改制已经从程序上丧失了全部的合法性，不出事是偶然，出事则是必然。

国企改制起码要有一个基本的程序。国务院在2003年底曾颁布一个规范国企改制的通知，明确规定国企改制方案和国有控股企业改制为非国有的企业方案，必须提交企业职代会或职工大会审议，充分听取职工意见；职工安置方案需经企业职代会或职工大会审议通过后方可实施改制。国务院的这一规定是鉴于20世纪90年代的国企改制普遍由政府部门和国企领导层说了算，从而致使职工的利益严重受损，其后遗症一直到现在还在发酵的事实而制定的。

那么，在国企的改制中，要不要发挥政府部门的作用呢？当然要。毕竟现阶段的国有资产还是由政府来掌管和代表，但是，政府的作用主要体现在做好职工的思想动员、政策把关、督促指导和重大事项的协调处理等，而不是代替企业决策，更不是一手包办改制、“拉郎配”。也就是说，政府的作用主要是确保改制的公平和公正，这是由政府作为社会管理者的性质决定的。作为国有资产的所有者，政府有责任保证在国企改制中国资不流失；作为社会管理者，政府也有责任保证其他利益相关主体的利益不会因改制而受损，特别是受到大的损害。

这里需要强调的是职工的利益尤其须政府来确保。因为在国企改制的三方或四方中，企业职工是最弱的一方，因而也是最有可能在改制中利益受损的一方。在目前的体制下，企业职代会或职工大会名义上是职工自己的组织，但缺乏独立性，其本身受制于企业的管理层，因而，事实上并不能保证职工的利益不受损。在这种情况下，虽然国务院的文件强调改制尤其是涉及到职工利益时要听取职工意见，交职代会或职工大会审议，但老实说，这不过是走一种形式而已，尽管形式本身也很重要。因此，如果政府再不在利益上帮职工“把关”，无论改制变身为管理层控股还是民企控股，或者二者的混合，在追求效率的前提下，职工的利益必定受损无疑。假如政府再站在资本的利益上，职工更不可能有“好果子吃”，就像通钢的职工一样，经历被裁员和减薪。

且不说现有的国有企业包含着职工过去长期的低工资对国家的工业积累所作的贡献，换言之，国家对国有企业并没有拥有百分之百的产权，其中也有一部分资产是由职工的低工资积累形成的，职工拥有这部分资产的产权；如果企业改制在涉及到职工安置、经济补偿、社会保障等事项时职工自身没有发言权，其利益普遍地被资本或政府忽略、排斥，权利普遍地遭受侵犯，他们怎么能不抗拒这样的改制？当一群无组织的原子式的个人不能通过组织有效地抗争时，他们要么表现得极其温顺，而一旦被激怒，其对社会的破坏力也非常大，正如通钢事件表现出的那样。所以，无论从哪方面来说，在国企改制中，都必须妥善处理好职工利益，这是由包括通钢血案在内的诸多这样的教训得出的基本经验。可惜的是，在具体的实施中，很多政府部门都忘记了这点，总以为自己的力量可以大到“一手遮天”，从而犯下很多不该犯的错误。

通钢事件有着金融危机的背景，但是，它之所以演化至此，更多的是吉林省地方政府对国企改制的思维和观念没有改变过来，只考虑到了国企改制的迫切性，而未想到其复杂性。目前，中央企业还有140多家，地方国企还有1万余家，国企改革和改制的空间还很大。尤其在一些竞争性行业，比如，钢铁行业，国企扎堆，需要整合国企的力量，进行兼并重组。这无疑为民企和外资的进入提供了机会。但是，资本所追求的效率与工人所希望的公平有着矛盾的一面，事实上，现在的工人并不关心企业是国有还是私有，他们担心的是自己的利益能否在改制中受到公平的对待，他们之所以留恋国企，是因为在国企比在私企能够取得相对公平的待遇。国企改制应该正视这一事实。

总之，在当前的网络时代，职工的权利意识比过去有明显提高，他们不再像20世纪90年代的工人那样，在自己没有同意的情况下，就将自身的权利和利益任由别人来摆布。所以，如果政府的决策没有看到这种变化，还习惯于一切都由政府做主，那么，肯定会产生体制性风险。

吉林省地方政府和建龙已为自己的短视受到了惩罚，网络时代的群体事件具有扩散效应，如何在民众权益意识提高的前提下推进国企改革，对中国政府和企业管理层来说，是一个新的考验。

我们这个时代为什么没有平民的感觉

央视2010年3月热播的电视剧《老大的幸福》引起了民众的共鸣。我断断续续地看过几集。由范伟塑造的这个东北顺城的傅家老大，让我想起了根据刘恒同名小说改编的《贫嘴张大民的幸福生活》里的张大民，两者有着某种程度的相似，都生活在底层，都是家里的“老大”，也都有着小市民的一点虚荣、幽默，当然，最重要的是对家庭充满责任，懂得付出和分享，以及他们对“幸福”的独特理解。

不过，在我看来，后者比前者显得更真实些，《老大的幸福》可能编导们有意突出对比反而削弱了它的真实感，这个且不谈。它的成功——如果把引起关注看作是“成功”的话——在于把镜头对准了底层民众的生活，而且上升为主角，这是很多电视剧所不具备的。如今的电视剧里的主角不是已经作古的帝王将相，就是权（财）大气粗的官员、老板、明星等，而《老大的幸福》让许多普通的百姓想到了自己——傅老大的生活就是我们自己的生活，他与我们说着同样的话，做着同样的事，因此他的“幸福”也就是我们自己的幸福。根据某调查，很多人自觉不自觉地把自己当成了老大，比如，开出租车的、开小超市的以及其他平民，不管在家庭排行老几，反正都说自己是老大，都说自己从这部电视剧中找到了感觉。这就给我们提出了一个问题，为什么在这个时代，普通百姓找不到自己的感觉？

要回答这一问题，必须从中国转型来谈。如上所述，不仅在电视剧里，就是在电视的其他节目里，或者在报刊乃至小说里，等等，总之，占据传媒和舆论中心的，是各级官员、资本家、各种类型的大小明星等，他们乃是舆论一向宣传的重点。普通百姓偶尔露一下脸，也多半是以负面的形象出现。平民越来越在我们的宣传和报道里被边缘化了。原因当然是老百姓在现实生活里已经被边缘化了。在我们这个社会唱主角的，是如傅家老二这样的商人，傅家老三这样的官员，以及傅家老四这样一直梦想着成为或已经成为明星的演员。我们这个时代，所需要的是权钱者的氛围，不是普通百姓的氛围。

出现这种事情，表面看，是主导社会的价值体系和“意识形态”出了问题。而价值体系和“意识形态”又是由社会的权力分配和利益格局所决定的，所以，根子还在后者。我们看到，在中国社会的转型和改革中，除了前期一个较短时间内是由普通百姓居于舞台中央，吸引着镁光灯外，到后来普通百姓就让位于官员和资本家，成为一个人数庞大的沉默的群体。原因在于，改革初期是从物质匮乏的年代过来的。生存的需要使得许多底层百姓成了改革的探索者，那个时候的很多改革明星，都是底层百姓，或曾经处于底层的权势者们。安徽小岗的农民就不用说了，他们开创了历史，其他的如被邓小平点名的“傻子瓜子”、浙江海盐衬衫总厂的步鑫生、石家庄造纸厂的马胜利，他们都是早期改革的风云人物，出自底层；就是现在一些耀眼的资本家，当初也是在底层，一步一步艰难干起来的。总之，那是一个意气风发的平民英雄的时代，只要你努力，都有向上流动的机会。

但是，即使在这样一个时代，权力也从来没有离开过我们，支配着社会的运转和多数人的生活。随着市场经济的建立和发展，社会所创造的可分配的物质财富越来越多，在权力的支配外，又加上资本的支配，老百姓于是渐渐失去舞台的中央地位而走向边缘，越来越成为一个被遗忘的群体。社会的阶层结构也开始分化，富裕阶层和贫民阶层的差距和鸿沟越来越大。根据社会学家孙立平等人的研究，改革初期激发中国活力的社会流动到90年代基本停止，官民、贫富分野而且代际相传，从社会底层进入社会上层的门槛越来越高，基本上难以逾越。如今改革的动力主要来自于政府注重GDP增长提升政绩的强烈愿望与企业管理者占据更多生产要素的强烈愿望的结合。站在舞台中央、成为耀眼明星的是社会的各类精英，是权力和资本以及它们的化身。除了少数知识和科技人员借助自己所拥有的知识优势而跻身于富豪群体外，生活在社会底层的无业失业人员、低收入者、进城农民工等弱势群体日趋定型，缺乏改变自己命运的渠道和机会，贫困者的代际继承效应明显增强，甚至知识也不能改变命运。

官本位的基础是权力的通吃性，这里的权力，不单指政府的公权力，也包括凡是能换成资源的权利，是从一个宽泛意义上说的。市场经济的实行并没有打破既有权力对社会经济事务的垄断，反而在一定程度上以市场之“厚利”

为权力提供了更为稳固的经济基础。借助商品经济和市场的交换规则，权力更加重了它的通吃性。所以，“赢家通吃”的情形如今越来越普遍。例如，某些“政府精英”凭借政治资源敛财、拿文凭，某些“经济精英”花钱买官、买文凭，某些“知识精英”利用政商两界的关系“下海”经商。至于国内大学向体育和影视明星赠送大学入场券更早已不新鲜了。最严重者，是权力、金钱、知识、声望和地位等各种社会资源合流或者垄断，集于一身。

此种情形必然会反映到舆论和宣传中来。从新闻媒体发出的声音来看，权势阶层与弱势阶层明显不对等，媒体传播的信息大部分是权势阶层的声音，弱势阶层则长期在大众传播事业中失声。官、商、学结成一个隐性的利益联盟，掌控媒体，左右舆论，误导视听。而社会大众的声音，很难正常地在媒体上传播。所以，在我们这个社会、这个时代，连空气中充斥的，都是贵族、官员、商人、明星的气息，他们塑造着社会的价值，而真实的问题，底层百姓的声音则被遮蔽和过滤了。

傅家老大最终带着梅好有自闭症的儿子离开北京，回到了东北小城顺城，操起了足疗师的旧业。在我看来，这是一个寓意十足的处理：尽管傅老大的弟弟妹妹想要他过上上流社会的幸福生活，傅老大还是回到了他熟悉的底层生活，只有在这样的生活里，他才会感到很幸福。事实上，相对于灯红酒绿的大都市北京，小城顺城就是底层百姓生活和工作的场所，离开了顺城，傅家老大是不可能幸福的，这就好像鱼儿离开了水一样，最终走向死亡。而顺城的生活，主流传媒是不会关注的。这再清楚不过地说明，阶层的分化越来越大，社会的流动基本被堵死，底层百姓要想通过个人奋斗改变自己命运的机会越来越渺茫。

一个让大多数人贫困加剧、流动受阻的社会，决不是幸福的社会。《老大的幸福》虽只是一部电视剧，但是，它所反映出来的我们这个时代没有平民感觉的问题，必须得到高度重视。要让普通百姓找到自己的感觉，必须对现行的政治结构和经济社会安排作出相应的调整，以正义原则来重塑社会的分配形式。

从经济学家的"吐痰论"到县委书记的"烟灰缸论"

若干年前，一名著名经济学家为国企改制发明了一个理论，即"吐痰论"。他说，国有资产就好比是一只碗，碗干净大家都想要，如果你往碗里吐一口痰，大家嫌碗脏，不要了，你就可以堂而皇之把这只碗据为己有（大意）——也许这名学者的本意并非是要教唆人们去鲸吞国有资产，但据我所知，很多人在改制时是把此论奉为信条的。

重提这个"旧事"，是因为看到了山西省沁水县县委书记申会对于国企改制也有一套高论——"烟灰缸论"："这个烟灰缸是咱们沁水的，它有货币价值和使用价值。现在，咱们把它两块钱卖了，就产生了两种效果：烟灰缸使用价值继续存在，还留在沁水；但咱们得到了两块钱的货币价值，用它我们可以投资，也可以办别的事情。'三矿一站'改制其实就这么简单。"

孤立地看，县委书记的"烟灰缸论"无所谓对错，而且似乎还很符合马克思的价值论。但如果把它和县委书记所言的"三矿一站"改制联系起来，问题就出来了：如果这个烟灰缸本来值5块钱，你把它卖2块钱，不是物有不值吗？特别是，如果卖后的烟灰缸的使用价值你也大部分没有得到，不就等于白卖了这个烟灰缸吗？沁水"三矿一站"的改制就是这种情况。

沁水以产煤著称。所谓"三矿一站"，指的是沁水三座优质的煤矿和一个集运站。据《中国青年报》2005年8月8日报道，2001年11月，代表"三矿一站"的沁水县国资局与4家公司草签了合组"沁和煤业"的合作协议。"三矿一站"合为一个股东，由沁水县国资局代表。新公司注册资金5000万元，"三矿一站"占25%的股份，仅值1250万元！这个数字，甚至比被沁水县委县政府及沁和煤业认可的"审计"报告评估的"三矿一站"总资产4.2亿元、净资产1.2亿元都低得太多。

从报道来看，"三矿一站"的改制至少存在三方面问题：一是对煤矿最具经济价值的煤炭资源和土地使用权未列入评估范围；二是在资金没到位时，沁和煤业就控制收益权；三是改制4年，“三矿一站”仍是4个独立的法人单位，但所有收入和财产支配权却归沁和煤业所有。可以说，前两个方面违反了改制方案的协议，后一个方面违反了《公司法》的有关规定，更何况，到现在，改制后的公司还没有拿到“三矿一站”的采矿权。也许有人会奇怪，出现这么多“明目张胆”的问题改制还能推行下去？但如果你想到县委书记的“烟灰缸论”本是为这次改制而发明的，也就没什么好奇怪的了。

我不知道县委书记的“烟灰缸论” 是否受到了“吐痰论”的启发，总之，国有资产就在这种“理论”指导下的改制中流失了！这种“缺胳膊少腿”的改制之所以能强行通过，一个主要的原因就是由政府一手操作，甚至主要领导亲自出马。事实上，类似于沁水县这样违背企业意愿，强行将资产状况良好的企业进行所谓的改制，在近年的国企产权改革中，我们看到不少。

回想这些年来，为了尽快在“国退民进”的产权改革中完成实质性的私有化转变，一些学者和官员煞费苦心地提出各种“理论”，或公开或隐蔽地来包装改制中的鲸吞国资行为。这些“理论”除了“吐痰论” 和“烟灰缸论”外，还有前段时间喧嚣一时的“卖光送光论”、“靓女先嫁论”、“快送冰棍论”等。不管这些“理论”如何变化，其结果只有一个，就是把国企产权改革变成了瓜分和掠夺人民财产的盛宴：劳动人民几十年白手起家积累起来的财富被以各种方式转入私人腰包，一些人因此而一夜暴富，国有企业则因失血过多而日渐羸瘦直至死亡。一名亿万富翁曾公开承认：“今天，最有效、最快的发财致富方式，就是将国有资产变成我口袋里的钱，国家的钱实在太多了，没有谁数得清，也没有谁能看守得天衣无缝，实际上，许多看守国有资产的人并不反对把国家的钱放进我的腰包里。”

“吐痰论”不会是第一个为改制中的各种腐败行为辩护的谬论，“烟灰缸论”也不会是最后一个。随着国企改革的深入，可能还会有别的什么腐败理论冒出来。无论它打着什么旗号，涂上了什么色彩，只要与常识不符，损害大多数的利益，我们就应该警惕。而为了把各色腐败理论对改革造成的干扰降到最低，除了规范国企改制外，我认为应该引入问责制，也就是说，国资委和一切与国企改制有关的管理部门及其工作人员，不论其是否参与或操纵了改制，只要在国资转让中出现资产流失和腐败情况，就负有监管失察之责，其领导就应受到包括引咎辞职在内的行政乃至法律处罚。

经济学家为利益集团服务的前提

《瞭望》周刊刊文批评经济学家为利益集团服务，并分析了经济学家为利益集团服务的几种类型：一是欧美大企业、大银行聘用一些经济学家，利用其市场地位来影响政府决策；二是外国机构和外国基金会在中国境内出钱资助经济研究机构，使其成为影响社会舆论的重要工具；三是国内某些企业明里暗里“团结”部分学者，使其成为本企业或本行业的代言人；四是学者本身在该行业或该市场有巨大利益，为维护自身利益借“著名专家”的地位来影响政府决策；五是个别领导干部带研究生，提拔嫡传弟子，在政治和学术上形成一个相互维权、相互“抬轿”的“小圈子”。作者认为，这是一些经济学家在百姓眼中贬值，被百姓拍砖的重要原因。

这实际上牵涉到经济学家该不该为利益集团服务的问题。从上文来看，作者显然是不认同经济学家可以为利益集团服务的。作者的看法代表了社会大众的普遍看法。假如去搞一个调查的话，我相信多数民众不赞同学者应该为利益集团服务。社会为什么会形成这样一种高度一致的看法？一个原因可能在于，虽然社会的改革和转型形成了不同的利益群体，但公众还是用传统的知识分子的标准来观照和要求经济学家的，当发现现实中的经济学家远不是想象中的那么回事时，内心就产生一种失落情绪，从而对经济学家的尊重也就荡然无存。

产生这种认知错误的，不但有普通民众，经济学家自身也常常将自己的角色搞混。从经济学家的种类来看，有公司经济学家，有政府经济学家，有在大学和公共研究机构任职的公共经济学家等。在欧美一些国家，经济学家的这几种不同类型是不会混淆的，比如，国内家喻户晓的几大投行，他们的学者就属于公司经济学家之列。因为身份确定，所以，公司经济学家就该为公司的利益说话，政府经济学家就该为政府的利益说话。当然，有时候为了赢得影响力，公司经济学家和政府经济学家也都会就一些社会关注的公共话题发表自己的看法，但这个时候，民众依然把他看作公司或政府的学者，依然会警惕他的观点是不是代表了其所服务的公司或政府部门的利益。只有公共经济学家类似于我们的知识分子角色。因此，在欧美，不会像我们一样出现经济学家该不该为利益集团服务的问题，如果经济学家供职于利益集团，为其说话和服务就是天经地义的。

中国的经济学家种类虽然没有欧美多，但大致也可分成公司经济学家和政府经济学家两类。中国的大学和研究机构基本是官办的，因此，在这些机构服务的学者本质上也是政府经济学家。虽然我们可以把政府大体看作是公共利益的代表，但毕竟政府有其自身的利益，而且，政府是一个庞大的组织，不同部门的利益又是不一样的。另外，中国的大公司也基本是政府举办的，在这些公司供职的学者严格说来也是官方学者，然而，相对政府，公司的利益更直接和具体，与社会公共利益的重合也愈少。现在的问题是，经济学家的脚已经跨进利益集团的大门，但由于受传统文化的影响，很多人心底里多少还残留着传统知识分子的“经邦济世”情怀，更加之都是政府的学者，因此，虽然明明是为本部门、本集团的利益服务，但心里总是自觉或不自觉地以全民利益的面目出现。

从利益集团的本义来说，无所谓好坏；从中国改革和转型的实际进程来看，很多陈规陋习都是由相关利益集团推动打破的；从经济学的研究来说，其任务之一就是研究不同利益如何进行配置。所以，既然我们每个人都是利益中的一分子，经济学家分化为不同利益阶层的代言人，为本利益集团服务就是很自然的事，不值得大惊小怪，更不必大加挞伐。现在人们之所以反感经济学家为利益集团代言，主要是一些经济学家不自爱，经常越出自己的专业范围，就自己并不熟悉的领域发表一些不正确的甚至不负责任的言论，这背后有没有通过影响公共政策，为强势群体谋利造势的意图呢？肯定有，但不全是，更多的可能还是对经济学的过于自负所致。

在一个利益分化的时代，经济学家乃至学者的利益集团化将是常态。对此，我们可以批评他们为利益集团服务，也有必要要求经济学家在建言献策中，尽量坚守自己的公共良心。但是，要减少经济学家利益集团化对社会公共利益带来的损害，首先是我们要承认这种现象，只有承认它，经济学家才不必打着公共利益的旗号来为利益集团谋利；其次，壮大发展不同的利益集团及其代言人，也就是说，既要有企业的代言人，也要有消费者的代言人，既要有资方的代言人，也要有劳方的代言人，既要有强势集团的代言人，也要有弱势群体的代言人。只要不同利益集团的力量大致均衡，就不必担心经济学家的代言会损害社会的公共利益。

博士与博仕

博士与博仕，看似一字之差，实则有本质的区别。博士的意思大家都明白，我就不用说；博仕则是我造的一个词，意思是用博士这顶帽子作敲门砖，谋取仕途的人。

我这么说不是要故意巧立词汇，而是有事实根据的。据报道，2008年我国培养的博士人数已突破5万人，2009年继续上升，已超越美国，成为世界最大博士授予国家。但由于供过于求，不少博士都遭遇就业难题。与多数国家博士大多进入科研教育机构工作的情况不同，我国的博士有一半当了公务员。

如果以人口的数量来衡量，中国一年培养5万名博士，其实算不上多。问题在于博士的质量以及博士毕业后的去向。我国从2000年开始博士扩招，到2004年，在校博士生就超过了12万人，大概每4.2个硕士中能出一个博士，而美国每10个硕士才能出一个博士。由于博士大跃进，一个导师少则带两三个，多则带四五个甚至上十个的都有。这就使得博士的教育质量很难得到保证。因此，相对于博士的质来说，现在博士的量显然有些太多了，从而造成一种教育资源的浪费。

造成国家宝贵教育资源浪费的不仅有博士总体质量的不高，还有半数博士去做公务员这一事实。公务员的职业特点是什么？它是需要经验、协调和责任心的一种职业。而如果按照正常的程序走下来，一个人博士毕业后，少说也有二十七八岁了，行政经验自然谈不上。社会对博士的要求一般是有独立性和创造性，而公务员重要的是要有沟通和协调能力。另外，很多具体的行政工作都是按部就班来的，无须发挥什么创造性，也不需要做什么决策。就算要做决策，博士也不一定比本科生，甚至专科生强。没有经验事实证明学历与决策能力之间存在什么必然的联系。何况，从公务员的实际工作来看，并不是每个岗位上的人都必须要读到本科或硕士以上学历或学位才能胜任的。所以，除了少数专业性强的行政岗位外，博士去做公务员纯粹是一种资源的浪费。

但博士们尤其是那些从没离开过学校的博士却想着法子要进公务员的队伍，这当然有工作不好找的原因，现在各个大学和科研机构都已博士为患了。然而，另一个不必讳言的原因是，公务员的诱惑力。中国是一个官本位社会，做官就意味着有权，而在权力还支配着社会大部分公共资源的时候，有权就能够使各种资源得到变现。相较于其他职业，公务员职业的公共性、稳定性和保障性都使其对包括博士在内的许多人具有很大的吸引力。公务员直接掌控社会的公共权力和资源，这使他们具有较好的职业声望和社会地位。而一旦做了官，人们对自己未来的预期会比较有把握，不像其他职业在收入高的同时也存在高风险，具有较大不确定性。另外，公务员有了一定职别后，随之而来的还有任其使用的专车、宽敞的住房，甚至可以公款吃喝、公费娱乐、公费旅游、公费出国，以及其他诸多的福利。有了上述种种好处，即使公务员的个人收入不属于所有职业中最高之列，但对高福利、高稳定、高权力预期的经济人来说，公务员职位不失为职业选择的“上上策”。

按理，改革开放后，随着职业选择的拓宽，商业的发达，以及其他一系列高薪职位的出现，原本存在于社会中的官本位文化、官本位现象应该得到消除，至少在程度上有所减轻。但从近年的情况来看，远非如此，相反，人们对做官更加趋之若鹜，现在连高学历的博士也加入了这支队伍，并成为其中重要的一员。这里面的原因的确值得我们好好琢磨。我想，这恐怕与中国转型的特殊背景有关。转型的艰难没有打破既有权力对社会经济事务的垄断，而是加重了权力的通吃性，市场的交易规则又在一定程度上以市场之“厚利”为权力提供了更为稳固的经济基础。加之中国读书人特有的“学而优则仕”心理，在全社会看重文凭和学历的情况下，博士们以“博”取“仕”也就不奇怪了。

但社会上博士的泛滥和“博仕”的涌入终究会害了博士本身。博士声望的下降就是一个警训。所以，无论从减小教育资源浪费还是消除官本位现象出发，控制博士的增长速度都是非常必要的。

利益集团挟持了中国的教育

有关教育的问题总是会吸引人们的眼球。2005年6月27日，历时两年的“十五”规划国家重点课题——转型期中国重大教育政策案例研究终于结题，报告用权威的数据表明：在我国东中西部和城乡之间，教育差距比经济差距更严重，省内教育差距又比省际间更严重。报告还认为，我国现有的教育差距是由政策本身造成的，其中影响最广泛、最深刻的是在城乡二元结构背景下，形成的城乡区别对待的教育政策，或可称为城市偏向的教育政策。

尽管报告的这一结果及其分析并不出人意料，但还是发人深省。中国教育制度的最大缺陷在于其二元分割性。但这种二元分割性表现为一种双重分割，首先是在城市和农村之间进行整体分割，形成“农村教育”和“城市教育”的天壤之别；继而在从幼儿园到大学的各教育阶段实行内部分割，形成重点学校和普通学校两个世界。而政府有限的教育经费则向着城市学校和各级学校中的“重点”倾斜。

如果说，在一个缺少对具体个人和群体的权利进行尊重和保护意识的特定历史阶段，国家出于快出人才的需要，而其可调动的有限资源又难以确保全体适龄人口接受同样教育，从而导致双重二元教育制度的产生，并非不可理解，那么，在改革开放30多年中，特别是在权利意识逐渐觉醒的今天，这种制度非但没有得到及时调整，反而被强化甚至固化，就有些令人匪夷所思了。对此，教育主管部门的解释是国家投入不足。我认为，这只是一个浅层的因素，真正的原因是围绕着教育的资源分配，形成了一个以教育主管部门为主的强大的利益集团，这个利益集团打着“公共利益”的旗号，谋取集团的利益，从而阻挠了教育的公平发展。只有从这个角度，我们才能看明白二元分割的教育制度为什么到现在还打不破。

一些人可能不同意我的看法，教育行政部门怎么会成为公平教育的阻力呢？那我们就用事实说话。2003年一项对马鞍山市的调查显示，在该市的初中毕业生中，出身于“上层”家庭者有69.1%进入了该市“最好的高中”，而占人口大多数的下层家庭的相应比例则只有5.1%。另一项对北京、重庆等十城市高中教育公平状况的调查也显示：占人口不过10%的党政干部、高中级管理人员和专业技术人员的子女，占去了被调查重点高中42.1%的名额，在北京市，这一比例更高达57.3%。而某经济大省财政厅与省城某全国知名重点中学达成的协定更加反映了赤裸裸的交换关系：该中学每接收一名财政厅官员的子女，将拨付50万元的教育经费。同样，在大学，各职业阶层间的差距也非常明显。农民子女与工人、党政干部、企业管理人员和专业技术人员子女进入高等学校的可能性之比为1∶2.5∶17.8∶12.8∶9.4，其中在全国重点高校中是1∶4∶31.7 ∶22.6∶17.4。农民阶层与整个非农阶层的整体差距是5.6倍，在全国重点高校中是9.2倍，其中与党政干部子女的差距则分别达到17.9倍和31.7倍。

上述情况说明，在各教育阶段，将有限的资金集中于带有各种招牌的“重点”学校，是每一级教育和财政主管部门普遍的行动逻辑。这种行动逻辑的背后并非如教育资源的掌控者标榜的那样，是为了“早出人才”、“快出人才”，而是有着利益集团的利益。说穿了，那些重点倾斜的学校实际上正是他们的子女所就读的学校。正是这些掌握着资源分配的官员的子女，更多地占据了一系列“重点”学校的座椅，所以他们至今仍咬定“重点扶持”的价值取向不放松。

教育在任何时期都会有差距，这不奇怪，但如果掌管着教育资源的利益集团为了一己之私人为地制造差距，就值得警惕了。因为，教育是公益性事业，政府的职能首先是维持公平，使每个公民都享有公平教育的机会，具体来说，保持全国的必要平衡是中央政府的责任，保持地区内的必要平衡是地方政府的责任。而利益集团却通过教育政策的实施，以牺牲教育的公平来实现自己的利益，用小集团的利益挟持中国的教育。正因为如此，我们看到，迄今为止，尽管社会对教育公平的呼声日隆，甚至有小学生为择校自杀，然而，解决教育的不平等问题看起来仍然遥遥无期。

“中国教育的成功”与乡村女教师的卖淫悲剧

在教育部2006年2月27日举办的新闻发布会上，新闻发言人王旭明再次重申“中国的教育是成功的”。如果说，王旭明此前在互联网上与网友交流这么讲还可以说是他个人的观点，那么，在正式的新闻发布会上这么说代表的就是教育部的看法了。

王旭明或者说教育部依据什么断言教育改革是成功的呢？依据的是一个似是而非的标准。王旭明讲，如果教育改革让绝大部分中国人从中受益，就算成功，否则，就是失败。这句话看似正确无误，但问题是，用什么来衡量受益。王旭明用的是高中和大学特别是初中阶段的毛入学率。按他的说法，中国教育在2005年两级人口初中覆盖率和毛入学率达到95%。高中的入学率也已达到50%。大学则从精英阶段开始进入大众化阶段。上述成绩还是在我们的国力和教育投入都比较低的水平取得的，因此，教育是成功的。

这使我想起了20世纪50年代的大炼钢铁。那时，为了在经济上超英赶美，上面定了一个指标，每年要产钢多少多少吨。于是全国发起了一场全民大炼钢铁运动，几乎每个村都建有土高炉炼钢。结果呢，钢产量是上去了，可土高炉炼出来的大都是废钢，更严重的还在于，为了炼钢很多山上的树都砍光了，家里凡是能够用来炼钢的东西，比如锅、铁、锄头等也都拿出来炼钢，真正做到了砸锅卖铁。代价何其大也。

现在的教育我看也与这差不多。应试教育培养出来的多为高分低能的“废品”，为什么许多大学生一毕业即失业，这固然有劳动力市场供过于求问题，但不能不说与我们的教育脱离实践有关。喊了多少年的素质教育，可在现实中，充斥的依然是以高考为目标的应试教育。学校为了提高升学率不择手段，教育乱收费也由此而起。教育不但要看培养出了多少人，更要看培养的是什么人。单有数量没有质量，怎么说也不能算是成功的。

另一方面，教育既然是一种投资，就不能不讲成本。如果砸锅卖铁去炼钢，即使炼出的是好钢，也得不偿失，因为成本太大，连吃饭和劳动的家伙都赔进去了，还怎么生活？教育致贫就是我们现在正在付出的一种最大代价。为了给上大学和高中的三个弟弟凑够每年不少于2万元的学费，本该塑造学生灵魂的乡村女教师不得不走向卖淫之路，过着“周一到周五是天使、周六到周日是魔鬼”的人格分裂的生活。按照王旭明的观点，乡村女教师一家出了四个读书人，应该是非常成功的了。可为了沉重的学费，有多少家庭像乡村女教师一样，卖身、卖肾、卖血甚至自杀，这样的新闻我们还读得少吗？所以，一定要说教育是成功的，这种成功也是建立在乡村女教师卖淫悲剧的基础上。

不能光看到毛入学率高，然后就闭着眼睛说有多少多少人受益。要看到收益背后的代价是不是值得。从这个意义上说，对应试教育以及教育致贫对中国社会产生的负面作用我们不能不有充分的估计。另外，高毛入学率背后同样是高辍学率。关于这一点，多个权威的调查表明，农村初中的辍学率平均在40%—50%，高的达到了90%，比如河北威县贺营中学三年总辍学率就接近90%，远远高于“普九”允许的3%的农村初中辍学率，也远远超过教育部公布的2.49%的辍学率（2004年数字）。难怪2005年率领“中国农村九年义务教育调查课题组”在我国16个省、区、市奔波一年的中央党校潘云良教授，在调查结束后会发出“我们失望了”的感叹。用他的话说，农村的教育，尤其是落后地区的教育状况，用“凋敝”一词来形容一点都不耸人听闻。但从教育部的统计来看，我们只能得出形势一片大好的结论。

所以，教育是不是成功，人们自有判断。事实上，王旭明自己心里也很清楚，教育是不成功的，否则他也不会承认，是广大人民群众为教育做出的包括财力上的巨大付出，支撑了中国的教育。王旭明说他是在这个意义上讲教育是成功的，可如此“成功”又包含了多少像乡村女教师卖淫悲剧那样的无奈和苦涩。

中国教育走到今天这种“学生不堪重负、家长无可奈何、学校满腹委屈”的地步，很大程度上与教育部有关。教育部应该反思自己的教育思想、教育政策和教育路线，而不是忙着给自己涂脂抹粉，更不是忙着唱赞歌。其实，承认教育改革失败并不那么可怕，可怕的恰恰是闭着眼睛说瞎话，不敢正视现实的骑墙态度。

“赢家通吃”的现象应该打破

《圣经》“马太福音”第二十五章说：“凡有的，还要加给他叫他多余；没有的，连他所有的也要夺过来。”1973年，美国科学史研究者莫顿用这句话概括了一种社会心理现象，并将其命名为“马太效应”。到了当代，马太效应主要用来比喻社会的贫富差距，广指社会不同群体或个人之间，富的越富，穷的越穷的经济社会现象。如果用一个通俗的词来描述，这便是人们常说的“赢家通吃”。

借助于现代传媒，“赢家通吃”的现象越来越普遍了。眼下的一起便发生在刘翔身上。奥运冠军刘翔最近被母校允许其免试硕博连读。这事引起了人们的非议。人们非议的不是刘翔有没有能力读博士，说实话，比起某些小学文化的奥运冠军也能免试进大学深造，大学生刘翔当然是有能力和资格读博士的。人们质疑的是这种“赢家通吃”现象。想想看，多少人寒窗苦读十数载，最后也不一定进得了大学，更别说戴硕士或博士的帽子了，而刘翔却仅仅因为自己是奥运冠军，就轻轻松松地进入这个原本需要严格考试的领域，硕博连读。

不知从什么时候起，我们的一些大学特别是名牌大学，就准备好了随时向奥运冠军和体育明星们赠送大学的入场券。体育冠军进大学深造，当然是值得赞扬和鼓励的，但进大学学习，应该遵循大学最基本的“游戏”规则——公平考试，就像他们在比赛中公平竞争一样，而不是凭着自己冠军的身份就可以不用考试直接入学。如果说体育冠军们在艰苦训练中耽误了学习而大学基于他们为国争光的荣誉破格录取还尚可理解的话，某些影视明星和电视节目主持人凭着自己的明星或主持人身份免试进入大学读硕读博，就让人有些匪夷所思了。而后者也正在成为一种很常见的现象。

我不知道一些名牌大学吸收体育冠军和影视明星们入学到底是为了什么，是想借重他们的名气，还是想告诉他们学习也是不容易的？似乎都无必要。特别是一些影视明星，好像我来你这儿读书还是看得起你。所以，我认为，在明星进大学读书这件事上，与其责备明星，不如责备大学。

“赢家通吃”一般有两种情况，一种是通过占有本行业或本领域的资源，确立自己在该行业和领域中无可比拟的优势或权威。比如，奥运会就是一个非常标准的“赢家通吃”的场所。虽说奥运会设置了冠军、亚军、季军三种级别，但谁都知道，冠军与亚军、季军之间，是有着天壤之别的。奥运会是赢家或者更具体地说是冠军的天下，它的根本规则是：一切属于赢家。赢了什么都是你的，输了什么都是别人的。对于这种“赢家通吃”，虽然它也有悖于实质公平，但毕竟人家创造了价值，所以人们一般没什么意见。

另一种，也是应该反对的，是那种利用自己在某方面取得的成就或声望做资本，通过一种不公正的交换或方式，去获得或占有原本不属于他的社会资源的“赢家通吃”。类似上述的明星免试读硕读博就是这种情况。但明星免试读书还不是很严重的，这类“赢家通吃”中对社会破坏最大的是权力、金钱、知识、声望和地位等各种社会资源的合流或者垄断，现在这种倾向或趋势正在出现。例如，某些“政府精英”的家属和朋友可以凭借政治资源经商、敛财、拿文凭；某些“经济精英”可以花钱收买官员和专家，也可以直接买官、买文凭；某些“知识精英”不但仕途前景光明，而且他们利用政界的朋友关系“下海”经商获得成功的例子也屡见不鲜。

社会公正是维系一个社会正常运转的基石，而“赢家通吃”恰恰违背了这一基本原则。以大学接纳体育明星为例，冠军可以免试去读书，亚军是不是可以去，季军是不是可以去，那些付出了同样努力而没有获得名次的运动员是不是应该去？“赢家通吃”之所以是一种不公平的社会现象，原因就在于占有资源的多少。一定时期内，社会资源的总量是既定的，当你占有的资源过多，别人就肯定很少，特别是这种占有如果不是通过一种生产的方式，而是通过一种私权相授的财产转移的方式，那么，社会将会出现开头所说的富者越富、贫者越贫的“马太效应”，社会的资源就有可能投入到无效益的行业或领域中去，从而降低全社会的福利水平。而如果坐视此种“赢家通吃”现象的一再发生，整个社会极有可能锁定在一种无效率的状态中。所以，对于“赢家通吃”现象，我们应该打破它。

当腐败政策化时

有些腐败，人人都心知肚明，大行其道，但终究因缺乏合法性、合理性而不敢公然、公开为之，只成为行业的一种潜规则。然而，近来在一些地方，出台的政策和制度等，却渐有将腐败制度化、政策化、公开化的趋势。

比如，前段时间网上披露的深圳市建设局《2009年在职局处级干部疗养方式说明》内部通知，让我们看到公款按摩已成为了深圳处级以上干部的一项“待遇”；再如，北京市发改委等七部门2009年6月30日联合下发了一份《关于2009年北京市规范教育收费进一步治理教育乱收费工作的意见》，也让我们看到择校费已成为公办高中的一项“行规”。

按照北京市的这一政策规定，公办高中招收择校生，按规定收取择校费后不再收取学费。择校生分数不能低于学校正常录取分数线20分，择校费收取标准每生不超过3万元。

如果说，深圳市的公款按摩还只是一个内部规定，北京市公布的择校生条件则公然将钱学交易腐败“合法化”了。笔者可以理解北京市教育和价格主管部门的“苦衷”，在国家对教育的投入还很有限，优质教育资源还是一种稀缺产品的时候，既然社会对择校有需求，而且禁止不了，不如索性将之公开化，“明码标价”，也可以防止择校费攀比现象，有利于社会的“监督”。但问题是，将择校费“合法化”和政策化后，择校过程就不会越来越腐败吗？

假设一下，有一个人的分数低于录取分数20分以下，却愿意用4万、5万元甚至更多的钱来买一个名校的入学名额，学校会拒绝吗？显然这种可能性是很少的。换言之，它根本杜绝不了择校费中的各种乱像和腐败。

之所以如此，根本原因在于，尽管政策赋予了择校费的“合法性”，可择校费本身却是缺乏社会正义的。例如，我们看到，虽然择校现象在现实中广泛地存在，但从国家正式颁布的法规文件来看，似乎没有哪部法规认为学校收取择校费是合理的，教育主管部门向社会传达更多的是，要逐步取消择校费。上述北京市的规定，也是在规范教育收费的名义下进行的。这就告诉我们，对一种缺乏社会正义的“腐败”行为，虽然出于某种因素将之“合法化”了，但并不会更改它的腐败性质。何况，这么多年来，教育部门出台了很多办法都没有遏制择校费，怎么可能指望底线的退却能够遏止其中的腐败呢？

择校费的政策化和“合法性”不但消除不了择校中的腐败因子，反而会进一步加重腐败。因为这种将价值链不断下移的“反腐”方式，它给人的暗示是，如果腐败足够大足够多，政府最终虽无奈但也不得不承认腐败的合法性，这对腐败者来说，反而是安全的。于是，它实际上是在诱使人们更多地去腐败。最后，整个社会就陷入一种制度化腐败的局面。也就是说，腐败将呈现普遍化和公开化的特征。所谓普遍化，是指腐败无孔不入，在各个领域、各个层次，腐败现象都有不同程度的发生；所谓公开化，是指腐败行为披上合法的外衣，堂而皇之地公开进行。

社会一旦形成了制度化腐败，表明腐败已经到了一个非常严重的程度。虽然我们尚未形成全面的制度化腐败，但腐败的制度化倾向在局部地方的表现却是非常明显的。像公款行贿、部门利益、小金库等都是，择校费也是一种将钱学交易合法化、制度化的收费制度。

制度化腐败由于在官员中建立起了相对平衡的腐败机制，这种机制由某个利益共同体所组成，一荣俱荣，一损俱损，相互为用，因而十分顽强地抵抗反腐举措。这也是我们的反腐屡屡失效的根由。对于制度化腐败，由于它侵蚀权力和社会正义的基础，无论对执政党、政府还是整个社会，都不能放任自流。

要遏制腐败的制度化和政策化，根本而言是要限制权力。这里的权力是就广泛意义来说的，但首先是指政府权力。对权力的限制要“以权利制约权力”，所以，必须建立合理的分权和制约制度，无疑，这就需要民主。2009年6月29日，在中共中央政治局就党内民主建设举行的第十四次集体学习时，胡锦涛强调，要认真落实党章及党员权利保障条例等党内规章赋予党员的知情权、参与权、选举权、监督权等民主权利，使党员在党内生活中真正发挥主体作用；社会也一样，必须把宪法规定的公民各项民主权利通过各种具体法律和制度的形式加以落实和保证。有了民众在社会公共生活和政府权力运作中的民主权利，虽然不能完全根治腐败，但至少可以预防腐败向制度化和政策化转变。

故宫丑闻是官办文化下的蛋

故宫近来的连串丑闻，将这个有着近90年历史的中国最大的古代文化艺术博物馆打回原形。

对于故宫，一般人的印象是厚厚的高高的红墙，威严的皇家宫廷，以及数不清的奇珍异宝。在故宫工作的人，不说不食人间烟火吧，但至少不会太去理会外面的风云变幻，其文化素养、道德文章，非鸿儒大家，配不上故宫的身份。

然而，让人大跌眼镜的是，故宫给北京警方送的锦旗竟然把“捍”写成“撼”，将一座有着丰富历史的属于全民资源的建福宫变身为顶级富豪私人会所。原来故宫是这样的“没文化”，汲汲于营生！如此也就罢了，在事情曝光遭到人们批评后，故宫有关方面负责人起初还死不认错，极力加以否认，后来虽然“向公众致歉”，又把责任推给下属的部门和公司所为。有了这样的“示范”，故宫网站的编辑也才敢理直气壮地骂批评它的网民是“为了出名”。真应感谢那个“业余小偷”，让人们看到了故宫的这一连串活剧。经过此番“折腾”，我想故宫在人们心中的形象，势必从过去的高居云端跌落到凡尘，人们也将带着几分轻视看故宫了。

或许故宫方面觉得舆论这样不依不饶地批评和围观自己有些不厚道，但谁叫你是“故宫”呢？一个最需要敬畏文化和道德的地方，没有表现出丝毫的文化和道德，人们当然要探究“真相”：将无数奇珍异宝委托给这样的“故宫”照看，会产生什么后果？

现在应该说，通过故宫自己的表演，“真相”已部分出来了，那就是：故宫在褪去那件神秘的外衣后，露出的里子却是大家都司空见惯的、习以为常的、散发着陈腐气息的官僚主义。故宫的丑闻可说是这种官僚体制、官办文化的必然产物。

中国是一个官僚主导的国家，尽管人们或许会理智地认知到，普天之下，没有官僚体制触及不到的地方，社会的价值评判都是按官定标准来进行的；但是，总会幻想着应该出一两个意外，而像故宫这样的钻在故纸堆，在历史、艺术和考据中“生活”的文化机构，应该是个例外，至少官僚的色彩比其他文化和教育机构要淡化。然而，与人们的想象恰恰相反，它的官僚色彩一点不比别人少。故宫在回应外界对其错字的微博中称，锦旗乃保卫部门负责，制作后未交院里检查，发现错字后未向领导请示。从这则微博中出现的“未交院里检查”、“未向领导请示”等用词来看，故宫的官僚等级何其森严，给公安送一面小小的旌旗，保卫部门都不能做主，需要领导审批?

邓小平在《党和国家领导制度的改革》一文中，曾对官僚主义做了经典的表述，称其为高高在上，滥用权力，脱离实际，好摆门面，好说空话，思想僵化，墨守成规，机构臃肿，人浮于事，办事拖拉，不讲效率，不负责任，不守信用，官气十足，打击报复，压制民主，欺上瞒下，专横跋扈，徇私行贿，贪赃枉法，等等。故宫对外界批评的回应活脱脱就是这样一个翻版。从开始的死不认错，公然否认，到将责任推给下属单位，乃至于现在干脆就不回应，一副“应凭风浪起，能奈我何”的神态跃然而出，权力的傲慢由此可见一斑。

学界对官僚体制在经济方面的危害、对官办经济的表现探讨得比较多，对官僚体制在文化方面的危害、对官办文化的表现则研究得比较少，实际上，官办文化对文化发展的戕害比官办经济严重得多。文化是最需要创造力的，但官办文化像官办经济一样，通过行政保护，垄断市场，压制民办文化企业，同时在官办文化单位内部实行专制管理，最后导致人浮于事，效率低下，腐败丛生，浪费严重。这些年随着中国经济的发展，文化却没有同步发展，呈现出繁而未荣的格局，尤其是文化创造力的缺乏，文化大师的阙如就是一个最好的说明。

具体来说，与官办经济一样，官办文化首先也追求政绩——文化GDP，对故宫这样的文博单位，就是追求包括门票收入在内的单位财政收入的最大化，为此，在对领导体制的配置以及内部管理上，懂不懂文化，是不是按照文化的发展规律办事，并不重要，重要的是将文化作为一种资源来经营，变成单位收入。所以，人们看到，故宫现任的七名领导中，真正研究考古和艺术的没有，唯一的一位博士领导还是学工科的。这与故宫的性质很不相称，但在官僚体制下，却再正常不过。因此，这样一个领导配置结构，也就很难将故宫当作一个真正的文化机构来看待和管理，更多是把故宫当作一个经济实体来经营。这些年，故宫从不限制游客数量，一边大修，一边进行歌剧表演，引进星巴克咖啡，卖“综合了文化因素”的天价拉面，乃至现在将建福宫建成富豪顶级会所等，都是此种经营思路的体现。

官办文化的第二个表现是，滥用公共资源，随意提价，以牟取小团体利益。像故宫这样的文化资源，某种程度上具有唯一性，作为全民的公共资产，是不可随意更改用途，或者随意定价的，但现在太多的文化单位，在官僚体制的主导下，不通过听证，就将公共的资源通过改变性质，用于商业开发，或者随意涨价，来获取小团体的利益。这点跟官办垄断国企相比，有过之而无不及。

所以，副部级单位故宫，今次连串丑闻的发生，虽是由一个小毛贼引起，看似有些偶然，但偶然中实有必然。换言之，官僚体制迟早会使故宫出丑，只要故宫还在按官办文化那套办事，这就是它无法避免的命运。

第六辑　法治的信仰

中国不缺法，但缺少法治传统，这使得国民只信奉权力而不相信法律，此乃中国难以建立起法治信仰的根源。国民之所以信奉权力而不相信法律，又是因为统治者不受法律约束。当务之急既要克服立法和执法中的部门色彩、行业利益和地方保护，更要政府带头遵守法律，以法治权。这就必须发展民主，用民主来促进法治，用法治来保障民主。

用民主克服政令不通

讲“真话”的张保庆最近一番“中国目前最大的问题是政令不通，中南海制定的东西有时都出不了中南海”的真话，经媒体报道后，迅速引起人们的反响，成为这几天网络上关注度最高的新闻。事实上，就政令不通问题来说，有一个人比张保庆讲得还“狠”，他就是中纪委中组部巡视组组长任克礼。任在2004年接受《瞭望东方周刊》采访时便曾一针见血地指出：“某些地方和部门不讲真话，‘欺上瞒下’，这是我党最大的危险。”

对于政令不通问题，中央也早有觉察，所以2004年修订《国务院工作规则》时，才会把“确保政令畅通”明确写入。政令不通不仅表现在张保庆所说的解决困难学生助学贷款这样的事情上，几乎在政治经济生活的各个方面都存在。以老百姓关心的房价为例，虽然中央三令五申，出台多项政策稳定房价，但一些地方政府就是不听，你说你的，我做我的，阳奉阴违，屡屡将中央的政策消弭于无形。

中央政令得不到很好的贯彻执行，这里既有官僚系统内部的因素，比如说，政策执行者因自身利益或其他原因，拒绝执行决策者制定的政策，或采取“上有政策，下有对策”的方式来阳奉阴违，这是中国官场奉行几千年的“潜规则”，并且已经形成了“蚍蜉撼树谈何易”的历史惯性。从这个角度讲，政令不通不是今日才有的现象，而是一个历史问题。但我们今天讲的政令不通，更多地是针对改革以来的中央与地方关系。中国是一个集权制国家，理论上说，在集权制国家，地方政府实质上是中央政府的派出机构，因此，中央的政令在向下贯彻执行时一般是畅通的。然而，由于目前处于转型时期，中央与地方的关系不是一种稳定的规范的关系，而处在变动和调整当中，它不是通过法制来确定双方的权利和义务，而是试图通过政策甚至谈判来确定。所以，在这一过程中，地方必定要讨价还价，特别是当中央因财力问题想卸掉本该自己承担的某些义务时，地方就更会按照自己的意愿来执行中央的政策。

具体来说，依靠双边谈判来确定中央和地方的权利义务关系存在以下弊病：其一，中央政府要与众多的地方政府进行谈判，这无疑导致了高额谈判成本的浪费。其二，中央与地方的谈判具有示范效应，一旦中央政府在与某个地方政府的谈判中承诺了更高的要价，则其他地方政府在其后的双边谈判中必然会提高自己的要价，其结果是地方政府的要价越来越高，造成对地方政府的过度放权。其三，由于中央和地方的权利义务划分并非依靠一个具有稳定性的制度框架来进行，而是通过双边谈判来进行，这将造成地方政策的不稳定性，中央政府随时可能收回一些政策权力，因此地方政府一旦谈判成功，就会不遗余力地加以使用，酿成恶果。比如，各地一旦拥有给予企业税收优惠的权利，就会纷纷出台各种优惠措施，造成全国的税收优惠政策极其混乱。

改革开放以来，这种不规范的放权让利，使各级地方政府成为经济发展的主体和相互独立的特殊利益集团，并导致地方利益坐大，地方主义日趋明显。一些地方不仅各自为政，各行其是，相互攀比，重复建设，人为割裂市场，而且当地方刚性利益受到中央强有力的宏观控制后，有时还会从暗中抵触、软化发展到公开抗衡。目前，地方主义已经成为中央宏观调控的阻碍，任其发展将影响社会稳定和改革的深入。有鉴于此，十六届五中全会关于制定“十一五”规划建议的说明，特别强调要正确处理中央和地方的关系，指出地方“必须维护和服从中央的统一领导，自觉顾全大局”。

“十一五”规划把中央与地方的关系提到未来五年我们必须处理好的五大关系之一的高度来看待。的确，处理中央与地方的关系从来就是一个历史的政治关系问题。我们已经到了走出过去那种完全依靠中央和地方的双边谈判来确定各自权利和义务的模式的时候。既然单纯的放权让利和官僚体系的内部力量无法解决政令不通问题，那么，就需要人民来监督，使中央与地方的关系在民主和规范的轨道上运行。为此，必须在中央与地方之间进行适度分权，此外，官僚系统内部还须有制衡与监督。中央是中央的，地方是地方的，地方不能损害中央权威，中央也不能截留地方权益。特别是，由中央承担的义务不能甩给地方。只有这样，方能有效克服长期以来政令不畅的顽疾。

免于恐惧的自由才是最重要的

钟南山院士有关恢复收容制度的一席谈话引起了人们的关注。在各大网站围绕这一议题展开的调查中，不仅有超过六成网友表达了对钟院士的赞同意见，而且，钟的观点也得到了一些专家的呼应。比如，南京林业大学教授许向阳——这个2003年曾撰文反对立即废除收容制度，并向高层上书要求把新救助办法重新改为收容制度的专家就认为，当时由于舆论的悲情作用，许多人只看到了这个制度恶的一面（指伤害无辜者），却没有看到这个制度有抑制恶的一面（指管理有犯罪倾向的无业游民）。

法治社会，当然应该允许人们畅所欲言，但是，包括专家在内的这么多人赞成恢复收容制度，就值得我们警惕了。的确，安全感是公众最基本的需求之一。当面对那种“上街不能带包，要带也要紧紧夹住，首饰是千万别带，过马路不仅要看车，更要注意有没有人盯在身后”的情况时，人们对治安恶劣的抱怨以及对一个相对安全环境的要求是正当的，政府也理应采取措施回应人们的这种抱怨和要求。现在的问题是，在一些大城市，由于经济较为发达，流动人口较多，情况异常复杂，政府还未能找到一种有效的管理无业游民的办法，来满足民众对出行安全的需求。

然而，我们是不是能由治安状况的严峻就轻率得出结论，应该恢复收容无业游民呢？我以为不能，否则，我们就为了去除一个“小恶”而迎来一个“大恶”。为什么这么讲？且不说从宪政的角度看，这是一个关系到人们在他们自己的国家迁徙自由和居住自由的问题。我国1998年10月5日签署的《公民权利和政治权利国际公约》规定：“合法处在一国领土内的每一个人在该领土内有权享受迁徙自由和选择住所的自由”，而收容遣送打击的就是这两种自由。仅从二者给人们造成的心理后果来看，收容遣送比起人们出行可能遭遇的偷抢来，更让人心生恐惧。因为前者是政府行为，是合法的，个人面对这种合法的公权之“恶”时，孤独无援；后者尽管很猖獗，但毕竟为法律和道德所不容，是受到法律和正义力量打击的。个人在遭受这种侵害时，还可求助于政府和社会。

据不完全统计，中国大陆在2003年废止收容遣送制度前的10多年中，每年大概收容300万人次。其中，北京1998年前每年收容遣送4万—6万人，1999年遣送高达149359人。上海整个80年代，年均收容遣送总量不超过1万人次，但 1996年达到8万人，1997年超过10万人。深圳收容遣送站41年共收容遣送收容人员490万人次。从一些地方出台的收容制度和实施情况来看，收容遣送对象不仅包括无业游民，也包括“民政部门认为应当予以收容遣送的其他人员”（昆明市），另外，有的城市规定的收容时间竟然长达半年以上（洛阳市）。按照《治安管理处罚条例》，一个人最长只能拘留15天，《刑法》规定的拘役期限，最长也不过六个月，但收容遣送却可以剥夺公民的自由6个月以上！而且，一个公民的人身自由全由民政部门“认为”，这就是收容制度之“恶”。

由此看来，收容简直与拘押罪犯的短刑如出一辙。当一个人特别是亿万农民工以及无家可归的流浪人员在没有实质犯罪的情境下随时都有可能被限制人身自由，你不会觉得不寒而栗吗？

美国前总统罗斯福说过，民主社会，有四种自由是不能随意被剥夺的，即言论自由、信仰自由、免于匮乏的自由和免于恐惧的自由。但收容制度恰恰让人恐惧。而在恐惧之下，是难有自由的。比如，一个人因惧怕失业，对老板的无理要求不敢反对，结果失去了表达自己意愿的自由。政府的目的是什么？不是用恐怖来统治或约束人民，也不是强制使人服从，恰恰相反，是使人的安全免于恐惧；换句话说，政府的真正目的是自由。政府的权力及其活动必须以实现自由为限度。这是人类形成政治社会、生成政府权力的基本出发点。因此，在一个民主和法治社会，公权部门应尽最大努力保证公民“免于恐惧”。

总之，政府应该正视大多数人赞同恢复收容制度背后对安全的诉求，以最大的努力和法治的手段来维护社会秩序和民众安全，但另一方面，又不能为这种诉求所误导，从而让民众陷入一种对公权力更大的“恐惧”中。政府的法律和制度，应该做到给予每一个人“免于恐惧的自由”，这才是最重要的。

法律的权威为什么不足

吴邦国委员长2011年4月在全国人大常委会有关深入开展法制宣传教育的讲话中指出，老百姓反映强烈的食品安全、征地拆迁、环境保护等方面的突出问题，并不是无法可依，也不能说领导干部和公职人员完全不知法，关键是在实际工作中不按法律办事、另搞一套，使得本来可以预防和化解的矛盾酿成了大问题。按照笔者的理解，吴邦国所说的“不按法律办事、另搞一套”，指的是法律的权威性不足。那么，一些领导干部为什么不把法当法？除了我们没有以法治国、以法治权的历史外，原因主要出在以下几方面。

一是某些法律本身的公正性不足。法是用来限制权力、治理社会的，对法的首要要求是必须公正。如果法律的价值取向出现偏差，对某类人有利，对另一类人不利，那么，人们内心就很难信服法律，法也就难以在全社会建立其足够的威信。

法的公正性不足问题可能是由部门立法造成的，也可能与法的制定过程过于仓促有关。前者如《反垄断法》，在其起草过程中，国家发改委、工商总局和商务部三部委争夺立法起草权，致使该法数易其稿，长达十几年出不来，也影响到法的公正性，如对行政垄断的规制就语焉不详。“部门立法”是中国立法的通病，主要是指把涉及某个部门的法律或法规的起草工作委托给有关部门来做。由于存在部门偏好，每个政府部门在参与立法时都会极力争取本部门利益的最大化，并通过“立法”的形式来确定自己行为的正当性，造成法律实施中的彼此冲突和“打架”。另外，由于转型时期很多经济和社会活动有待法律去规范，法律制定过程中的仓促也是一个常见现象。尤其是前期颁布的一些法律，从立法动议到调研、起草再到全国人大表决通过，整个过程时间很短，没有精心打磨，从而使得法律条文只是一些原则性规定，缺乏可操作性，以致出台后不能据此执法，沦为“花瓶”，中看不中用。

二是政府还习惯于靠红头文件、政策及内部规定之类管理社会，并作为执法依据。宽泛意义上的法律既包括正式的法律，也包括政府内部的文件、政策、条例、规章等，可以把前者称为“大法”，后者称为“小法”。中国由于缺乏法治传统，长期以来，从上到下，都习惯于以自己制定的内部之“法”管理社会。这在拆迁中表现得尤其明显。对拆迁来说，国家的“大法”《物权法》的法律效用抵不过国务院的《拆迁条例》，国务院的《拆迁条例》（现改为《征收条例》）又比不过地方各自制定的拆迁办法。对地方来说，用自己制定的办法作为拆迁的执法依据，方便多了。

之所以出现这种情况，与上文提及的法律条文的过于原则和笼统有关。由于法律不具操作和执行性，造成其出台后，往往要由相关部门来制定实施办法、实施细则或司法解释。许多法律的实施细则都已超过法律本身。如《反垄断法》有多达40余个配套规则；《民法通则》共156条，而实施细则多达200条；《民事诉讼法》共270条，司法解释多达320条。表面看起来，有了实施细则、司法解释，法律具体、明确了，但同时也在很大程度上把法律架空了。因为这种对法律的细化和再解释，在中国的语境下易为官员自由裁量权的行使打开方便之门。现代社会和市场经济的复杂，需要赋予政府和官员一定的自由裁量权，使管理有一定的弹性。但如果权力得不到有效约束，而法律本身缺乏公正性，那么，官员就极易滥用自由裁量权，为自己的种种违法行为披上“合法”外衣。

三是国家政治生活中权大于法的现象还很盛行，这也是最重要的。前贵州省委书记刘方仁在受审时说过这样一段话：“原来我作为一个省委书记，以为什么都懂，但通过这次法庭审理才发现，我其实是个法盲。我现在非常懊悔，曾经作为一个省委书记，我却不懂法。在民主法制国家，省委书记不懂法，这是很大的问题。”刘的话有很大代表性。不管是真是假，一个主掌地方的大员不懂“法”，原因只能解释为是他不屑于懂法。也就是说，在“我”的地盘里，“我”的意志和权力就是“法”。

的确，在不少领导干部眼里，遵纪守法、循规蹈矩是无能的表现，唯我独尊、一言九鼎方能显示出个人的权威来。尤其是一些地方和单位的一把手，骨子里就有鄙法意识，当法有助于“我”的权力使用时，还能撑着一个“法”的门面；当法碍手碍脚，对“我”权力的运用有约束时，就将法撇在一旁。这种对法的实用主义态度，使得法律沦为官员权力和意志的奴婢。从实际看，制约官员的行政法律、规章较为抽象，规范性和操作性都很差，特别是习惯于以部门文件来约束和监督权力运行，对官员的处罚经常是以党纪政纪、行政处罚、纪律处分代替法律制裁，而且标准也因人而异、因事而异，威慑性明显不足，这也部分造就了官员的“以权代法”、“以权欺法”、“以权害法”。而“无法无天”的后果，就是公民的权益受到损害。

原因明确了，办法也就好采取，要使领导干部带头守法、护法，依法办事，就必须强化规制政府行为的立法，对权力的监督功能要法制化，提升公民参与立法的水平，并使民主管理制度化、法律化。

如何建设法治政府

国务院2010年11月8日颁布了加强建设法治政府的意见，对法治政府的建设作了全面部署。这一意见可看作是对2004年出台的《全面推进依法行政实施纲要》的深化和落实。后者提出了10年——即到2014年——建设法治政府的目标。如今，距离这一目标时间已经过半，从最近发生的两起事件——宁夏吴忠市跨区抓捕以及铁道部火车退票新规——引起的舆论炮轰来看，要在中国建设法治政府何其艰难。

2010年11月23日，吴忠市出动警力，将邻省甘肃省图书馆的职员王鹏抓捕，理由是王举报同学在公务员考试中作弊的行为涉嫌诽谤。其实，这不过是近年多起跨区抓捕事件的最新一起。12月1日，铁道部将重新修订的《铁路旅客运输规程》和《铁路旅客运输办理细则》两文件公布实施。新规将原规定中的普通列车火车票退票、改签可在开车后两小时内办理改为须在开车前办理，这也就意味着如果开车前没有办理，车票将作废。

两起事件虽然一为地方政府所为，一为中央部委所为，但性质是一样的，即都是在滥用政府的权力和法律。中国搞了这么多年的法治建设，之所以进展不大，甚至在某个时候或某个问题上还有回潮，与我们错误地理解法治政府的含义及未能正确处理法治精神与中国本土法治资源有关。

法治政府的本土特色与法治精神的关系

从法治的基本含义来看，是以法治理，法是社会生活中处理问题的最高原则。因此，顾名思义，法治政府，也就是宪法和法律至上的政府，即“政府由法律产生，政府由法律控制，政府依法管理，政府对法律负责”，这是法治政府的基本内涵。由此所决定，法治政府强调公民权利本位、政府责任本位，提倡“公民自治”，尊重个人自由，进行“权力制约”，因而，它也是人民民主的政府，做到这些，就能够实现有效治理。

不过，上述含义不能完全概括中国语境下的法治政府的全部特点。与西方先有法治社会，后有法治政府不同，中国是先提出并推进法治政府的建设，以法治政府来带动法治社会。因而，如果说西方的法治道路是一个自然演进的过程，那么，中国的法治道路，大体属于“政府推进型”或“政党推进型”。可将此称之为中国法治道路的特殊性，它大体体现为两个方面，即特定的社会生活背景和特定的政治法律背景。前者是我国法治政府建设的大环境或“土壤”，后者则是直接的推动和关键因素。这样来看，中国的“法治政府”还是社会主义法治文化下，适应本土法治资源的政府。

因此，在中国建设法治政府，需要考虑本土资源、本土文化特别是政治文化，即所谓法治的中国化，但这势必会与法治精神发生矛盾甚至冲突。众所周知，中国的政治文化突出的是集体主义的价值导向，一向强调个人服从组织、下级服从上级，为了集体利益和荣誉，可以牺牲也应该牺牲个人利益。也就是说，集体至上是中国政治文化的特质。此种文化和价值导向在中国的法律体系里得到了安排。如《宪法》中的“公有财产神圣不可侵犯”，《城市房屋拆迁管理条例》的“公共利益”等规定，就是立法中的集体主义的表现。显然，这与法治政府所倡导的“公民自治”、尊重个人自由是有矛盾的。如何看待并克服这个矛盾？传统的做法是先集体后个人，集体利益大于个人利益，然而，现代的立法精神，则一般是先保障个人利益不受侵犯，再保障集体利益。所以，当“公有财产”和“公共利益”遭遇到个人利益、个人自由时，我认为，我们还是应该向现代文明、现代立法精神看齐，个人权利应该优先。原因很简单，个人的自由和权益是天赋之权利，是不能被集体利益剥夺的；换言之，在人的基本权益方面，传统价值和本土色彩还是少点为好。

之所以要强调这一点，更主要的还在于现实中制定的法律，对于公共利益、公有财产的界定都比较模糊，在西方，法律在涉及到公共利益时，一般都用列举法明确列出来，即使宪法也不例外。但中国的法律，对公共利益的界定，则很含糊、笼统，由此导致法律在实施时，都要相关部门制定一个实施细则，从而为官员自由裁量权的行使打开了方便之门。我们看到，真正在中国发挥治理作用的，不是正式意义上的法律，而是对法律的再解释即实施细则，或者干脆是各部门制定的内部条例、规则和红头文件之类的行政法规，它们被政府部门作为执法依据，而正式法律则被束之高阁，原因就在于，其赋予了各级官员过大的自由裁量权。

现代社会和市场经济的复杂，需要赋予政府和官员一定的自由裁量权，使管理有一定的弹性，但自由裁量权的行使必须以使社会不得显失公平为前提，否则，就会滥用自由裁量权。这就要求官员在行使自由裁量权时，须小心谨慎，做到既自由裁量又有度，也就是在合法的同时要合理。所以，自由裁量并不意味着可以随意行政，抛开国家的明文法律胡来，如果这样，就不是自由裁量，而是违法了。

目前的问题是，我们在公共利益的界定和对社会的治理上，官员的自由裁量权很大，只要政府或者官员个人需要，就是公共利益，只要事情披上了公共利益的外衣，政府就可以胡来，这在城市拆迁和农村征地中表现得非常明显。比如，开发商看中了哪块地，他去运作政府，政府说为了公共利益政府得收购，本来按市场价3万元一亩，但政府可能出3000元一亩，强行收购，然后转手以10万元一亩卖给市场。这种事情很多，由此引起暴力拆迁和农民的反抗。

那是不是说，个人权益优先就可置公共利益不顾？当然也不是。当公共利益与个人利益发生冲突，确实需要个人让渡其权益时，必须让渡，否则，这个社会就没有公共建设。但前提是政府需要有合理补偿。这个补偿至少是不能低于市场价。所以，一个对公共利益进行明确的界定和具体的列举，一个对让渡的私人利益进行合理补偿，做到了这两者，相信能够比较稳妥地解决个人利益与公共利益的矛盾。

另一方面，要限制官员过大的自由裁量权，严格依法行政，也涉及到所依之“法”为何法的问题。如上所述，如果政府行政依据的都是各部门制定的内部之“法”，而不是国家立法机关制定的法，那么，这样的依“法”行政就必然把部门和行业利益放在第一位，政府及其官员以及与政府有关系的群体的利益会得到“法律”的最大保护，普通群众的利益则会被忽略，甚至遭到损害，就像铁道部刚修订的退票新规一样，维护的是铁路利益而不是普通旅客的权益。

有鉴于此，依法行政的法律仅限于国家立法机关制定的法律，不包括政府尤其是部门出台的行政法规。考虑到中国的国情，可以把它放宽到政府主要是中央政府即国务院制定的行政法规。但各级部门制定的各种内部规定，不得作为执法依据，这是底线，不得突破。

建设法治政府的难点与解决办法

除了要妥善处理法治政府的本土特色与法治精神的关系外，中国“法治政府”建设还存在以下一些问题：一是政府法制建设不适应发展社会主义民主政治和完善社会主义市场经济体制的要求。二是行政执法体制不够完善、程序不够规范，执法不到位，有法不依、执法不严、违法不究的现象比较严重，不能很好地实现立法目的。三是行政权力部门化、部门权力利益化、部门利益立法化倾向明显。四是包括民间在内，社会普遍的法治意识不强，法治观念淡薄，行政机关工作人员缺乏全面的法治理念，没有树立起宪法和法律的最高权威等。

上述问题在地方尤其是基层更显突出。县乡两级基层政府主要与百姓打交道。基层事务的繁杂，政绩的需要加上百姓自身的法治素质不高，都会使得他们习惯于借助行政权力去开展工作，达成目标，而不愿依法行事。吴忠市的跨区抓捕就是权力滥用的典型。

从某种意义来说，建设法治政府关键是要使官员不敢乱用权，他一乱用权，就要受到法制的制裁和惩罚，因此，我们也可把上述几个问题简化成一个问题，即对官员的权力监督问题。法治政府归根到底是要监督和约束政府及其官员的过大权力。要迫使官员不敢弄权，不便弄权，从目前来说，应做好以下几方面的工作：

首先是改革政府，特别是大力削减政府职责。如果政府权力无边，职责太多，管了许多不该管也管不好的事，想想看会发生什么？肯定会导致政府重管理轻服务，重审批轻监管，机构臃肿，人浮于事，以及权责不对等问题。这样的政府即使做到依法行政，也是行政效能低下，会给人们的生活造成不必要的麻烦。比如，有人想在大街上摆个小摊解决生计问题，但如果要盖很多章，跑许多部门才能拿到执照，即使政府部门依法办事，不卡不要，也有可能错过市场机会。何况，从行政管理体制来看，存在机构设置过多或不合理、重叠交叉，部门的职能、权限、职责不清，行政管理方式落后，成本较高，服务能力较差等问题。所以，必须对现行政府资源配置职能进行改革，放松管制，把本属于社会和市场的职责还给社会和市场，才能尽快推动我国的“法治政府”建设。当然，政府也不是越小越好，但像当前这样是肯定不好的。

其次，权力行使必须公开。也就是说，只有把政府的决策、立法、行政和执法过程向公众开放，确保公众充分的知情权，才能有效监督和约束政府，使政府的行为不损及百姓利益。国务院在2007年制定了《政府信息公开条例》，规定以公开为原则、不公开为例外，凡是与民众权益切实相关的行政事务，都应公开，让民众知晓。但坦率地说，多数政府及部门在政务公开这点上做得不好，比如，有研究人员向政府申请公开财政预算，被地方的财政局以预算为政府机密为理由而拒绝。假如政府出台什么政策，事先不征求公众特别是行政对象的意见，事后也不向社会解释，一般老百姓可能都不知晓该政策的存在，那么，如何让他去监督政府，保护自己的利益不受政府侵犯？现在网络发达，从技术上来说，不存在政务公开的难题，关键是政府和官员要有这种意识，目前国务院的《政府信息公开条例》法律位阶还不高，应该制定一部行政程序法，从程序上强制政府的行政要公开，从而用程序正义来确保立法的正义和正当，纠正立法和决策的偏差。

第三，鼓励公众充分参与政府的立法和政策制定。在现代社会中，民主是指保障一国公民依据宪法和法律确认的权利和自由，直接或间接地参与国家政治和社会事务的管理，以及在多大程度上和范围内有效地决定国家大政方针的具体法律设施。所以，单有公开而排斥民众对立法和公共事务的参与，不能很好保障民众的这种民主权利、合理要求得到满足或不被损害。特别是在目前群体分化的情况下，不同群体影响政府政策的能力和渠道不一，更应保障普通群众参与公共事务的平台，使他们的意见得到充分表达、合理诉求和合法利益得到充分体现。现在，多数地方在出台涉及民众利益的决策前，都会举行听证会，这是一个进步，但也存在很大改进空间，主要是听证会的代表性不足，听证程序有问题，这样，使得听证会的结果很难真正代表民意。除听证会外，还应该建立重大行政决策合法性论证制度，并定期就政策的执行效果向民众反馈。

最后，还须有严格的问责制。问责是督促和约束官员严格依法行使权力、履行职责的最后手段。官员在权力行使中如果破坏法制而得不到相应惩戒和制裁，那么，所谓限制政府权力、建设法治国家就是一句空话。所以，要严格执行相关制度规定，坚持有错必纠、有责必问，强化行政问责。对违法行政导致公共利益受损的，要严肃追究有关领导直至党政一把手的责任。在这方面，需要尽快完善司法审查制度。司法审查是国家通过司法机关对其他国家机关行使公共权力的行为进行审查监督，从而纠正违法行为并对权益受害方给予补偿救济的法律制度。我国在对行政机关的行为进行司法审查方面，还很不完善，应该将立法机关对行政行为的政治监督、社会舆论的监督、公民个人或组织的监督与审判机关的司法审查整合在一块，共同构成对行政执法的监督机制。

从党内反腐转向法治反腐

随着铁道部部长刘志军的落马，2011年的反腐似乎在开年不久就掀起了风暴。刘是近两年被查处的级别最高的官员。进入新世纪以来，中国涉案官员的数量越来越多，级别越来越高，金额越来越大，层面越来越广，手段越来越丰富。仅以2010年为例，据中纪委副书记干以胜透露，纪检监察部门共接受信访举报1427186件（次），初步核实违纪线索163480件，立案139621件，结案139482件，处分146517人。其中，给予党纪处分119527人，给予政纪处分38670人，通过查办案件挽回经济损失89.7亿元。

一般而言，腐败总是与公权力联系在一起的，是公职人员利用公共权力为获取不正当的个人收益而收受第三方支付，并损害国家或公众利益的行为。从腐败的通常逻辑来分析，追求收益最大化是产生腐败的动力来源，公共权力的存在则是产生腐败的客观基础，而制度缺失是腐败产生的根本原因，同时，信息不对称是产生腐败的必要条件。但是，中国腐败的大面积爆发，除了具有一般腐败发生的特点外，还与中国所处的特殊历史阶段即改革转型阶段有关。

从社会转型的层面看，与大多数国家相比，中国当前的社会转型有着特殊的制约性前提。中国的社会转型是从计划经济到市场经济、从农业社会到工业社会、从传统文明到现代文明、从威权政府到民主政府这四种不同转型的一个结合，每种转型的速度并不是同步推进的，有快有慢，这造成适应于旧的社会和经济结构的思想、意识形态和制度被打碎，但新的思想、意识形态和制度没有有效建立起来，或者还在用一套过时的思想、意识形态和制度来管治新的社会和经济结构，两者没有有效地对接，形成一个制度空白，从而使得腐败能够利用这种制度空白，大肆繁殖。每个人都在用或试图用自己手中拥有的各种资源，包括权力、知识、关系、美色等交换金钱。可以说，转型的这种独特性，使其过程充满了实验性、不确定性，也使得中国在对公共财产和公共权力的重新定位、规范和制约上，难以直接借鉴、吸纳世界现代化史中既有的经验与方式，从而必将经历一个非常复杂、曲折、漫长的摸索过程。只有从这一历史背景出发，才能深入理解中国转型期腐败增生的广泛性、严重性和顽固性。

尽管从世界现代化的历史过程看，腐败的大量增生似乎是转型期一种合乎规律的现象，但并不表明它就是合理的，就可以对此心安理得、熟视无睹、放任自流。古往今来，多少政权败于腐败之手。中国历代王朝差不多都毁于腐败。其他发展中国家的经验也表明，腐败的失控将破坏关键的治理制度，引起公众的不满，加剧社会经济的不平等，造成严重的经济扭曲，并加大爆发全面危机的风险。腐败的泛化和恶化事实上也正在侵蚀中共执政的权力基础，它使中国的社会转型面临两种威胁：一是转型的进程被腐败引发的剧烈社会冲突和社会动荡打断，造成转型的反复与倒退；二是转型的方向因腐败产生的路径依赖发生偏离，滑向权钱结合的恶势力主宰社会的方向。这两种可能性已越来越大。

对于腐败对中国社会产生的后果，其实很多人，包括高层都非常清楚。因此，改革以来，从国家层面来说，一刻也没放松对官员腐败的警惕，出台了很多反腐措施，包括试图从制度上反腐。而且越到后来，反腐越严厉。但让人尴尬的是，目前似乎走入了一个怪圈，腐败，反腐，再腐败，再反腐，以至无穷，每次反腐过后，腐败都以一种更猛烈的形式反弹。这说明，我们的反腐模式和思路有问题。经过数十年探索，中国的反腐模式已经逐步形成纪委、监察部门的党纪、行政监督，检察院系统的司法监督，以及审计系统的经济监督的“三位一体”模式。这三家监督主体分工负责，相互配合，有序开展反腐败工作。然而，三家反腐的力量不是均衡使用的，其中，纪委为主导，政府的行政监察、检察院系统的司法监督、审计系统的经济监督相配合。纪委主导反腐的依据是一系列党内规章制度。但正因纪委的反腐制度建设的举措多限于党内监督，从而使得建立法治渠道、加强司法机关作用的反腐建设尤显不足。

因此，要使反腐败取得实质成效，就必须重构反腐的治理路径，加强司法反腐的力量和建设。换言之，必须将目前以纪委为主导的“党内反腐”，转向以司法为核心的“法治反腐”，使之成为今后反腐败的方向。它包括以下几个方面：

其一，对一把手的权力进行实质限制和制约。腐败既然表现为权力的滥用，对权力进行制约也就必须成为反腐的一个手段。对权力制约，首先要制约一把手的权力，做到决议由集体出，副职不能只是摆设，不能养成由一把手一人说了算的恶习。这就需要完善权力监督制约机制，决策应当规范化、程序化、公开化，除涉及泄密的事项外，应当提高党务和政务的透明度，置于全体党员和民众的监督之下，以确保其最大限度地不被用于谋取个人私利。实行公务员公开竞争机制，公开考试，择优录取，从一开始就堵塞“任人唯亲”的渠道。建立严格的考核、晋升和奖惩制度，改变干好干坏一个样、干与不干一个样、此地干不好调到彼地照样干的恶习。在管理和执行过程中强化内部制约机制，通过职能交叉、上下级交叉、条块交叉、人员交叉等形式，相互约束，相互监督，抑制权力滥用的现象，防止腐败行为的发生。

其二，要理顺监督体系，加强人大、舆论监督和经济审查的力度。就监督的权威性而言，人大监督是最有广泛性、最具权威性的监督，但现在由于种种原因，人大的监督没有全部到位。作为最高权力机关的人大，一定要敢于充分地运用宪法和法律赋予自己的职权，做实人大的权力，使人大“硬”起来，真正体现国家最高权力机关的作用。社会和舆论的监督也是预防和遏制腐败的强大力量。要逐渐放开对舆论的种种限制，保障合法的新闻自由，真正发挥新闻媒体监督的特有优势。目前，舆论监督还到不了位，应从法律制度上保障记者的采访权，并明确倡导新闻在反腐败领域无禁区。理顺监督体系还要大胆开展监督的机制创新和体系创新，改变监督机关受同级政府或党委领导的架构，使监督机关真正享有不受干预的独立监督权。建立经济责任审计制度，强化财经纪律监督。总之，要把权力机关的监督、执法和纪检监察部门的监督、社会监督、舆论监督、审计监督有机地结合起来，逐步形成一种全方位、多层次、多渠道、多手段的权力制约机制。

其三，转变政府职能，改革公共预算体制，对公共部门的腐败尤其应这样。所谓公共部门的腐败指的是为社会提供公共产品和服务的部门发生的腐败。在目前的中国，很多腐败都发生在公共部门。比如，公安、检察院、法院、医疗、教育和组织人事系统的腐败。公共腐败由于具有“公共性”特点，因而危害一般很大；还由于公共腐败存在“法不责众”的情况，所以治理起来也较难。市场经济通行的做法是将公用部门私有化，或者由私人公司提供原先公用部门提供的服务，以此减少公权活动的范围和机会。但这要有一个前提，即政府职能基本到位，不存在“越位”和“缺位”的情况，而且私人部门和公用部门提供的产品和服务具有很强的竞争性。而目前我们基本不具备这个前提。所以，要减少公共领域特别是一些纯公共部门的腐败现象，必须转变政府职能，改革和建设公共财政。也就是说，凡是市场机制能够较好解决的问题，政府就不要介入，不要“越位”；对满足社会需要而必须进行的社会管理和提供的公共服务，政府则要更加重视，不能“缺位”。即在明晰产权的基础上，确定政府该做什么、不该做什么，该管什么、不该管什么，转变和限制政府的职能及其作用范围，科学合理地设置权力，切断以权谋私的纽带。例如，对于公检法、医疗和教育等公共部门，为避免它们通过市场交换的方式，用手中的权力去谋取利益，国家财政必须保证其能正常运转。现在由于国家财政不能保证这些部门的公共需要，它们就只好自身从事经营，以一时一事的服务收取费用，将国家的公权力变成了获取个人利益的“合法”工具。

其四，加强法制建设，加大惩罚力度。反腐不仅要打击、惩处、清理干部队伍中的腐败分子，更重要的还是要维护法律、法规、政策的严肃性和约束作用，使国家公职人员切实在法制的轨道上行使权力，有效地遏制腐败行为的发生。这就需要加强法制建设，强化权力拥有者依法用权，增加腐败行为的惩罚成本。当前，我们的法制很不健全，特别是缺乏有关保护市场主体地位和权利、规范市场竞争秩序、完善政府宏观调控、健全社会保障制度等方面的法律。在无法可依的情况下，加上执法不严，官员被查处的概率很低，腐败成本很小。惩罚成本是构成腐败决策成本的主要部分，只有使惩罚成本大于腐败的预期收益，才有可能遏制腐败现象。

其五，从思想上清除官本位的影响，淡化官本位观念。中国是一个官本位的国家，权力崇拜可谓深入国人的骨髓，所以，要有效地开展反腐败，除了从制度上缩小官员的权力外，还要从思想观念上清除官本位的影响，淡化官本位观念。作为领导干部，应当清醒地认识到自己是人民的公务员，尽心竭力地为人民服务，决不能凌驾于人民之上，搞特权；作为普通公民，也不要迷信那些“当官”的，要把领导干部看成是按人民意愿和政策法律办事、为自己服务的人，心态上千万不可低“官”一等，行为上也不要唯命是从，要确立这样一种观念：如果他的“官”没有当好，自己就有权罢免他。为此，目前急需转变三种观念：一是摒弃权大于法的观念，确立法律至上的原则，尤其是掌握国家权力的人要习惯于遵纪守法，习惯于依法办事；二是将国之兴衰寄希望于出现圣君贤相，转变为寄希望于建立一套完整的、有绝对权威的法律制度体系；三是将治理国家依赖于“青天大老爷”、依赖于众多“清官”的意识，转变为自己要当家作主的“主人公”意识。此外，权力的淡化也靠舆论的正确引导，舆论不能只去歌功颂德，舆论也要成为人民的喉舌，既报喜也报忧，并从传统中重新寻找政治和社会信仰，改变目前事实上单纯对官员进行物质刺激以维系其忠诚的做法。

当然，要一劳永逸地解决腐败问题，必须进行政治体制改革，在民主的基础上实现宪政，包括开放言论，解禁新闻报道，以充分调动公民社会的反腐能量。这点就不具体展开。

除了这些一般的制度和思路外，为确保反腐的有效性，当前还应重点建立和完善以下几项具体制度：

一是建立官员的财产公示制。财产公示制作为避免官僚队伍自我堕落和腐化的一种基本制度，从中国的现状来看，某种意义上它是制止官员群体腐败的最后手段。根据常识，不管一个官员如何腐败，采取什么手段去腐败，他最终的目的是要获取财富。而财富的表现形式无非是车、房、银行存款、有价证券等。因此，如果能让每个一定级别的官员向社会公布其财产分布情况，那么，他是否是贪官就一目了然，根本用不着花大力气去查他的财产。此种情形下，官员即便有心想做个贪官，但被查处的概率极大，自然也就没有动力去以权谋私。事实上，财产公示制的推出一再难产，也反证了它是一项有效的反腐措施。

过去推出官员财产公示制相当难，但经过近几年舆论的高调关注，现如今公众和官员对财产公示制度的认同程度有明显提高。中国社科院发布的《法治蓝皮书：中国法治发展报告（2011）》显示，81.4%的公众和70%的公职人员认为应当公开公职人员的财产，其中，级别较高的公职人员对公开财产的认同度更高，超过80%的省部级和司局级公职人员认为应当公开财产，而科级以下的认可度为64.4%。因此，我们有必要尽快出台真正的官员财产公示制，将财产监督扩大到公职人员家庭收入和家庭财产变动情况，包括金钱、物质所得，重大投资和消费行为，配偶子女从业、留学情况等。当然，为使社会对该制度的接受有一个适应过程，减少阻力，正如蓝皮书所建议的，公职人员财产监督可以考虑两个方案：从新考录、提职的公职人员开始实施，逐步扩大至所有的公职人员；选取一些腐败高发、易发的领域先试点，如工程建设、政法等领域，逐步推行到其他领域。

二是建立反洗钱制度。近年来，公职人员的贪污腐败犯罪与洗钱活动越来越紧密地联系在一起，两者之间呈现出明显的“互为依存”特征：洗钱保护腐败，腐败推动洗钱犯罪的蔓延。很多腐败分子为掩饰其通过贪污、受贿等经济犯罪获取的收益，往往通过各种洗钱活动给自己贪污、受贿所得“黑钱”披上合法收入的外衣。《反洗钱法》之所以对控制贪污腐败等洗钱行为有重要作用，关键在于它能够通过采取一系列的预防监控措施，包括客户身份识别制度、交易记录保存制度和可疑交易记录报告制度等的严格实施，以及义务主体（指金融机构和特定行业的非金融机构）内部的监控管理制度，加强反洗钱的制度建设和内控管理制度。如果我们能够形成一个反洗钱工作协调机制，同时加强国际间的反洗钱合作，那么，就能使反洗钱制度成为一件锐厉的反腐利器。

三是建立预算民主制度。预算民主指的是在预算的编制、审批、执行等整个过程体现人民的参与和决定权。政府自身并不创造财富，其整个预算资金的支出都来自于纳税人缴纳的税费。因此，如果能做到预算公开，人民有权参与预算的编制和监督，那么就能很好地约束官员，抑制腐败。

预算公开和预算民主包括实现全口径政府预算管理，强化预算的完整性，不搞所谓的预算外甚至制度外资金；提高预算管理的约束力，遵循预算法定原则，以法治财，减少行政干预，将预算管理监督各环节全部纳入法制化和规范化的轨道；细化预算内容，预算编制不能过粗，而是要细化和具体到每个细小的项目，让人大代表看得懂、看得清；完善预算管理监督体系，预算的编制过程和编制程序要向社会公开，增加透明度。

没有监督的权力会产生腐败，绝对的权力绝对产生腐败。这乃是一切形式的腐败都逃不脱的根源。所以，对于腐败，决不能掉以轻心，必须穷尽一切办法反腐。只有努力形成一种使当权者不敢腐败、不能腐败、不必腐败的社会局面，整个社会才能清明起来、健康运转，否则，我们迟早会因腐败的无药可救而堕入历史上那些失败国家的行列。

做实人大的决定权

人大向来被喻为“橡皮图章”，不仅政府不太重视人大的监督，人大自身也不愿去、不敢去监督政府的工作，久而久之，就形成一种恶性循环，最后的结果便是人大在国家政治和经济生活中的边缘化，起不到自己本应起到的作用。

在这种情况下，人大要使自己“硬”起来，必须把宪法和法律赋予的权力从纸面上的规定真正落实下来，在细节上做实人大的工作。在这方面，广州市人大进行了有益的探索。该市2009年10月16日通过的《人大常委会讨论决定重大事项办法》规定，2010年开始，民生大事都将由人大及其常委会行使决定权，并具体列出了由人大来决策的11项重大事项，包括水、电、燃气、公交等公用事业价格和教育、医疗等公益服务价格的调整；对企业、农民等收费的行政机关收费项目和收费标准的调整，以及市政府对重大突发事件的应急处置情况等。不仅如此，对于政府越权作出的行政决定，人大常委会还可依法撤销。

正如有关受访专家所指出的，广州市人大通过逐一列举的方式，将11条重大事项由原来的“政府决定”变为“人大常委会决定”，使之成为一种可操作性强的权力，特别是对政府越权决定可撤销的规定，保障了人大决定权的落实，是广州推进民主政治的重大举措。

我国的政治制度明确规定，人大及其常委会有四大职权，即立法权、决定权、监督权和选举任免权。客观地说，近年在人大的制度建设中，除了决定权外，其他三项权力都有不同程度的提高和加强。这无疑强化了人大及其常委会的作用。但从老百姓的角度而言，人大最应该加强的其实是其决定权，可人大的这一权力这些年并没有多少提高。像上述列举的公用事业价格与收费标准的调整，与民众的生活最密切，但往往是政府权力范围内的事情，人大无权质问，虽然碍于民意，现在也举行听证，但由于听证的组织工作由政府操持，听证能够体现多少“民意”颇让外界质疑。比如在前一阶段的水价调整听证会上，就纷纷曝出民意“被代表”的情况。而事实上，听证的结果一般也与民意相反。

人大是权力机关，政府是执行机关。虽然同是决定，但在法律位阶上，人大的决定要高于政府，其决定是创制性的，而政府的决定是执行性的，或者说，人大的决定是自主性的，政府的决定是从属性的。因此，按理，凡涉及到全局性、根本性、长远性以及关系群众切身利益、社会普遍关注的重大问题，都应由人大最后拍板决定才算数。现在，人大决定权的旁落，原因虽有多方面，例如，在日常工作中，行政机关的工作往往更直接，所以人大对于重大事项决定权的落实往往不太到位，但人大对自身权力和作用的认识恐怕也是个问题。由于人大在长期的工作中没有发挥应有的作用，人大的职权和工作也就变得很少、很虚，只是一帮退休的官员为了发挥“余热”在那儿议议事，议而不决。可以说，这种“二线”意识在很多人大工作人员那里都存在。

作为国家权力机关，人大权力的行使，是建立在立法、监督、决定、任免等大量具体的、经常性的工作之上的。从一定意义上说，人大及其常委会只有真正成为工作机关，才能真正成为国家权力机关。这就要求做实人大的各项工作，使人大由一个务虚的“议事堂”变成一个实实在在的、敢负责的决策机构。为此，首先要解决一个认识问题。世上之事，怕就怕“认真”二字，人大的各项权限和职责，宪法和法律白纸黑字写着，社会对加强人大权力的呼吁也很高，这个时候，人大真要“认真”起来，行使自己的职责，行政机关怕是也不敢敷衍的。当然，这里还需要完善人大议事的制度和程序。人大的监督和决定等一旦依照程序进行，无论程序参加者还是外界的什么力量，都难以左右程序的运行，人大的权力从而能一步一步地得到实现。就好比广州的规定一出来，按照程序，人大可以对政府该上报而不报，自己擅自做出决定的事情，宣布无效，政府也无话可说。

中国的民主政治建设需要加强人大的作用。要使人大切实发挥起国家权力机构的作用，需要对现行的人大制度进行较大改造，如推行“专职代表制”、扩大人大直选的范围等。这有个过程。然而，即使在现有体制下，人大也不是没有做实的空间。关键是要像广州市人大一样，采取行动，才会出效果。

赵作海案与国家赔偿制度

赵作海一案需要反思的地方太多，笔者不想一般地泛泛而论，只就其中的一个方面，即国家赔偿制度谈点想法。

赵作海已向国家提出了100多万元的国家赔偿，但河南方面只给了65万元。在一个讲究法治的国家，之所以需要建立赔偿制度，不仅在于事后对冤假错案的当事人进行补偿，以弥补其物质和精神受到的伤害，更主要是以这种赔偿和追责来防范公权力的不当行使而对公民造成的冤假错案。

拿赵作海案来说，纵使国家给他赔偿一二百万元，也无法弥补其在监狱里失去的11年自由及妻离子散，还有精神和人格受到的侮辱和损害。这些东西不是用钱能买来的，况且，国家赔偿的钱来源于国库，也就是来源于全体纳税人。要全体纳税人为某些公职人员的过错买单，从道理上说不过去。

但从国家的角度说，它又必须为公职人员的错误支付成本，毕竟他们是在代国家行使对社会的管理，是一种公职行为；更重要的是，国家对受害者进行赔偿释放出一种信号，即国家会积极对待它所犯的错误，并保护它的公民的合法权益。

不过，假如11年前公安、检察和法院三家司法机构在办这起案件时，国家赔偿制度能够得到真正切实的履行，或许就会避免这起冤案。我所说的“假如”，是因为11年前我们有了一部《国家赔偿法》，但由于当初立法的粗糙，很多条款非常不完善，例如：在立法宗旨上，归责原则过于简单，免责条款过多，使法律控制权力的效果不明显；在国家赔偿的范围和费用上，赔偿范围过窄，赔偿费用标准过低，赔偿方式不明确；在立法程序上，存在举证责任不明，滥用刑事追诉权等。这致使该法在很大程度上成为“不赔偿法”，与社会的期待以及法律本身所应发挥的效应，相差甚远。

假如我们当时建立了真正的国家赔偿制度并得以认真履行，例如规定，依据法律在履行职务时造成公民人身受损的，应该进行国家赔偿，但是，若有证据表明，是国家公职人员滥用公权力特别是动用酷刑造成冤假错案的，不但要追究公职人员的刑责，而且国家对受害者的赔偿最终要他们来支付，那么，一些司法机关的办案人员想用刑讯逼供的做法来速成案件时，就得在心里掂量掂量刑讯逼供的后果和成本。这样，拘留和审判中的酷刑手段势必会大大减少，从而，冤假错案也会减少很多。

现行《国家赔偿法》是1995年颁布实施的，已运转15年之久。在2010年召开的全国人大常委会会议上通过了修正后的该法。本次修正对行政赔偿、刑事赔偿、赔偿方式和计算标准等作出了规定，在赔偿范围、赔偿标准上取得了进步，完善了赔偿程序，并对“精神损害抚慰金”作了明确规定。虽然法律实施后要有一个过程人们才知道其缺陷在什么地方，但是，15年时间也太长了点。事实上，在该法实施后不久，人们就发现了许多纰漏，但它就这样一直带病运转，到2008年才决定进行修正。然而有意思的是，修正过程也充满曲折，一般的法律修正，全国人大常委会二读顶多三读就过了，该法竟四读才通过，并且一些争议性问题依然没有解决，这说明围绕着《国家赔偿法》，充满着复杂的利益博弈。其复杂在于，它涉及到如何平衡公民权利保障和公权力行使问题，以及法的绝对性和法律的适应性问题等，例如，在依法错拘的赔偿问题上，公权机关特别是司法机构与民众的立场就大相径庭。

所谓依法错拘，指的是依照有关法律拘捕当事人，但事后发现是错误时，这种情况国家应不应该赔偿。过去没有这方面的规定，也就是说，如果出现这种情况肯定不赔，在修正过程中，此一问题在立法委员间也争议比较大，三读还未通过，与此有很大关系。现在修正后的版本，对此采取了一种折中的办法，即规定，超期拘留的，或者虽没有超期拘留但对当事人造成明显损害的，国家要予以赔偿，否则就不赔。

之所以采用折中的办法，据说是一部分立法者担心，若依法错拘要国家赔偿，那么司法机关在处置一些突发事件或处于紧急状况时，就放不开手脚采取断然措施制止事态的扩大，这样可能会给社会的公共利益造成更大的损失。坦率地说，这种担心不是没有道理，何况，我们现在正是矛盾凸显期。但是，如果因为害怕抓错人负法律责任而无所作为，就放松法律对公职人员的要求，我觉得不是很恰当。毕竟刑事司法活动中的刑讯逼供现象相当突出，近年曝出的多起如赵作海这样的冤案就是一个明证。这里的问题，就在于如何看待是限制公权力从而保障公民的合法权益更重要，还是使公职人员免受处罚从而激励他们办案更重要。

要回答这一问题，还是应该回到国家赔偿制度的本质。从人类的法律实践来看，国家赔偿是一种由于行政和司法机关的不作为或侵权行为而由国家承担的否定性法律后果，设立它的目的是为了改变封建政治架构下国与民之间的“国家本位”的政治哲学，从而尽可能地保障处于不利地位的国家行为相对人的合法权益。众所周知，在人的各种权利中，人身自由权是最基本的权利，一旦失去人身自由，别的权利很难得到实现。所以，要保护人权，首要的是保护人身自由权。这种保护不光体现在对犯罪行为的惩治，也应该体现在对被侵权人的经济赔偿和救济方面。事实上，对受害人的权利救济和经济赔偿本身也对国家公权力能够起到一种约束和限制作用，使行政和司法机构在面对自己的不作为和乱作为而导致行为相对人的权利受损时，做到自觉约束权力的行使。

现代社会，法律给国家机关赋予了较大的行政裁量权。作为现代国家实现政府职能所必需的权力，这种行政裁量权如果没有有效的约束，也是一种极易被滥用的权力，国家机关及其工作人员在其自身的自由裁量范围内所做出的行为完全有可能背离立法的初衷，其行使职权的行为在合法的范围与形式下，也完全有可能出现懈怠、漫不经心或加重损害等情形。这同样会给公民、法人的合法权益造成损害，为法的原则与精神所不容。所以，无论从法的精神还是现实中存在的公权力滥用的情况来看，《国家赔偿法》都理应规定依法错拘要赔偿。

一再出现的冤假错案以及由此引起的悲剧让人唏嘘感叹，这本身就是在制造矛盾和冲突。因此作为事前的防范，有必要对国家赔偿制度中的不完善地方加以完善。不过，既然法律刚通过，我们就只有寄望于下次修正。当然，考虑到现实情况，可在有关司法解释或实施细则中明确规定，对公安机关等出于办案需要对公民实施刑拘，而后发现错误的情形，赔偿由国库出，也不对具体工作人员进行责任追究，但有证据表明其是故意所为的例外。

为什么反对"张茵们"只为本阶层代言

2008年"两会"期间，围绕着政协委员、中国首富张茵的三个提案，舆论发生了一些微妙的变化，从最初网上一边倒地批评其只为富人代言到现在多数肯定和支持其行为。支持者认为，公开表达和反映多元化的社会利益，应是"两会"代表委员们平等的、共享的权利，因此，张茵替本群体的利益代言才符合民主协商的实质。

比起一边倒的批评或肯定，这是一种好的现象。民主就是在这种争论和碰撞中前进的。但既然大家的讨论已经撇开了张茵提案的具体内容，而集中到其是否应该只为富人代言，那么，笔者要说，在目前的情况下，"张茵们"不可利用政协委员的身份和平台只为本阶层谋取利益，进行代言。

抽象地看，民主是各个阶层和集团讨价还价和相互妥协的结果。每个委员都代表本阶层和群体提出意见、建议和政策，由此形成的结果也许不是对社会最有利的，但却是社会各方面都能接受的。这就是民主的实质。然而，要达到这样一个效果，前提必须是：代表委员是由选民自由选举的，各利益群体的力量也要大致相当。否则，结果就必然有利于社会的强势集团。而在目前，我们恰恰没有这些前置条件。

首先，我们的人大代表和政协委员不是自由选举的，谁能当选代表和委员是上级分配和指定的结果。当然，我们也在小范围对代表委员进行公示，但一般都能顺利过关，除非此人确实不得人心。之所以不通过选举来决定人大代表和政协委员，是因为我们从理论上假定当选的代表委员都能代表全体人民和社会的利益，事实上人大和政协的有关规定也是这么要求代表委员的。所以，即使从人大和政协的章程来看，代表委员如果只为本阶层代言，也是有悖于其精神的。

现在的问题还在于，这种理论的假定是不存在的，因此，如果代表委员只代言本阶层和群体的利益而又没有如选民之类的外在压力，那么，他们当然就不会为全体人民和社会的公共利益说话，只有当社会的公共利益也符合自己和本阶层的需要时，他们才会为公共利益代言。所以，对于代表委员只为本阶层谋利益的举措，必须要给予适当的约束。

其次，正因为人大代表和政协委员不是通过选举当选的，极可能出现谁的资源多、声望高、离权力最近，谁就当选的情况。很显然，作为社会的新富阶层，富豪们尽管在社会中所占的比例极少，但他们当选代表委员的概率要比工人、农民等弱势阶层大得多。据统计，2008年“两会”来自私营企业界的代表委员达二百余人，而真正来自工人和农民的代表委员则很少，农民工只有三个代表，如何让他们去代表其背后的一亿多农民工这样一个沉默而庞大的群体的利益？弱势阶层不仅代表委员人数少，其代表委员也缺乏必要的民主技术的训练，无法有效表达本阶层和群体的利益诉求。这就必然会使得工农等弱势阶层同新富阶层在国家政治生活的博弈中处于下风。

诚然，要形成一个多元的社会，须有利益多元化和利益独立化才行。这就需要给各个利益群体一个表达和维护自己正当权益的渠道。这点我们目前还很欠缺。但另一方面，如果各利益主体的力量过于悬殊，那在公共政策的博弈过程中，极可能出现由一个或几个强势利益集团主导社会的公共决策现象。这种事情在过去是经常见到的。比如，很多关系到国计民生的重大政策，像环保和调整重复建设造成的畸形产业结构等，很长一段时期摆不到决策的中心位置；一些有助于缓解社会不满的政策，像杜绝公车私开、减少公费吃喝等，仍或是“胎死腹中”，或是名存实亡；而一些运用公众资源，为特定利益集团谋利的政策，却能出台迅速、实施果断，等等。

所以，在目前利益集团未充分发育、人大和政协制度还存在欠缺的情况下，允许强势如新富阶层这样的代表委员只为本阶层群体利益说话，提出议案提案，必然使通过的决策和政策不符合社会大多数人的利益，不利于社会的发展。张茵们当然可以替自己和本阶层的利益呼吁，但不是用委员的身份，也不是在政协的平台上，而是用她的企业家身份或者干脆就是作为一个公民建言献策。

当然，要解决张茵们的“困境”，办法就是大力发展各种社会组织，使其代表不同的利益群体，并且各个利益群体能够做到大致平等的竞争和博弈。在此之前，对强势群体的代表委员提出的只代表本群体利益的政策建议，必须保持必要的警惕。

政协不应成为商人俱乐部

地方“两会”是地方政治生活中的大事，虽然不如全国“两会”受重视，但也有一些“亮点”值得关注。比如，在2010年2月召开的广东省政协分组讨论会议上，民盟广东省委文化委员会主任余庆安的一席话就颇为尖锐，他直言“不应该让商人掏钱进政协”，认为政协是政治性组织，应坚守其政治性本质，对商人或经济界人士，应考察个人的参政议政水平，以及民主协商水平，而不应仅以一年赚多少钱，或者以商业利润的多少，作为进入政协的条件。

余庆安的这番话，至少点出了当前政协存在的三个问题：一是“商人掏钱进政协”的现象，应该说近年这个问题有加重的趋势；二是政协应该回归当初创建时的性质，即作为各阶层、各党派政治协商的平台，而不应该成为解决具体经济问题的工作平台；三是政协委员的参政议政水平和素质还不高。

政协是中国特有的政治制度，其在国家和地方政治生活中的作用乃维系于政治协商功能如何发挥。既是“政治协商”，说明其委员的组成有足够的代表性。如果某个阶层在政协中占据了与其人数不相称的比例，另一些阶层则缺席于政协，那么，其协商所达成的结果必不能很好地反映社会的整体利益。所以，政协委员的分配和组成需要大体做到均衡。

商人或者更准确地说私营企业主作为改革开放后出现的、新社会阶层中的一股重要力量，进入政协，参与国家和地方的政治生活，在政协这个政治平台上主张自己的利益，当然是应该的，也理应被鼓励。从中国历史看，商人在大部分时间里是被摒弃于国家政治生活以外的，受国家政权的打压，这是中国资本主义发展不起来的一个原因。不过，这也说明，商人的政治意识一旦觉醒，势必谋求参与国家的政治生活。这方面的一个典型是清末的宪政运动。清末宪政的一个重要推动力量就是商人。改革30年来，中国的私营经济从无到有，私营企业主在国家的经济生活中正在发挥越来越重要的作用，自然，他们需要将这种作用从经济领域转向政治领域，而在目前的制度构架下，参与政治生活的最好途径就是进入各地政协和人大。据调查，有近三成私营企业主想当人大代表、政协委员。

然而，任何事情都不能过犹不及，在肯定商人谋取参政权利的同时，正如余庆安所批评的，不能将此错误理解成赚钱能力强就能进政协。这是因为：首先，比起其他阶层来，商人表达利益和诉求的途径和渠道已经很多，比如，私营企业主目前已经有包括工商联在内的各种名目的组织，还有为其服务和代言的出版物、舆论工具和专家学者等。其次，如上所述，政协是我国重要的政治制度机构，它虽然不是国家权力机关，但却具有管理国家和地方公共事务的职权。因此，进入政协，成为其中之一员，不仅仅是一种荣誉，而会带来实实在在的政治和经济利益。

正因为事关政治资源的分配，所以须要讲究公平。但现在的问题是，政协委员并不是通过选举当选的，而是由自己所在的党派、团体、组织推荐产生的，因此，极可能出现谁的资源多、声望高，离权力近，谁就当选的情况。很显然，作为社会的新富阶层，商人尽管在社会中所占的比例极少，但他们当选代表委员的概率要比工人、农民和其他阶层大得多。事实上，他们在各级人大、政协中所占的席位，数倍于他们在人口中所占的比例。如果商人在政协履职期间能够代表社会的公共利益也就罢了，但实际上，多数私营企业主参选委员，不过是希望通过参与国家和地方的立法及有关方针政策的制定，来维护本阶层和群体的利益，并使自己的企业与政府及有关部门形成良好的关系，以谋取更多的经济利益。例如，作为全国政协委员的前首富张茵，就曾公开表示，她只为本阶层说话。

在一个利益集团和社会组织大体均衡的社会，每个阶层和集团的代表为本阶层和集团的利益说话，进行博弈，这样形成的结果虽或许不是对社会最有利的，但却是各方面都能接受的。但如果利益集团和社会组织的发育不均衡，各利益主体的力量过于悬殊，一些利益集团有许多维护自己利益的渠道，另一些集团则没有，那么，强调只为本阶层和集团说话，在公共政策的博弈中，必然会出现由一个或几个强势利益集团主导社会公共决策的现象，从而把国家的公共资源变成强势集团的私人利益。这种情况已经越来越频繁地出现。

政协的作用总体上还没有受到应有重视。现在“商味”过重，将更会扭曲政协的功能。政治资源的分配不公是社会的矛盾之一，在需要强化政协地位和作用的今天，谁也不希望政协成为商人的俱乐部，掏钱就能进入。

“钓鱼执法”与中国的分利集团

2009年7月，一个名叫张海超的打工者为了向自己所服务的企业和当地卫生部门证明自己在这家企业打工期间得了肺炎，不得已要医生为自己开膛验肺，此事引起人们的震惊。然而，时隔三月，相同的一幕又出现了，不过这次地点换作了最大的城市上海。一个名叫孙中界的面包车司机为了证明自己没有开“黑车”而自断手指，由此揭开了上海交通执法行业流行已久的“钓鱼执法”黑幕。

尽管在强大舆论压力下，上海地方政府撤销了交通执法部门原来的处罚决定并向当事人道歉，但在我看来，事情并未结束。因为由此事引发的民众对中国执法行业的不信任才刚刚开始发酵。比起张海超的开膛验肺来，孙中界的自断手指性质要严重得多。因为前者虽然表现出了政府对一个普通公民的冷漠，但其肺病终归不是由当地卫生部门造成的；而在后者中，交通执法部门的“钓鱼执法”直接让孙中界背上了犯罪的嫌疑。倘若一个政府为了经济利益，有意挖一个陷阱，诱使自己的公民去犯罪，或者诬陷自己的公民有罪，这个政府事实上已经在道德上破产了。而在中国，类似“钓鱼执法”这样的情况，广泛存在于社会生活中。

“钓鱼执法”的直接诱因是执法部门追求利益最大化。在中国很多地方的政府部门，由于冗员过多，政府财力有限，不可能做到用财政把所有政府工作人员都养起来，因此，解决这一问题的办法就是让这些部门去创收。对于政府来说，它唯一或者主要的资源就是权力，这就为权力参与市场打开了方便之门。创收的方式，除了提供一些民众不需要的强买强卖的“服务”外，更通过设置行政许可、制定行业准入标准等管制手段收取费用。罚款自然也是创收之一种，而且在很多情况下，罚款是执法部门更乐意采取的方式。因为罚款更直接体现了权力的强制性和惩罚性，且事实上来钱也快。有了这种“激励”，执法部门及其工作人员也就创造出花样繁多的罚款方式，因此，“钓鱼执法”的出现不是偶然的。

不过，既然是“钓鱼”，就得有“钩头”和“鱼饵”，即中国媒体说的“钩子”。在“孙中界事件”中，“钩头”是与南汇区交通行政执法大队有关系的“蒋某”，“鱼饵”则是那个佯装胃痛要搭车的年轻人。据媒体披露，南汇区交通行政执法大队一名队员通过“蒋某”将当天执法的时间和地点告诉了“乘客”即“鱼饵”，要其按照事先约定的路线将孙驾驶车辆带到执法人员检查点。在一次“钓鱼”中，“鱼饵”一般可拿到酬金300元，“钩头”则是200元。但“钩头”手中掌握的“鱼饵”很多，如“蒋某”交代，他手中的“鱼饵”有三四十人，所以“钩头”的收益比“鱼饵”要大得多。他们中很多人都以此为业。其余的大头，则归执法大队所有。一般一条“鱼”的罚款至少1万元，执法大队再把这笔收入上交给上级部门。上海闵行区交通行政执法大队就通过这种执法方式，两年来钓到了5000多条“鱼”，罚款高达5000多万元，“超额完成市总队和区建管局下达的预定指标任务”。

由此可见，这里形成了一条清晰的利益链。利益链的始端和源头是地方政府，地方政府因财政的原因对一些部门的财政拨款不足以维持部门生存，因此，寄望于其通过创收来弥补；中端是执法部门，执法单位创收多少与单位和领导的绩效考核挂钩，创收越多，单位提成和政府财政返回的就越多，领导和员工的奖金、福利等也就越多；末端是执法人员，单位又将创收任务分解给每一个执法人员，并与个人奖金、福利、考核、提职加薪、评优等挂钩。这样就在地方政府、执法部门和执法人员之间结成了一个公权力与私利错位纠缠的利益共同体，共同体及其成员的目标是各自利益的最大化。

我们可以把这个利益共同体叫做奥尔森意义上的“分利联盟”。美国经济学家奥尔森在其《国家兴衰的探源》等书中，提出了“分利联盟”的概念，并分析了“分利联盟”对国家兴衰所起的作用。按照奥尔森的说法，所谓“分利联盟”是指在社会总利益中为本集团争取更多更大利益份额而采取集体行动的利益集团。它有两个特点：一是组成集团的人数足够少，正因为少，所以集体行动时才会形成影响力，并使得由个人行动向集体行动过渡的成本大大降低；二是存在着某种迫使或诱使个人努力为集体行动做出贡献的激励机制，即所谓“选择性刺激”，也就是俗话说的“论功行赏”或“杀鸡儆猴”。奥尔森认为，一些曾经在历史上非常强大的国家和民族之所以衰落，根源就在于大量分利集团、分利联盟的存在。对一个国家来说，分利联盟的存在会降低社会效率或总收入，加剧政治生活的分歧；减缓社会采用新技术的能力，以及为回应不断变化的条件而对资源的再分配，并因此而降低经济增长率；另外，分利集团的增多会提高管制的复杂性、政府作用和惯性的复杂性，并且会改变社会演进的方向，等等。

中国改革30年来，随着经济的发展和放权让利改革措施的实施，也产生了一些分利联盟或分利集团，其中两个主要的分利集团，一个是以垄断央企为代表的国有企业，另一个是地方政府。垄断央企垄断了国家给予企业的大部分政策和资源，并凭借定价权从全民手中攫取财富。地方政府在主导经济的发展中，也形成了独属于自己的利益。

由于央企是国家的税源所在，政府则掌握大量公共资源，这种利益相关性使得两者的相互依赖和合谋成为可能，并在现实中有越来越结合在一起的趋势，形成一个超级的利益集团，也就是大家常说的“特殊利益集团”。例如，垄断国企将从全民那儿攫取的财富以种种冠冕堂皇的借口和理由留在企业内部进行私分，并用于对相关政府部门及官员进行行贿和赎买；地方政府则为了地方官员的利益，一方面百般曲解和变通执行国家的政策，另一方面，通过出售政策向特定企业索取回报，此外，有时还公然直接将社会的公共资源据为己有。政商的勾兑寻租，在房地产业、矿山资源产业、金融证券业以及能源产业等领域，已成为一个相当普遍的现象。除此外，在少数地方，在某些时候，黑社会组织也会与政府官员互相勾结，结成一个利益板块。重庆打黑对此就是一个最好的说明。

近年来，政商勾结的分利联盟或特殊利益集团垄断了中国的公共政策制定和执行过程，排斥公众对国家政治生活的参与，从而使得人数庞大的弱势群体日益对他们形成了一种依附型关系，其所造成的一个后果是，社会贫富的两极分化在短短十几年时间里急速扩大，使得社会的主体人口陷入增长的陷阱。

只有在这一背景下，人们才能更清楚地认识到“钓鱼执法”的危害。因此，要彻底终止“钓鱼执法”，有如奥尔森所说，须有可靠而界定清晰的个人权利，不存在任何形式的强取豪夺。这就需要从制度上消除腐败和垄断的根源。无疑，这是一个很艰巨的任务。

听证会的生命在于程序公正

社会近期对各地水价听证会上暴露出的问题进行了很多批评。针对这一情况，国家发改委2010年初在其网站连续发表了四篇文章，试图引导舆论正面看待和评价听证会，顺带也向公众普及一下有关听证会的知识。实事求是地说，四篇文章也摆事实讲道理，不像多数政府文告那样用一副居高临下的姿态来教育人，这是一个进步。

但是，四篇文章读下来，给笔者的感觉总有些别扭。以2010年1月11日刊载的《四议听证会》为例，文章说，像郑州天然气价格听证会出现的听证代表举“反对涨价”牌子，以及哈尔滨水价听证会出现的听证代表向主持人投掷矿泉水瓶这类不正常现象，恰恰说明听证会没有猫腻，民意表达的渠道是畅通和自由的、让大家发表意见的。

仅从文章的论述逻辑而言，的确看不出听证会有什么猫腻。因为举办价格听证会的目的，就是为了听取各方面的不同意见，如果各方意见都一致，正如该文所说，听证会也就没有什么意义了，反而是不正常了。所以，听证会上出现反对意见，实际上很正常。然而，如果我们关注过相关听证会的报道，对会上出现的上述乱象，又确实感到是一种不正常现象，存在猫腻的可能。之所以会出现这种民众对听证会的“印象”与发改委的解释不一致的情况，原因就在于，舆论所批评的“不正常”与发改委所指的“不正常”，两者意思是不一样的。换言之，听证会上出现代表举反对牌，或投矿泉水瓶的现象，固然反映了听证会不是铁板一块，但按常理，人们有反对意见，也不会做出这种吸引眼球的举动来——这显然超出了表达意见的层次，而是在表达一种不满和愤怒。那么，是什么让一些代表要做出如此举动呢？这也正是人们关心和好奇的地方。显然，是听证会本身出了问题。不过，对此发改委采取了一种“选择性”论述的方式，只拿不同意见的表达说事，不去挖掘这背后的因素，所以自然得出

“不正常现象无猫腻”这种看似正确的论调。

然而，问题的关键是，若要让公众信服自己的解释，发改委就必须解答为什么听证会上会出现上述举动——假如确有其事的话。无疑这将涉及到对听证会制度和程序的审视。正是在此问题上，民众的意见很大。因为在2009年的水价听证会上，曝出了多起参会人员“被代表”，或者其他不正常的现象，从而使得民众对听证会程序的公正性和听证制度的合理性产生了强烈的怀疑。

对此，发改委《三议听证会》的文章倒也谈到了这点，可惜，该文认为这是个误解。理由是，听证会不是投票决定调价的“决策会”，只是相关环节中的一个；另外，消费者参加听证会，是通过消费者自愿报名、随机选取，或由价格主管部门委托消费者组织等推荐产生的，参加听证会的消费者并不是消费者的“代表”，只能代表自己。按照这个解释，各地价格听证会上频频出现的“被代表”等情况，显然是“合法”的。既然“合法”，人们的意见就不应该有那么大，这里的症结就在于，还存在一个程序正义的问题，也即程序“合法”不等于程序正义。

一般来说，判断程序正义有两个标准，一是程序必须保证相关当事人的基本权利和社会最低限度的公正，二是程序要具有公开性。只有保持了人最基本的权利，程序正义才有可能。只有公开性的程序，才能受到监督，防止暗箱操作，并使当事人能知晓自己的权利，履行自己的义务。具体到价格听证会，必须确保参会的每个听证代表的权利和地位都是平等的。另外，听证的程序和规范，必须在听证之前向社会公布其过程和规则，以便民众能够亲自参与程序的制定。

用此衡量，当前听证程序的设置，包括听证赖以生存的国务院相关条例，都存在许多缺陷。例如：听证会的相关规则没有充分论证和完善，是否科学无法保证；听证代表的身份构成、名额分配、产生方式等缺乏代表性、公正性和透明度；听证方案设置被企业或相关部门蓄意引导；听证代表特别是消费者代表缺乏专业知识，不能真实地表达民意；听证意见在决策环节能否得到合理采纳，缺乏有力的监管措施；等等。这些缺陷显示出不少程序上、法律上的缺憾。

以2010年1月7日深圳市举行的水价听证为例，深圳市发改委公布了四套调整方案，涨幅均超30%。一些参会代表直言“涨得太离谱”；也有代表认为发改委提供的材料中引用太多数字，普通老百姓不易看懂，不利于他们代表公众与调价部门“讨价议价”；还有代表提出，为什么代表就不能提出第五套方案？可以说，由主管部门事先拿出几套比较具体的方案，市民基本上只能在这些方案中做选择，最好不过地说明价格是否调整是由主管部门和相关经营单位此前已经决定好了的，民众在听证会上的参与不过是就方案的内容讨论，最多也就是对原方案做些不大的调整而已。

在这里，由发改委来具体制定方案，且不讲它是否能代表公共利益，尤其是民众利益，最后的结果，必然会导致听证会没有不涨的，现实中正是如此。所以，要让公众相信“逢听必涨”没有猫腻，非常难，因为假设程序是公正的，听证会没有问题，根据概率论，总会碰到一两次不涨价的。此种不正常现象，让人们看到，多数听证会确实流于形式。

听证会的生命在于程序公正。我们的生活中之所以需要程序或形式的正义，根本而言，是因为实体或实质正义是一种形而上的理念，要实现它，必须通过形而下的程序的支持，没有程序这个中间的桥梁，依靠“裁判”个人的智慧——尽管这也很重要——实体正义将很难达到。所以，从法治意义上讲，听证会是用一种形式的正义来确保实质的正义，用程序的公平来确保结果的公正。只有在一套公正的规则和程序中，当事人的主张或异议才可得到充分表达，不同的利益诉求才可得到合理的权衡和考量，从而最终使得不满被过程所吸收。假如人们连一些可以观察到的形式和程序的基本公正都无法保证，还有什么理由要求他们去信任听证会呢？国家发改委这一组评论的缺憾正在于此。

以公共的政治参与化解群体事件

近段时间，因一些基层政府粗暴执法而引发的群体事件似有加重趋势。例如，2010年3月26日夜至27日凌晨，昆明市五华区城管部门在执法中与违法占道经营者发生纠纷，引发群众围观并发生冲突，导致10辆车被掀翻、9名城管人员和4名民警受伤。也几乎在同一天，江苏连云港市东海县黄川镇强拆一农民养猪场，导致一对父子浇汽油自焚，造成儿死父伤的惨剧。

类似的警民冲突和自焚事件，近年来发生了很多，以致对普通民众来说，已经失去了事件应有的“悲剧”性质而变得有些麻木。但是，对一个理性的政府来说，则不能“沉沦”于此种“麻木”，而必须找出问题的根源并解决之。因为，在中国加速城市化中，如何在推进城市经济发展的同时治理城市，保证城市治安的稳定成了摆在各级政府面前亟待解决的难题，假如没有良性的治理机制，此类事件还会一再发生，而政府只能被动地夹在执法部门与公众之间，进退失据，最后导致一个无论是政府还是民众都不愿看到的双输局面。

反思近年的各类群体事件，不论其具体所指为何，都有一个共性的因素，即与政府特别是基层政府的不当处置有关。很多群体事件的直接导火索，甚至就是城管、工商、警察等暴力执法本身。这从一个侧面反映出一些基层政府应对此类事件的能力有明显的薄弱与不足，在管理社会秩序的有效性上存在问题。原因正如研究社会管治问题的学者所指出的，经济改革特别是市场经济的实行改变了政府治理的社会基础，而社会转型的复杂性和转变速度也超出了国家系统的能力范围，由此造成管治真空和管治死角，并具体表现在政府滥用权力，效率低下，管治代价沉重，以及缺少科学、民主的现代管理方法等方面。

应该说，在执政党强调以人为本、建设和谐社会的背景下，相对于前些年，各级政府在处理这类突发群体事件时，身段和手法都更为柔软，注意回应和引导民意，强调对引发和产生冲突的地方官员进行问责，如进行党内纪律处分、免职等。但与此同时我们也看到，事情和矛盾并未因政府的柔性处理而有根本改观。症结就在于，当普通公民缺乏独立的政治渠道和司法渠道去影响或改变政府决策和行为的时候，单方面强调地方官员的责任并进行问责，只会激化矛盾和问题，因为地方官员为了规避责任，要么采取高压手段绝不示弱，要么不惜一切代价收买民意，无论哪种方式都只会激励民众在下一次行动中采取更加极端而不是理性的态度。这是一个威权政府进行威权治理时必然会产生的内在困境。

比如，在上述两例中，昆明城管的执法纠纷和冲突发生后，五华区政府当天下午即发布调查结论和定性，轻率地把责任全部推到摊贩和围观群众身上。黄川镇在父子自焚事件发生后，也强行拆除了养猪场，县政府给出的说法是为了防止次生灾害的发生。两个基层政府，都试图以强硬方式来展示自己控制社会的能力，但这样做可能会适得其反。政府越不示弱，民众就越要发泄和抗争，因为他们在政府的强硬中感受不到一点点善意、正义与公平，从而形成一种恶性循环，这是许多矛盾和冲突最后都变成非利益直接相关的群体事件的原因（昆明的这起事件已经表现得很清楚）。在政府和群众的相互对抗中，有一种情绪化的东西弥漫其中，它最终会演化成对地方政府和执政党的不满。

化解这种对抗情绪乃至群体事件的根本办法，就是实行民主。它包括：调整政府与市场、社会以及政府与企业、公民的关系，规范权力运行，主动回应公众的关切和诉求；大力推动政府从管制型向服务型转变，建设公开透明的公共财政，缓解市场化改革进程中出现的公共需求凸显与公共服务不足的矛盾；发育各种利益组织，提高它们的自组织能力和自我规范能力，使它们真正能够代表民众的利益；建立起一种正常、规范的利益表达机制，形成协商对话制度；等等。

但就当前而言，一个基础型的制度建设是要建立公共的政治参与机制。某种意义上，近年的群体事件可以归结为转型社会中的参与性危机，它在一定程度上揭示了转型社会公众参与的特殊性。一般来说，公共参与作为公众通过自己的政治行为影响和改变政治过程的活动，是一个国家现代政治文明的标志之一，但在转型社会，由于缺乏系统而规范的公共参与准则，非制度的公共参与大量存在，从而很大程度影响到公共参与的积极作用。所以，政府决策和行为要更好地体现公众利益，必须有严格、系统的制度作保证，在充分保障宪法和法律赋予每个公民政治权利的基础上，对公众政治参与的内容、方式和途径等作出明确的规定，并以法律的形式固定下来，做到有法可依、依法参与。

在可预见的未来，中国社会的不稳定性会进一步加剧，政府的威权管治也将会遇到强大的挑战。要化解执政者在处理群体事件上所表现出来的“体制性迟钝”，必须改革威权治理方式，建立起一套有效的容纳不同群体参与和表达的政治体制，并最终向政治民主转型，唯如此，方能从源头上缓和社会矛盾，消解社会不稳定因素。

应立法确保流动人口国民待遇

最近，有两件关于流动人口的事情引起中国社会的关注与忧虑。一件是北京一个区正在16个流动人口聚集的村庄施行所谓“封村”的管理模式；另一件是深圳市副市长兼公安局长李铭在与深圳市港澳界别的政协委员座谈时表示，要通过中央赋予深圳的立法特权，将无业人员清除出去，否则“深圳没有太平”。

前者是中国首善之区的基层政府正在推行的做法，后者是中国最开放城市的高层官员的公开表态，这一前一后发生的两件事情，看似巧合，却真实反映了中国地方政府及其官员对流动人口的态度。

不过，相对来说，我认为深圳市副市长李铭的表态更让人警惕。毕竟李是中国最开放城市的主政者，而且直接主管政法和社会治安，按理，他应该有较高的法治素质和政治水平，但此番在港澳政协委员面前抛出这样一个无视流动人口基本权益的谈话来，我不知道这些港澳政协委员作何感想，反正我很担心，中国的特区在这样一群没有基本法治观念的官员治理下，会是一个什么样子。

应该承认，在社会矛盾有所激化的今天，作为流动人口聚集城市的警察及其主管领导，面临着很大的治安压力。李副市长如果因此私下同政协委员发发牢骚，也就罢了，但公开这样表态，就非常不妥，它不但暴露出了为政者不知底层百姓稼穑之苦的那种高高在上以及面对难题时的习惯性懒政思维，而且将百万无业人员清除出去的做法根本无助于社会治安问题的解决。

坦率地说，对于像北京、深圳这样流动人口集中的特大城市，社会治安的恶化某种程度上与流动人口的流动性太大、无业人员较多有一定的关系，对此无须否认。但若因此就要把外来无业人员清除出去，则显然犯了“有罪推定”的错误。因为所谓清除，前提是假定他们具有犯罪倾向或正在实施犯罪，因而要未雨绸缪，预先采取防范措施。可并没有证据表明无业人员作为一个群体因为生活所迫就一定要去犯罪。虽然李副市长提出，目前深圳各看守所在押的嫌疑人中，有88%是第一次犯罪，似乎是一个有力佐证，但应该看到，还有更多的无业人员宁守清贫，否则，深圳的看守所不早就人满为患了？所以，把一个社会的治安状况变坏归咎于无业人员的“犯罪”，无疑是对这一群体的道德污蔑。

这里的问题还在于，暂且不论百万无业人员为什么找不到工作，城市为他们提供了多少公平竞争的机会，首先遇到的一个难题是，谁有权将他们清除出去？无论从理念还是现实而言，一个人，不管他多么高贵或卑贱，只要他遵守了国家和地方的法律，没有实施犯罪，就有在自己的祖国自由选择迁徙和居住的权利。这是现代文明的一个基本常识，也是被中国的宪法和联合国人权公约所充分肯定和尊重的基本人权。退一步而言，即使无业人员真的做了坏事，自有司法去审判他，而无须政府预先通过立法限制其人身自由。所以，只要有一点现代文明的法治和人权意识，就没有人会同意制订这样一个法律的。

从中国改革开放的实践来看，开放本身就意味着迁徙的自由，若不能自由迁徙，何来开放？正因为人们拥有了自由迁徙和居住的权利，才形成了一个流动而不是静止的社会。从这一角度说，是人的流动给了中国人更大的选择空间和自由，从而使中国社会的生产力得到了极大的解放和发展。深圳从一个边陲小镇发展成为现代化国际大城市的历史，就是一个最好的说明。如果没有从全国各地源源不断涌来的外来人口，深圳就不会有今天的吸引力。而在这一过程中，当初的无业游民和淘金者有多少通过自己的努力，成了现在的深圳市民？

所以，应该把流动人口视为社会进步的力量，从而，他们理应拥有和城市人口一样的权利。可惜的是，很多城市的主政者，并未意识到这一点，他们只是把外来流动人口当作低廉的劳动力来使用，却不打算从身份上接纳其成为城市的一员。他们对城市的治理抱着一种功利主义的态度，只站在城市户籍人口的利益上甚至只从某些特殊利益集团的角度来考虑城市的发展，对所谓流动人口和本地人口实行分而治之的策略，在一些最基本的社会、政治和经济政策上没有给予外来流动人口与本地人口同等的对待，致使外来流动人口的权益常常受到合法的伤害。可以说，中国城市化水平长期落后于国内工业化和经济发展的速度，与城市主政者这种排斥外来流动人口的思维和做法有着密切的关系。

如果说，这种“分而治之”的策略因历史的局限而带有某种“合理性”

的话，那么，现在还固化并延续这套办法就与社会的开放态势及现代文明背道而驰。正反经验表明，城市越是排斥外来流动人口，视他们为破坏力量，采取各种措施与他们区隔开来，越会使他们感受到一系列不平等后产生一种报复心理，从而城市所需要的安全和稳定越不可能。所以，必须将外来流动人口和本地常住人口纳入城市的统一规划和发展中考虑，从制度上为他们松绑，给予其平等的国民待遇。从社会融合的角度看，一个现代国家的社会秩序应该建立在最基本的社会公正基础上，如果连最基本的社会公正也不存在，那么社会秩序的维持就会成问题，即使得以维持，也是采用了不合理、不公正、歧视的手段，不会被人们所认可，因而难以达到长期的社会融合。

中国现在强调以人为本，建设和谐社会。一个以人为本的政府，当然应该倾听和回应民众对治安恶劣的抱怨，以及对一个相对安全环境的要求。但是，这种回应不应以损害另一个弱势阶层的利益为代价。考虑到流动人口特别是无业人员犯罪增多的实情，要有效地解决城市的治安问题，不是将城市居民和流动人口的利益对立起来，区隔开来，而是要使他们互相接纳和包容，这就需要为他们特别是流动人口建立起基本的权益平台，保障其合法权益。而保障流动人口权益的最好方式，就是制定一部全国性的流动人口的平权法。

每个人都是自己利益的最佳判断者。根本上说，无业人员之所以有犯罪增多的现象，与他们在失去经济来源后城市对他们的过多限制和打压有关，某种程度上正是城市的政策把他们排斥在社会之外才使他们产生了犯罪的念头。所以，中国现在到了该从国家的立法上确保流动人口国民待遇的时候了。

人大质询政府应成为一种常态

质询在西方议会国家是一种很常用的、便捷的监督方式，人们经常见到某国的总统或总理，到议会去接受议员询问的情景。但在我们这儿，尽管宪法、组织法和监督法等相关法律规定了人大对“一府两院”的质询权，人大却鲜有行使。据说全国人代会和人大常委会至今未有过质询案，地方人大虽然尝试过，也很少。所以，当吴邦国委员长2010年3月20日在全国人大常委会工作报告中首次提出将依法开展专题询问和质询时，敏感的舆论立即意识到了这是强化人大监督作用的一个信号。

所谓质询，简单地说，是人大代表及常委会组成人员监督和问责“一府两院”的一种方式。假如政府有哪项工作做得不好，让民众不满意，或者群众不理解、不清楚，那么，人大代表或常委会有权要求政府接受质问，作出解释和澄清。所以，质询最基本的功能就是知情，让人大代表知道和了解政府做了什么工作，怎么做的，效果好不好；其次，是改正，即人大有责任督促政府改正那些引起社会不良反响的工作。也因此，如果质询权正常运用的话，对于增强质询对象的责任感，督促质询对象依法行使国家权力，促进国家机关及其工作人员依法行政、公正司法、更好地履职，是能够起到好的监督作用的。

或许有人会以为，从上述简略的表述看，质询比起人大和人大代表常用的审议、询问、建议、约见来，作用区别不大。就形式而言，似乎是这样，它们都是监督的一种方式。但是，从程序的设计来看，质询的行权程序相对复杂，一般来说，只有比较严重的事情才列入质询案进行处理。这就在现实的操作层面上使许多对质询不了解的人（包括官员）误以为，被人大叫去质问，可能就意味着丢官，从而与罢免、撤职、撤销等监督方式相混淆。严格来说，质询案本身带着一点弹劾性，但程度远没到罢免、撤职、撤销的份上。正是出于对质询的误解，怕造成这种效果，无论是人大还是政府，一是不轻易动用此种监督权力，二是也不愿主动配合人大的质询，对人大的质询有抵触情绪。这是质询被“束之高阁”的一大原因。

另一方面，党政职能的混合，使得质询政府有暗含问责党委领导的意思。而政府官员在人大代表中的比例过高，也造成人大代表质询起政府来“颇不方便”，有“自己质询自己”的味道。除上述因素外，法律对质询权“粗线条”的制度设计也在一定程度上影响了质询权的行使。质询是有严格的限定条件的，但现行法律对质询的相关规定过于原则化，操作性不强。例如，法律只允许质询以法案形式书面提出，没有口头质询，无疑增加了质询提出的难度，也限制了质询功能的发挥，降低了质询的灵活性。

如前所述，质询带有一种问责的性质，是一种刚性的监督手段，假如人大代表和常委会善用和多用质询权，比起通过提议案或建议来“恳求”政府解决某些影响大的问题，或许更主动，更有效，也更能激活国家权力机关固有的底气和尊严。同时，质询过程本身无论对人大代表还是政府官员来说，都是一次难得的民主训练。所以，应该强化人大的质询作用，为人大履行质询权创造更好的条件。为此，需要做好以下几方面的事情：

首先，还是解决一个认识和观念问题。一方面，人大代表要敢于去监督，把质询当作自己应尽的代表职责去看待；另一方面，各级官员也要提高法律意识，自觉接受和配合人大及其常委会的质询监督。

其次，要建立和完善相关的质询制度。质询权的不能被推行，制度缺陷是关键。应该在人大常委会议事规则里，对质询主体、质询时间、质询对象、内容及质询操作程序作出更详尽的规定，从技术上完善相关质询制度。还可考虑尝试建立小质询制度，推动常态化质询，例如每周举行一次质询。

第三，人大代表和常委会组成人员，要提高履职的能力，同时广泛了解社情民意，为依法行使质询权奠定好的基础。

人大监督的目的，在于确保法律得到正确的实施，政府的权力得到正确的行使，以及公民的合法权益得到尊重和维护。而目前人大监督作用的发挥，与人们的期望还相差甚远。因此，要使得人大真正成为国家的权力机关，就必须改善人大权力运用的方式，强化包括质询在内的各种监督手段。在公民权利提升的情况下，人大质询政府应该成为监督的一种常态。

后记

写评论这么多年，虽然免不了应景之作，但也觉得有些文章是可以留之后世，有点出版价值的，于是一直想找个机会将之结集出版。恰好在今年3月去看望香港来的少波兄时，遇到了祚来兄。此前我与祚来兄虽同居一城，也彼此知道对方名字，但并无来往，这一见就给人一种故人的感觉，好像我们相识经年有余。谈到出书，祚来兄说他正帮南方日报出版社策划一套“南方思想文丛”，可以推荐我的书列入丛书。这样也就认识了负责编辑这套丛书的刘志一先生。因此，拙著的出版，可以说是机缘巧合的结果，它能够问世，首先得感谢祚来和志一两兄。

集中的文章，最早是写于五六年前的，最晚写于今年5月份，时间跨度达六七年，每篇文章也长短不一，但大体都围绕着“权力与权利”这个主题，现在收集进来，基本保留了原来发表时的样子，有些稍做了修改，也仅仅是将文中涉及到的时间补全，或者将表达不清的地方理顺。将近100篇文章绝大部分都在国内外的报刊网站上公开发表过，仅有少数几篇未曾发表。这些报刊网站包括《凤凰周刊》、《瞭望东方周刊》、《中国新闻周刊》、《南风窗》、《同舟共济》、《中国与世界观察》、《公民》等杂志，《学习时报》、《联合早报》、《中国青年报》、《新京报》、《东方早报》、《中国经营报》、《每日经济新闻》、《华商报》、《成都商报》、《上海商报》等报纸，以及华尔街日报中文网、财经网、新民网等网站。上述报刊网站有些曾为我开设专栏，有些现在还在开设专栏，在此一并感谢，对这些年一直支持和发表我文章的各报刊编辑，也表达我由衷的谢意。

拙著的出版，除得到南方日报出版社的大力帮助和支持外，也得到了评论界和学界很多老师和朋友的关心和指正，他们为本书写了热情洋溢的评介。这些评介虽有溢美一面，但我把它看作是朋友对我的鼓励和鞭策。我当为此而努力，以不辜负他们的期待。这些老师和朋友有：汪玉凯、周天勇、于建嵘、党国英、丁元竹、王占阳、吴祚来、周鸿陵、叶匡政、章文、陈季冰、陈永苗，在此也一并向他们表示我真挚的感谢。

此外，我还要预先感谢购买拙著的读者。不管他们是否赞同我的观点，他们的行为本身就是对我最好的支持。

最后，我也要感谢我的家人，没有她们在背后为我承担全部家务，我是不可能完成此书的。我对她们始终怀有歉疚之心。尤其是我三岁的小孩，我对她未能尽到一个父亲应尽的教育之责。但我希望她将来生活得比我幸福和快乐。我相信要过上美好的、有尊严的生活，需要我们一块去争取。

邓聿文

于北京回龙观

2011年5月9日

推介语

汪玉凯（中国行政体制改革研究会秘书长）：邓聿文先生的这本书，让我们看到了国家权力和个人权利之间的内在紧张关系。中国要成为一个受世人尊敬的国家，就需要更多地限制和约束政府过大的权力，给社会和个人更大的空间，这是中国能够形成多元治理良性社会的唯一途径。

周天勇（中共中央党校教授、国际研究所副所长）：公共权力要有监督和制约，个人要得到尊重和保护，无论是公权还是私权，都要合乎法律秩序和合理的规则。邓聿文的书让我们看到了这点。

于建嵘（学者）：邓聿文在传播现代社会的基本常识：不限制公权，民众的权利就不能得到保障，每一个人都可能受到侵害。

党国英（中国社会科学院农村所研究员）：聿文君，改革评论界的一支健笔。他的评论有特点：一是有感而发，直面种种守旧腐败现象；二是思想犀利，各种假改革、真谋私的行径都逃不过他的法眼；三是胸有成竹，代表人类文明发展方向的一整套制度规则他可以信手拈来，用以比照现实。因这些特点，我以为聿文君又是中国改革的守望者。

王占阳（中央社会主义学院教授）：这是一本密切关注中国前沿问题的立场公正、观察敏锐、见解精当、敢于直言的好书，值得一读。

丁元竹（国家行政学院应急管理部副主任，社会学家）：邓聿文先生的《幸福的权利》一书中提出一个当前加强和创新社会管理中必须认真对待的问题。创新社会管理，必须正确处理权力与责任的关系、利益与风险的关系。在社会领域，更大的权力意味着更大的责任，在涉及利益的领域，权力越大，责任越大；社会管理主体的利益越大，风险就越大。只有实行多元治理，才能减轻责任，分散风险。

一个社会中，社会声望、社会权利、社会地位在某种程度上并不亚于单纯的物质利益。中国现阶段在提高社会管理科学水平过程中，如何通过尊重社会声望，保护社会权利，合理界定社会地位等来创造一个能够激发社会活力的社会秩序是需要认真考虑的，这才是真正意义上的社会治理。

吴祚来（学者）：聿文的文章，既有宏大的视野，又有细致的分析，尤致力于观察解剖现实问题，不可不读。

陈永苗（宪政学者）：于当今，做一个改革推动的呐喊者，是一件让自己良心煎熬的事情。是否改革的不确定性，让呐喊者具有希望和绝望两种不同的面具：强心剂和鸦片。明知不可为而为之，对于呐喊者邓聿文，已经一只脚踏入后改革，一只脚还留在改革。既然改革前途未卜，这也许是他最合适的位置。

叶匡政（诗人、评论家）：我读过邓聿文的很多文章，他的文章理性公允，保持着独立的学术品格，这在当下难能可贵。政治简单地说，就是调整权力与权利的艺术。但权力如何获得民众发自内心的认同与遵从，权利如何真正拥有来自法律和文化的保护与尊重，却是政治学永远要面对与思考的问题。我想，邓聿文的这本书是可以帮助这个时代纠正一些对于权力与权利的非理性偏见的。

章文（《中国新闻周刊》编委）：聿文兄的时评与众不同，立意高远，视野开阔，杂文锋芒与学者底蕴并存，真正做到了“理性、建设性”，我以为决策者尤须多读。

陈季冰（《上海商报》副总编辑、评论家）：邓聿文可能是我认识的中国评论家中最具有法治意识的一个，在许多方面，我与他的观点都高度一致。很可惜这本书不是我写的。

周鸿陵（北京新时代致公教育研究院院长、社会治理专家）：读邓聿文的书，会在辨析中廓清迷雾，会在字里行间看到中国社会转型的希望和方向。